Friedrich Assländer / Anselm Grün

Spirituell Zeit gestalten

Friedrich Assländer
Anselm Grün

Spirituell Zeit gestalten

mit Benedikt und der Bibel

Vier-Türme-Verlag

Bibliografische Information der Deutschen Bibliothek

Die Deutsche Bibliothek verzeichnet diese Publikation in der Deutschen Nationalbibliografie; detaillierte bibliografische Daten sind im Internet über http://dnb.ddb.de abrufbar.

1. Auflage 2008

Lektorat: Dr. Thomas H. Böhm
Umschlaggestaltung und Innenlayout: Th. Uhlig; www.coverdesign.net
Umschlagmotiv: Lind & Colin McKie/iStock
Satz: SatzWeise, Föhren
Gesamtherstellung: Friedrich Pustet KG, Regensburg
ISBN 978-3-89680-354-2

www.vier-tuerme-verlag.de

INHALT

VORWORT

Anselm Grün

Gäste, die sich darauf einlassen, ein paar Tage im Kloster mitzuleben, erzählen mir immer wieder, dass sie ein völlig neues Gefühl für die Zeit bekommen hätten. Obwohl durch den Rhythmus unserer klösterlichen Tagesordnung ständig etwas zu tun war, hatten die Gäste das Gefühl, mehr Zeit zu haben. Die Zeit wurde ihnen durch den Rhythmus auf eine ganz neue Weise erfahrbar. Ähnliches berichten die Teilnehmerinnen und Teilnehmer an unseren Kursen »Führen und geführt werden«, die wir im Haus Benedikt in Würzburg veranstalten. Wenn sie schweigend das Essen einnehmen, spüren sie, dass sie Zeit haben zum Wahrnehmen und Genießen der Speisen. Wenn sie schweigend durch den Garten gehen, haben sie alle Zeit der Welt. Im langsamen Gehen können sie die Zeit gleichsam spüren. Sie sind ganz im Augenblick. Und aller Zeitdruck fällt von ihnen ab.

Der heilige Benedikt hat im 6. Jahrhundert in seiner Ordensregel zu einem ganz besonderen Verständnis von Zeit beigetragen. Er wollte den Mönchen ein Gespür für die besonderen, heiligen Zeiten geben: siebenmal täglich sollten sie sich zum Chorgebet versammeln. Die Zeit war also geheiligt durch das Gebet, das die Arbeit immer wieder unterbrach. Benedikt sah täglich sechs bis acht Stunden Arbeit vor – je nach Jahreszeit. In dieser Arbeitszeit machten Mönche die Felder urbar, bauten Kirchen und Bibliotheken, gestalteten wunderbare Handschriften und verdienten sich ihren eigenen Lebensunterhalt.

Später haben die Menschen allerdings nicht mehr das Heilsame des benediktinischen Rhythmus für sich übernommen, sondern machten aus der Tagesordnung eher eine Richtschnur zum Zeitmanagement. Doch dies war nicht das ursprüngliche Anliegen Benedikts. Vielmehr sollen die Menschen heilige Zeiten erfahren, die dem Zugriff der Effektivität und dem Zwang des Geldes entzogen sind, um so auch die Arbeit zu befruchten.

So möchten wir in diesem Buch über die Zeit die Erfahrungen der benediktinischen Tradition, aber auch anderer spiritueller Traditionen – wie etwa des Buddhismus –, gerade für einen bewussten und achtsamen Umgang mit der Zeit im Berufsalltag erschließen. Dadurch unterscheidet sich dieses Buch über die Zeit von vielen anderen Zeitbüchern. Mögen die Gedanken und Anregungen den Leserinnen und Lesern helfen, die Zeit, die ihnen geschenkt ist, zu genießen. Sie mögen die Zeit aber auch so nutzen, dass sie fruchtbar für die Arbeit wird, ohne sie zu erdrücken oder zu verschlingen. Mögen sie eine erfüllte Zeit haben, die uns Jesus in seinem ersten Wort, das er gepredigt hat, verheißen hat: »Die Zeit ist erfüllt, das Reich Gottes ist nahe.« (Markusevangelium 1,15) Wenn Gott über meine Zeit herrscht und nicht die Erwartungen und Ansprüche anderer Menschen, dann ist meine Zeit erfüllt, dann ist sie angenehme Zeit – Zeit, in der ich aufatme und wirklich lebe, anstatt gelebt zu werden.

VORWORT

Friedrich Assländer

Ganz offensichtlich hängen unser Leben, unser Erfolg, unsere Zufriedenheit, letztlich unser Lebensglück ganz entscheidend davon ab, wie wir mit unserer Zeit umgehen. »Ich habe keine Zeit« ist zu einer Floskel geworden, die unser Zeiterleben ganz gut beschreibt. Die Menschen fühlen, dass ihnen etwas fehlt, und die Art, wie sie Zeit erleben und nutzen, erscheint vielen unbefriedigend. Viele suchen die Lösung im Außen: auf der materiellen Ebene. Dabei müssen wir immer wieder erkennen, dass uns ein wachsender Wohlstand keineswegs glücklicher macht.

Liegen unsere Zeitprobleme darin, dass wir die Zeit falsch nutzen, oder darin, dass wir ein untaugliches Verständnis von Zeit haben? Wir wollen in allen Gebieten immer mehr erreichen und glauben, dass immer schnellere Autos, schnellere Computer, dass die Beschleunigungen unsere Probleme lösen werden. Obwohl wir so viele Dinge in immer kürzerer Zeit erledigen können, erleben wir dennoch keinen Zeitgewinn, sondern empfinden eine immer größere Zeitnot. Wir erleben Hetze und Hektik. Geht es also gar nicht um das Immer-Schneller und auch nicht um ein Immer-Mehr, sondern um eine geistig-spirituelle Dimension, um unsere Einstellung und unsere Werteorientierung?

Im Folgenden soll gezeigt werden, wie aus einem spirituellem Bewusstsein, aus einer veränderten Geisteshaltung heraus, die mehr nach geistiger und persönlicher Entwicklung sucht als nach immer neuen Erfolgen, unsere Probleme mit der Zeit lösbar sind. Die alten Weisheitslehren zeigen uns, wie wir zum Wesentlichen in unserem Leben sowie zu der Ruhe und Gelassenheit finden können, nach der sich so viele Menschen sehnen. Sie zeigen uns auch, wie wir trotz der Wirren und Widersprüchlichkeiten des Lebens unseren Lebensweg gehen und ihm unsere persönliche Lebensspur einprägen können.

Es geht im Folgenden nicht um eine wissenschaftliche Definition von Zeit, obwohl Quantenphysik, Chronobiologie, Neurobiologie und andere Disziplinen in den letzten Jahren tiefgreifende Einsichten in das Phänomen Zeit gewonnen haben. Dieses Buch soll Ihnen viel mehr Wege für den Alltag zeigen, um einen guten Umgang mit der Zeit zu finden, oder präziser, einen guten Umgang mit Ihrer Zeit, Ihrer Lebenszeit.

»Der Mensch lebt nicht vom Brot allein«, heißt es in der Bibel. Das bedeutet, dass der Mensch sowohl das Brot zum Leben braucht, aber darüber hinaus noch andere, geistige Werte. Von daher stehen in diesem Buch ganz praktische Hinweise zu einem effektiven Umgang mit der Zeit – das Handwerkszeug zum praktischen »Broterwerb« – und grundsätzliche, philosophisch-religiöse Überlegungen nebeneinander. Beides ergänzt sich, so wie unser Menschsein es erfordert, einerseits die praktischen Herausforderungen des Alltags zu meistern, aber andererseits auch den Sinn unseres Daseins zu erfassen.

Dieses Buch ist ebenso wie unser erstes gemeinsames Buch »Spirituell führen« aus unseren gemeinsamen Seminaren im Haus Benedikt entstanden. In beiden Büchern lassen wir viele zeitlose und praktische Hinweise und Anleitungen aus der Bibel wie aus der Regel des heiligen Benedikt zu Wort kommen, die für Ihren Alltag und Ihr Berufsleben hilfreich und wegweisend sein können. Dem stellen wir ganz bewusst Einsichten und Wahrheiten anderer Religionen und Weisheiten aus der Antike gegenüber, da sie in vielfältiger Weise unsere Tradition bereichern und vertiefen. Besonders der Buddhismus liefert dabei sowohl tiefe Einsichten in das Wesen des Menschen als auch viele praktische Anleitungen zu einem ethischen und liebevollen Verhalten.

Wir freuen uns, wenn Sie für die Gestaltung Ihrer Lebens-Zeit Anregungen finden und vielleicht entdecken, dass weniger oft mehr ist, dass achtsames Tun reicher macht als schnelles Erledigen und dass ein einfaches Leben sehr glücklich machen kann.

Und noch ein abschließender Hinweis: In diesem Buch finden Sie viele Hilfestellungen und Tipps. Wertvoll werden sie erst für Sie, wenn Sie Ihre Aufmerksamkeit immer nur auf einen Aspekt richten, diesen in der Praxis ausprobieren und üben. Wenn Sie einen, für Sie persönlich wichtigen, Hinweis herausgreifen und umsetzen, dann können Sie erfolgreich an sich selbst arbeiten und sich selbst weiterentwickeln. Konzentrieren Sie sich also auf einen bestimmten Gesichtspunkt Ihres Alltags, bis es zur Gewohnheit geworden ist und Sie dafür nur noch wenig Energie benötigen. – Nur der eine, der nächste Schritt ist der wichtigste, und dem sollten Sie Ihre ganze Aufmerksamkeit widmen.

WAS IST ZEIT? 1

Was ist Zeit? Diese Frage habe ich schon oft zu Beginn von Zeitmanagement-Seminaren gestellt. Dabei habe ich immer wieder neue, oft überraschende Antworten bekommen. Die ungeheuere Fülle von Assoziationen, die Menschen mit diesem Wort verbinden, ist erstaunlich.

Ein paar Beispiele:

- Zeit ist ein subjektives Empfinden.
- Termine strukturieren meine Zeit.
- Zeit ist nicht existent, wenn sie nicht bewusst empfunden wird.
- Brücke von der Gegenwart in die Zukunft.
- Ist begrenzt.
- Zeit ist Geld.
- Maßstab für Dauer.
- Nicht nachholbar, verloren.
- Eingegrenzter Abschnitt, von Gesellschaft vorgegeben.
- Jahreszeit, Uhrzeit, Lebenszeit sind eine Frage der Anschauung.
- Jeder hat die gleiche Menge Zeit, es hängt von der Nutzung ab.
- Eine Kette von Eindrücken, Augenblicken, Erfahrungen, Erlebnissen.
- Begrenzte Ressource.
- Vorrat an Chancen und Nutzungsmöglichkeiten.
- Nicht veräußerbar.
- Nicht vermehrbar.
- Messbar und einteilbar.
- ...

Ein Konsens über eine allgemein gültige Definition von »Zeit« war in keinem Seminar möglich. Es gab jedoch immer eine Fülle sehr unterschiedlicher Teilaspekte. In jedem Seminar tauchten neue Antworten und Ideen auf. Obwohl wir täglich, praktisch ununterbrochen mit diesem Phänomen zu tun haben, können wir nicht sagen, was Zeit wirklich ist. Wir können verschiedene Aspekte benennen, aber keine umfassende, allgemein gültige Definition geben.

Dabei gibt es kaum ein Phänomen, das unser heutiges Leben mehr bestimmt, als die Zeit. In der Kommunikation taucht dieses Wort ständig auf: Wann hast du Zeit? Wie viel Zeit brauchst du? Überall hängen oder stehen Uhren, damit wir die Zeit an jedem Ort und zu jeder Stunde ablesen können. Wir tragen Uhren am Handgelenk. Jedes technische Gerät, ob PC, Küchenherd, Heizungsanlage oder Radio, ist mit einer Zeitanzeige ausgestattet. Zeit bestimmt fast alle Aspekte unseres Lebens.

Die Rolle der messbaren Zeit für unsere Kultur hat ein indianischer Führer, der Weiße vor etwa 200 Jahren auf einer Expedition begleitet hat, so beschrieben: »Die Weißen haben nur einen Gott, er trägt den Namen Tick-Tack und er sagt ihnen, was sie zu tun haben.« Die einfache Beobachtung dieses Eingeborenen zeigt unsere Abhängigkeit von der Uhr-Zeit, in die wir uns begeben haben – heute sicher noch viel mehr als vor 200 Jahren. Wie sehr haben wir uns dem Diktat von Terminen und Fristen unterworfen?

Auch für Wissenschaftler ist das Phänomen Zeit bis heute ein Rätsel. Isaak Newton definierte: »Die absolute, wahre und mathematische Zeit verfließt an sich ohne Beziehung zu einem äußeren Gegenstand.« Dem widersprach Albert Einstein. Er sah in der Zeit eine sich »hartnäckig haltende Illusion« und postulierte in seiner berühmten Relativitätstheorie, dass Zeit nicht absolut, sondern relativ zur Geschwindigkeit verläuft.

1.1 Wie reden wir über die Zeit?

Unser Zeiterleben und unser – größtenteils unbewusster – Umgang mit der Zeit werden auch in unserer Sprache sichtbar. Redewendungen verraten unsere Denkmuster und gleichzeitig legen sie auch unser Erleben fest, vor allem wenn wir Sätze häufig wiederholen. Wir erschaffen, meist im Einklang mit unserer Umgebung, durch unser Denken und unser Sprechen über die Dinge eine Wirklichkeit in unserem Kopf. Das landläufige Verständnis von

Zeit, wie es auch in den Antworten der Seminarteilnehmer sichtbar wird, zeigt sich in nachfolgenden Äußerungen, die Sie alle kennen.

Wir **verlieren** Zeit, wenn wir im Stau stehen. Und manchmal meinen wir die verlorene Zeit an anderer Stelle wieder **einsparen** zu müssen. Menschen, die uns von unserer Arbeit abhalten, **stehlen** uns die Zeit. Wir ärgern uns über Leute, die ihre Zeit **totschlagen** oder **verschwenden**. In Büchern über Zeitmanagement werden Strategien gelernt, wie man mit **Zeitdieben** umgeht. Inzwischen ist es Mode geworden, nahestehenden Menschen Zeit zu **schenken**, zum Beispiel ein gemeinsames Wochenende. In meiner Jugend wurde ich ermahnt, »**dem lieben Gott nicht den Tag zu stehlen**«.

Alle diese Redewendungen suggerieren uns, Zeit sei ein Ding, das man genauso handhaben kann wie jeden anderen Gegenstand. Ich kann meinen Autoschlüssel verlieren, ich kann jemandem ein Buch schenken usw. Beim genaueren Hinsehen zeigt sich jedoch ein ganz wesentlicher Unterschied. Wenn ich meinen Autoschlüssel verloren habe und nicht wiederfinde, ist das ein endgültiger Verlust. Gleiches geschieht mit dem verschenkten Buch, es ist weg, ich habe es nicht mehr. Wenn mir aber Zeit gestohlen wird, habe ich dann keine Zeit mehr?

Zeit ist immer da, in jedem Augenblick. Jeder Mensch hat alle Zeit, die es gibt: täglich 24 Stunden. Kein Mensch hat mehr Zeit und keiner weniger. Wir können ein längeres oder kürzeres Leben haben. In diesem Leben jedoch haben wir jeden Tag und jedes Jahr genau die gleiche Zeit wie jeder andere. Nichts ist gerechter auf der Welt verteilt als die Zeit. Der Unterschied liegt einzig darin, wie wir die Zeit gestalten, wie wir sie nutzen und erleben.

Die verlorene Zeit zum Beispiel im Stau war wie jede andere Stunde eine Stunde unseres Lebens. Die Problematik liegt in unserer Bewertung des Geschehens als nützlich und wertvoll oder unnütz und unproduktiv in Bezug auf angestrebte Ergebnisse. Es gibt Zeiten, die wir als produktiv empfinden, zum Beispiel wenn wir am Schreibtisch Briefe schreiben, und Zeiten, die wir für »verloren« halten, wenn wir uns mit Dingen beschäftigen, die nach unseren eigenen Bewertungsmaßstäben nutzlos oder minderwertig sind.

Zeit an sich ist wertneutral, sie ist uns als Lebenszeit geschenkt. Die Frage, die wir uns stellen können, lautet: Was mache ich aus meiner Zeit? Oder besser: Was mache ich aus meinem Leben? Lebe ich mein Leben oder funktioniere ich nur? Wir können unsere Wertvorstellungen und den Sinn unseres Lebens hinterfragen, statt vorrangig nach Strategien und Techniken zu suchen, wie wir »Zeitverluste« vermeiden oder »Zeit gewinnen« können.

Ich habe keine Zeit!

Machen Sie zuerst den Teil 1 dieser Übung, bevor Sie weiterlesen und sich Teil 2 zuwenden!

Teil 1:

1. *Nehmen Sie ein Blatt Papier.*

2. *Schreiben Sie oben als Überschrift: »Ich habe keine Zeit für ...«*

3. *Listen Sie alles auf, was Ihnen dazu einfällt, was Sie gerne täten, wenn Sie nur genug Zeit hätten.*

Schreiben Sie das jetzt auf!

Teil 2:

4. ***Wenn die Liste vollständig ist, dann streichen Sie die Überschrift durch und schreiben dafür: »Ich will nicht ...«***

5. ***Lesen Sie die Liste dann Punkt für Punkt durch und beobachten Sie, wie der Satz mit der neuen Überschrift auf Sie wirkt.***

6. ***Überlegen Sie nun, ob in dem Satz ein Körnchen Wahrheit steckt und ob Sie daran etwas ändern wollen oder können.***

In unserer Berufswelt fällt häufig der Satz: »Ich habe keine Zeit.« Doch eigentlich gibt es diesen Moment im Leben nicht, an dem ich keine Zeit habe. Der Satz ist in sich also völlig unlogisch. Solange wir leben, leben wir in der Zeit. Auch kann man Zeit nicht »haben«, sondern Zeit ist immer da: in jedem Augenblick, in jeder Stunde 60 Minuten oder an jedem Tag 24 Stunden. Über unser Handeln können wir verfügen, nicht aber über die Zeit. Wir können entscheiden, wie wir die Zeit verbringen wollen, was wir tun wollen. Die Mitteilung über diese Entscheidung müsste dann ehrlicherweise heißen, ich habe keine Zeit für dich, für meine Familie, für meine Interessen, für mein Vergnügen, für ..., weil ich etwas anderes für wichtiger, wertvoller oder auch für bequemer halte und das vorziehe.

Genauso inkorrekt und irreführend ist der Sprachgebrauch: »Ich muss noch länger im Büro bleiben«. Das klingt, als würden wir von jemandem gezwungen. Wir könnten stattdessen die Situation korrekt beschreiben und sagen: »Ich will keinen Ärger mit meinem Chef, deswegen bleibe ich länger im Büro.« Oder: »Ich habe noch eine wichtige Arbeit, die ich erledigen will.« Wir selbst treffen – von wenigen Ausnahmen abgesehen – die Entscheidung, wie wir unsere Zeit verbringen. Wir sollten dazu auch stehen und nicht anderen die Schuld geben.

Durch Redewendungen wie »ich muss ...« oder »es geht nicht anders« schieben wir die Verantwortung nämlich anderen zu. Wir möchten als Opfer und damit als unschuldig erscheinen. Es sieht auch viel besser aus, wenn die Schuld beim Chef, beim Kunden oder den widrigen Umständen liegt. Nur damit belügen wir vor allem uns selbst, weil wir mit diesen Redewendungen uns suggerieren, dass wir nichts ändern können. Wenn jemand denkt, dass der andere, der Kunde oder Chef, die Ursache seines Zeitproblems ist, dann denkt er implizit auch, dass nur der andere sein Problem lösen kann. Er nimmt sich unbewusst selbst seine Handlungsfreiheit.

Ein bisschen mehr Ehrlichkeit und Mut können da einiges ändern. Wenn ich sage, ich habe keine Zeit für dich, weil ich im Moment etwas anderes vorziehe, muss ich über meine eigenen Werte nachdenken: Was ist mir wirklich wichtig? Vielleicht ergeben sich aus einer solchen Ehrlichkeit zu sich selbst auch ein klärendes Gespräch mit dem anderen und ein besseres gegenseitiges Verstehen. Vor allem sollten wir uns selbst unsere Entscheidung und die zu Grunde liegenden Wertmaßstäbe bewusst machen. Wenn wir sagen und denken, die anderen verfügen über mich, dann verlieren wir immer mehr das Gefühl dafür, dass wir selbst unser Leben und unser Glück gestalten. Goethe hat das treffend formuliert: »Jeder ist seines Glückes Schmied.«

Die Redewendung »Ich habe keine Zeit« wird von manchen Menschen aber auch genutzt, um die Wichtigkeit der eigenen Person, seiner Position oder einer Aufgabe gegenüber anderen herauszustellen. Mit dem Satz unterstreichen diese Menschen in etwas narzisstischer Weise ihre Bedeutung und ihre große zeitliche Beanspruchung. Der Satz spuckt aber auch unausgesprochen in den Köpfen vieler Menschen herum, verbunden mit Gedanken wie: Ich werde nicht rechtzeitig fertig, oder: Ich schaffe das nicht, es ist zu viel. Durch dieses Denken erzeugen wir Stress. Eine gute Tagesplanung mit realistischen Zielen kann hier sehr hilfreich sein.

Wenn wir unseren Alltag ansehen, dann werden wir ständig von ungeplanten Ereignissen überrollt, die unsere schönen Konzepte von einer effektiven Nutzung der Zeit zunichte machen. Wer hat nicht schon solche Dinge erlebt wie die Reifenpanne auf der Autobahn, die Zugverspätung, ungeplante Besprechungen, unvorhergesehene Ereignisse aller Art? Viele dieser Arten von »Zeitverlusten« sind unvermeidbar. Zeitplaner und Zeitmanagement verlieren dadurch keineswegs ihren Sinn. Ziele, Tagesplanung, effektive Arbeitstechniken und alle diese Dinge sind nützlich und wertvoll, aber sie sind nur die eine Seite der Medaille. Sie helfen uns, die quantitative Seite der Zeit, die Vielzahl der Aufgaben, besser zu bewältigen.

Auf Dauer wird meine Arbeit trotz zügiger Umsetzung und hoher Effizienz unbefriedigend, wenn ich sie als sinnlos oder im Widerspruch zu meinen Werten und der ethischen Orientierung erlebe. Menschen fragen sich mehr oder weniger bewusst: Wie sinnvoll und wertvoll ist das, was ich tue? Diene ich damit dem Leben oder ist es lebensfeindlich oder zerstörerisch? Bereichert es mein Leben und das der anderen? Erst wenn Menschen positive Antworten auf diese Fragen finden, können sie auch ihre volle Leistungsfähigkeit und sich selbst in ihrer Arbeit entwickeln.

Manche Menschen grämen oder ärgern sich über etwas, das sie sowieso nicht ändern können. Solche Gefühle sind keine Bereicherung für unser Leben. Wir können stattdessen uns bemühen, dem Unvermeidlichen eine schöne Seite abzugewinnen. Im Stau, um im Beispiel zu bleiben, können wir die unverhoffte Pause genießen, schöne Musik hören oder in die Stille lauschen, wenn wir den Motor abschalten. Wir können dann sagen: Ich habe die Zeit für mich gut genutzt.

In seinen Forschungen über Glück und Zufriedenheit hat Czikszentmihalyi, ein Psychologe an der Universität Chicago, Interessantes herausgefunden. Glückliche Menschen fragen bei unvorhergesehenen Ereignissen nicht, warum muss das mir passieren, sondern, wozu ist das gut. Es sind in erster Linie unsere Denkmuster und nicht die Ereignisse, die uns unglücklich oder zufrieden machen. Im Umgang mit der Zeit lohnt es sich, diese Denkmuster, die sich in der Sprache zeigen, zu überprüfen. Die Welt ist so wie sie ist. Mein Denken und damit mein Erleben kann ich ändern.

PRAXISTIPP

»Ich habe keine Zeit für ...«

1. Beobachten Sie Ihren Sprachgebrauch, denn Ihr Sprechen steht in unmittelbarem Zusammenhang mit Ihrem Denken. Sie entdecken dabei Ihren persönlichen Umgang mit der Zeit.

2. Beginnen Sie anders über Zeit zu sprechen, dann werden Sie auch anders über die Zeit denken. Das wird Ihren Umgang mit der Zeit verändern.

3. Vermeiden Sie die sprachliche Versachlichung der Zeit (gewinnen, einsparen, stehlen, verlieren ...).

4. Seien Sie ehrlich zu sich und anderen: Ersetzen Sie den Satz »Ich habe keine Zeit« durch »Ich habe keine Zeit für ...«. Sie machen sich dabei Ihre zu Grunde liegende Entscheidung bewusst.

5. Fragen Sie sich bei jedem Tun und bei jeder Planung: Wie kann ich heute meine Zeit gut nutzen? Wie sinnvoll und wertvoll ist das, was ich vorhabe? Wird das mein Leben reicher und schöner machen?

6. Wenn Ihnen etwas widerfährt, das Sie nicht so gerne haben oder über das Sie sich ärgern, dann fragen Sie sich: Wozu kann das gut sein?

7. Wenn Sie im Augenblick darauf keine Antwort finden, dann sagen Sie sich: Wer weiß, wozu das noch gut sein wird?

Eine Geschichte aus dem alten China, die in vielen Varianten erzählt wird:

In einem chinesischen Dorf wachte frühmorgens ein Bauer auf und sah zu seiner Freude im Garten ein Wildpferd, das ihm zugelaufen war. Da kamen die Nachbarn und sagten: »Was bist du für ein Glückspilz, dass dir ein Pferd zuläuft.« Der Bauer erwiderte gelassen: »Wer weiß, wozu es gut ist.«

Als am nächsten Morgen der Bauer wieder in den Garten sah, war das Pferd verschwunden, es war über den Zaun gesprungen in die Freiheit. Da kamen die Nachbarn und sagten: »Wir haben es uns gleich gedacht, das Pferd war dir nicht vergönnt.« Da sagte der Bauer gelassen: »Wer weiß, wofür es gut ist.«

Anderntags, als der Bauer früh aufwachte, war das Pferd zurückgekommen. Es war ein Hengst, und er hatte noch eine Stute und ein Fohlen mitgebracht. Da kamen aufgeregt die Nachbarn gelaufen und riefen: »Du bist doch ein Glückspilz, jetzt hast du drei Pferde.« Der Bauer erwiderte nur gelassen: »Wer weiß, wofür es gut ist.«

Am nächsten Tag versuchte der Sohn des Bauern, die Pferde einzureiten, er wurde abgeworfen und brach sich beide Beine. Da kamen die Nachbarn und sagten: »Siehst du, die Wildpferde bringen dir nur Unglück. Dein Sohn, die Stütze für dein Alter, ist jetzt ein Krüppel.« Der Bauer erwiderte gelassen: »Wer weiß, wofür es gut ist.«

Ein paar Tage später kamen die Beamten des Kaisers, um Soldaten auszuheben. Im Dorf war großes Wehklagen, denn alle wussten, dass die wenigsten Männer aus dem Krieg zurückkommen werden. Den Sohn des Bauern konnten sie nicht mitnehmen. Da sagte der Bauer: »Wer weiß, wozu es gut ist.«

Usw. usw. usw.

1.2 Begriffe und Bedeutung: »hora«, »tempus«, »temperare«

Jedes Volk hat seine eigenen Erfahrungen mit der Zeit gemacht. Diese Erfahrungen haben sich in der jeweiligen Sprache niedergeschlagen. Zeit als solches – so sagen die Philosophen – gibt es nicht. Es gibt nur Zeitkonzepte, Vorstellungen von der Zeit. In der Sprache können wir die unbewussten Zeitkonzepte, die die Menschen sich gemacht haben, wiederentdecken. Das deutsche Wort »Zeit« kommt von der indogermanischen Wurzel »dai« = teilen,

zerschneiden, zerreißen. Die Germanen hatten offensichtlich die Zeit als etwas erlebt, das keine Einheit ist, sondern als etwas Eingeteiltes, als etwas, das in verschiedene Abschnitte geteilt wird.

Die Griechen kennen nicht nur die beiden Begriffe »chronos« und »kairos«. Sie lieben es vielmehr, die Begriffe immer mit einer Geschichte und einem Mythos zu verbinden. Der Mythos sagt mehr aus über das Verständnis von Zeit als der bloße Begriff. Das gilt auch für den dritten Begriff, den die Griechen für die Stunde gebrauchen. Die Zeit ist in Stunden eingeteilt. Doch die »Hora« ist nicht einfach eine Stunde von 60 Minuten. Die Horen sind in der Mythologie der Griechen vielmehr anmutige Göttinnen, die immer gemeinsam mit Göttern auftreten. Sie schenken dem Menschen den Frühling und fördern das Wachstum des Getreides und der Trauben. Die Athener hatten auch Namen für die Horen: Thallo, Auxo und Karpo. Sie sind Beschützerinnen des Blühens, Wachsens und Reifens. Jede Stunde ist also voller Leben. Sie ist als Chance zu verstehen, dass auch in uns etwas wächst und reift und aufblüht. Der Dichter Hesiod nennt drei andere Horen: Eunomia, Dika und Eirene: Regelmaß, Recht und Friede. Für ihn sind diese drei Horen Töchter des Zeus und der Themis. Die Stunden wollen uns demnach innerlich in Ordnung bringen und uns Frieden schenken. Wir erleben die Stunden im Sinne der Griechen erst dann richtig, wenn wir mit uns im Einklang sind. Und umgekehrt gilt: Wir kommen mit uns in Einklang, wenn wir uns dem Rhythmus der Stunden überlassen und jede Stunde in ihrer eigenen Qualität erleben. Die Griechen bezeichnen das, was mit der Stunde im Einklang ist, als »horaios«, als schön, während das Hässliche immer »aoros«, das Unzeitgemäße ist. Schön ist das, was dem richtigen Maß entspricht. Wer gegen die Zeit lebt – so glauben die Griechen –, der wird nie im Einklang mit sich sein und er wird auch in seinem Leib keine Schönheit ausstrahlen.

Für die Griechen sind die Horen Boten Gottes aus einer anderen Welt. Sie sind also wie Engel, die uns daran erinnern, dass jeder Augenblick Gott gehört. Friedrich Schiller bezieht sich wohl auf die griechische Anschauung der Zeit, wenn er schreibt: »Des Menschen Engel ist die Zeit.« Engel sind Boten Gottes, die uns eine wichtige Botschaft vermitteln und uns in Berührung bringen mit unserem wahren Wesen. Die Zeit ist so ein Bote Gottes, der uns darauf hinweist, worauf es eigentlich in unserem Leben ankommt. Der Engel der Zeit macht uns darauf aufmerksam, dass unsere Zeit begrenzt ist, dass wir sie deshalb bewusst und achtsam durchleben sollen. Und er weist uns mitten in der Zeit auf das hin, was die Zeit übersteigt: auf den Ort der Stille in uns, an dem die Zeit stillsteht, an dem reine Gegenwart ist. In uns selbst ist also etwas, das der Zeit entzogen ist. Hier wohnt Gott in uns. Hier haben wir teil am reinen Augenblick, an der Ewigkeit, über die die Zeit nicht mehr verfügen kann.

Die Römer haben einen eigenen Zeitbegriff entwickelt. Ihr Wort für Zeit »tempus« kommt vom griechischen Wort »temno« = abschneiden. Das Bild, das dahinter steht, ist die Sonne, die Stunde für Stunde einen Teil des Himmels abschneidet. »Temno« steht auch hinter dem Wort »templum«. Der Tempel ist ein Ort, den man abgegrenzt und aus dem Nutzungsbereich der Menschen herausgeschnitten und den Göttern geweiht hat. Zeit ist also ein Abschnitt. Und es ist wichtig, dass es ein guter Abschnitt ist. Daher ist es den Römern wichtig, dass alles »in tempore« geschieht, im rechten Augenblick. Sie bezeichnen mit »tempus« aber nicht nur den rein zeitlichen Abschnitt, sondern auch den Inhalt. Es gibt gute und schlechte Zeiten. Und immer wieder hört man die Klage, dass die Zeiten sich verschlechtert haben. Und zugleich wird im Wort Zeit deutlich, dass die Zeit letztlich den Göttern gehört, dass es eine Zeit ist, die uns die Götter zur Verfügung stellen, damit wir sie nutzen.

Noch zwei andere Worte sind mit »tempus« verbunden: »tempestas« und »temperare«. »Tempestas« kann die Zeit bedeuten, aber auch das Wetter, die Witterung. Jede Zeit hat also immer auch ihre eigene Stimmung und ihre Witterung. Es gibt keine abstrakte Zeit. Sie ist immer mit einer Qualität erfüllt. »Temperare« meint ursprünglich: einer Sache Ziel und Maß setzen. Davon kommt dann die Bedeutung: mäßigen, mildern. Der heilige Benedikt liebt dieses Wort. Der Abt soll immer das richtige Maß beachten, alles richtig anordnen, so dass in allem Maß gehalten wird. Und »temperare« heißt dann auch: lenken, führen, regieren. Das ist eine interessante Verbindung. Richtig führen heißt für die Römer, alles richtig anordnen, die Zeiten richtig gestalten und bei der Führung immer das rechte Zeitmaß beachten. Wer maßlose Arbeitszeiten verlangt, ist für die Römer ein schlechter Führer. Führen ist die Kunst, die Zeit so zu gestalten, dass sie sinnvoll und effektiv genutzt wird und somit eine gute Zeit wird.

Die Bibel benutzt die beiden griechischen Wörter »chronos« und »kairos« sehr bewusst. Matthäus spricht von der Zeit (»chronos«) in der Erzählung von den Magiern (vgl. Matthäusevangelium 2,1–12). Herodes erkundigt sich genau nach der Zeit, in der den Magiern der Stern erschienen ist. Und er lässt die Kinder töten »genau der Zeit entsprechend, die er von den Sterndeutern erfahren hatte«. (Matthäusevangelium 2,16) Doch wenn Matthäus sagt: »In jener Zeit« trat Jesus auf, benutzt er immer den Begriff »kairos«. Es ist immer eine gute Zeit, wenn Jesus da ist und den Menschen begegnet. Jesus selbst beginnt seine Predigt mit dem Wort: »Die Zeit (›kairos‹) ist erfüllt, das Reich Gottes ist nahe. Kehrt um, und glaubt an das Evangelium.« (Markusevangelium 1,15) In diesem Wort Jesu begegnen wir seinem Zeitkonzept. Mit Jesus beginnt eine neue, eine erfüllte Zeit. Sie ist voll von Gottes Nähe, von Gottes Herrschaft. Die Zeit gehört Gott. Sie wird dann für den Menschen eine erfüllte Zeit, wenn Gott darin herrscht und nicht die Erwartungen der Menschen, nicht die Forderungen der Arbeit und nicht die eigenen Sorgen um die Zukunft. Wenn die Zeit von Gott bestimmt wird, ist es für den Menschen eine heilsame Zeit. Dann kann er ganz er selbst sein, ist er ganz im Augenblick. Die Zeit, in der Gott herrscht, tut dem Menschen gut. Es ist eine angenehme Zeit, eine Zeit des Heils, in der der Mensch ganz werden kann. Aber der Mensch soll darauf auch reagieren. Er ist dazu aufgerufen umzukehren. Das entsprechende griechische Wort »metanoiein« heißt eigentlich: umdenken. Man könnte dieses Wort aber auch übersetzen mit: »Verwandelt euch!« Der Geist soll über sich selbst hinausgehen. Er soll hinter die Dinge schauen. Die erfüllte Zeit ist eine Zeit, in der sich unser Geist verwandelt. Statt ängstlich auf die Zeit zu achten, dass sie nicht verloren geht, sollen wir sie vertrauend erleben – getragen von Gottes heilender Gegenwart. Wir sollen ganz im Augenblick sein, weil jetzt dieser Augenblick der wichtigste im Leben ist, weil in diesem Augenblick schon alles ist, was wir brauchen: Gott herrscht in diesem Augenblick. Und wo Gott herrscht, da bin ich frei, da bin ich ganz ich selbst, da richte ich mich auf.

Und noch etwas sagt Jesus über sein Zeitkonzept aus. Wir sollen an das Evangelium glauben. Im Griechischen steht hier: Wir sollen »im Evangelium« glauben. Das meint wohl: Wir sollen in den Worten der Frohen Botschaft wohnen. Wir sollen in den guten Worten, die Jesus uns verkündet, zu Hause sein. Die Zeit soll also von guten Worten und Bildern geprägt sein. So können wir sie als etwas Angenehmes empfinden und erleben. Diese guten Worte geben uns dann in der Zeit, die verrinnt, ein Haus, in dem wir ausruhen können. Wir können einen Raum erleben, in dem wir sein dürfen. Wenn gute Worte unser Herz durchdringen, dann verliert die Zeit das Beängstigende – nämlich dass sie vergeht. Die guten Worte, die Jesus spricht, vergehen nicht, denn sie überdauern die Zeit. Wir können daher beruhigt in seiner frohen Botschaft wohnen, hier in der Zeit und nach dem Tod jenseits der Zeit.

1.3 Zeit als knappes Gut

Zeit ist eines der zentralsten Themen in unserer Arbeitswelt. Ohne das Wissen um die Dimension Zeit wären Planung, wirtschaftliches Handeln und unsere gesamte Kultur überhaupt nicht möglich. Viele Menschen jedoch erleben Zeit nicht als Zeit, die vernünftig geplant ist, die segensreich mit Arbeit gefüllt wird, um die Güter für unseren Lebensbedarf zu produzieren, und auch nicht als Zeit zum Leben. Sie erleben vielmehr Zeitnot, Zeitdruck, Zeit als viel zu knappe Ressource oder Hetze und Stress. Sie suchen nach Methoden, um ihre Arbeit schneller zu erledigen, nach Methoden für ein besseres Zeitmanagement und eine bessere Selbstorganisation. Ihr Umgang mit der Zeit und ihr Leben – zumindest ihr Arbeitsleben – erscheinen ihnen unbefriedigend oder belastend. Manche fühlen sich unter ständigem Druck, gehetzt oder ausgelaugt.

Die Lösung liegt jedoch nicht in Methoden zur schnelleren Erledigung der Arbeit, sondern sie liegt tiefer: in der Einstellung, in den Werten und oft auch in den meist unbewussten Verhaltens- und Denkmustern, die unser Leben bestimmen.

Von außen bekommen wir immer mehr Aufgaben aufgebürdet, die Anforderungen und Erwartungen an Qualität und Tempo steigen. Hinzu kommen bei vielen Menschen noch hohe eigene Ansprüche an sich selbst. So wächst der Zeit- und der Leistungsdruck, unter dem sie leiden. Das betrifft oft nicht nur die Arbeitswelt, sondern auch den privaten Bereich. Es ist die Menge der Arbeiten, die Vermehrung der Aufgaben oft in Verbindung mit Verantwortungsgefühl und Pflichtbewusstsein, die zum Problem werden. Gleichzeitig verstellen diese vielen Aufgaben, die unsere Aufmerksamkeit binden, den Blick für das Wesentliche. Im privaten Bereich setzen wir den Leistungsdruck in den Freizeitaktivitäten und in den Ansprüchen an uns selbst und an unsere Umgebung fort.

Es ist schon ein Paradoxon: Wir haben seit vielen Jahren eine wachsende Arbeitsentlastung im Alltag – durch technische Hilfsmittel von der Waschmaschine bis zum Internet. Gleichzeitig nehmen jedoch die Menge der Arbeit, die Aufgaben und der Leistungsdruck ständig zu statt ab. Daher wird es immer mehr zur Aufgabe für jeden Einzelnen, sich selbst zu finden, das eigene Maß zu erkennen und sich abzugrenzen. Die heutige Zeit erfordert, dass wir selbst die Verantwortung übernehmen und für uns das rechte Maß finden, wie viel wir leisten können, oder zu erkennen, was wir »uns leisten können« – nicht zuletzt auch im Hinblick auf unsere eigene Gesundheit.

Die klassischen Fragen, die in Zeitmanagement-Seminaren nahegelegt werden, lauten: Was ist wichtig? Und: Was ist dringlich? Sie beziehen sich auf ein gegebenes, begrenztes Aufgabenspektrum, das bewältigt werden kann und soll. Jedoch führt in der wachsenden Menge der Arbeiten die Frage: Welche der vor mir liegenden Aufgaben ist jetzt die wichtigste, welche die zweitwichtigste ...? immer seltener zu einer Lösung. Es sind lediglich Fragen nach der Reihenfolge der Arbeiten, sie lösen aber nicht unsere Probleme der Überforderung durch die wachsende Aufgabenmenge. Die Fülle der Möglichkeiten und Anforderungen in der heutigen Zeit erfordert eine andere Fragestellung: Was ist wesentlich? Auf was muss ich mich begrenzen, wenn ich nicht meinen Körper und meine Seele überfordern will? Das führt in der Konsequenz zu der Entscheidung darüber, was ich weglassen oder vereinfachen kann.

Die Frage nach dem Wesentlichen führt den Blick auf das größere Ganze, auf einen Lebensabschnitt oder auf das ganze Leben. Die Antwort darauf kommt nicht nur vom Verstand. Das Leben selbst gibt darauf die Antwort, wenn wir spüren, dass wir so nicht weitermachen können, oder manchmal sehr heftig als Schicksalsschlag, zum Beispiel als schwere Krankheit, als Unfall oder als Arbeitslosigkeit. Dann fragen wir nach dem, was trägt: nach dem Sinn unseres Leben. Manche Menschen beginnen dann wieder zu schätzen, was sie verloren oder vorher nicht gesehen und gewürdigt haben.

Die Frage nach dem Wesentlichen in unserem Leben lässt sich auch ohne ein tragisches Ereignis, etwa als tägliche Meditation einbringen. Die Antwort bekommen wir dann in der Stille, wenn wir nach innen lauschen. Erst wenn wir nicht mehr von den vielen belanglosen Dingen des Alltags, von dem »Immer-Mehr« abgelenkt werden, wenn unser Bewusstsein nicht im Außen zerstreut ist, wird der Weg frei für das Erkennen. Das Wesentliche zeigt sich, wenn wir nicht mehr vom Unwesentlichen abgelenkt sind.

Der indianische Lehrer Don Joan empfiehlt seinem Meisterschüler Carlos Castaneda, bei allen wichtigen Entscheidungen den Tod zu befragen. Dieser sitze immer als schwarzer, unsichtbarer Vogel auf der linken Schulter. Mit Blick auf den Tod, auf unsere Sterblichkeit relativierten sich die Probleme unseres Lebens entscheidend. Die Frage nach dem Wesentlichen bekommt mit dem Blick auf das Ende eine ganz andere Tiefe und Tragweite.

Der Weg zum Wesentlichen

a) Sie können sich die Frage, was ist wirklich wesentlich, mehrmals täglich stellen. Sie können die Frage mit einer Gehmeditation oder mit Momenten der Stille verbinden. Sie richten die Frage an sich selbst und lauschen in die Stille.

b) Bei Entscheidungen können Sie die Frage an den Tod richten, so als sei dieser real anwesend als Person oder, wie Don Joan empfiehlt, als schwarzer Vogel auf der linken Schulter.

c) Als Paarübung können Sie jemanden bitten, zehn oder fünfzehn Minuten lang immer wieder dieselbe Frage zu stellen: Was ist für Dich wesentlich? Der Fragesteller hört nur zu. Es gibt keinen Kommentar, keine Diskussion. Es gibt nur diese eine Frage, die nach jeder Antwort oder nach einer kurzen Pause wiederholt wird. Nach fünfzehn Minuten werden die Rollen getauscht.

d) Am Ende der Übung können beide Beteiligten sich notieren, was ihnen in der Übung bewusst wurde, und sich dann austauschen, wie es ihnen dabei erging.

Die meisten Menschen leben mit dem Gefühl, dass sie ja noch so viel Zeit vor sich haben, und entsprechend haben diese Menschen auch noch viel vor. Sie sind voll von Plänen, Wünschen, Hoffnungen und Ideen. Die Vergangenheit wird dabei eher als kurze Zeitspanne hinter uns und die Zukunft als großer Zeitraum vor uns gesehen. Wir glauben häufig, dass wir noch viel machen und erreichen können. Die Tatsache, dass wir nicht wissen und nicht wissen können, wie viel Zeit uns noch zum Leben wirklich bleibt, wird dabei verdrängt. Wir geben dem Wissen um die Endlichkeit unseres Seins im Alltag keinen Platz.

Das Christentum weist, genauso wie der Buddhismus und alle anderen großen Religionen, auf die außerordentliche Bedeutung der Tatsache hin, dass das Leben auf den Tod hin angelegt ist. Damit wird Zeit mit Blick auf unsere Pläne, Wünsche und Aufgaben als knappes Gut erfahren. Wir können die Bewegung der Uhrzeiger oder die Bewegung der Sonne aber auch als Hinweis und Mahnung verstehen, dass wir vergehen, das unsere Zeit begrenzt ist. Schließlich ist die Vergänglichkeit das zentrale Merkmal allen Lebens und gibt diesem seine besondere Bedeutung. Dinge, die wir im Überfluss haben, erscheinen uns wertlos, nur das, was knapp ist, hat Wert. Würden wir ewig leben, wäre das Leben wertlos. Der Wert des Lebens ergibt sich erst durch seine Begrenztheit, seine Endlichkeit.

Am Aschermittwoch wird in den katholischen Kirchen mit dem Aschenkreuz, das den Gläubigen auf die Stirne gezeichnet wird, auf Tod und Vergänglichkeit verwiesen und gesagt: Du bist aus Staub gemacht und wirst wieder zu Staub werden. Ein Leben aus diesem Bewusstsein des nahenden Endes wird anders verlaufen als ein Leben, in dem der Tod aus unserem Bewusstsein verdrängt wird.

Aryadeva, ein buddhistischer Meister des 2. und 3. Jahrhunderts n. Chr., ermahnt in seinen »Vierhundert Versen« eindringlich, den Tod als Herrscher über das Leben zu betrachten und unseren Blick nicht auf zukünftige Ziele zu richten, sondern auf unser schwindendes Leben. Er ermahnt, den falschen Glauben an die Beständigkeit zu überwinden und nicht so zu leben, als gebe es keine Ende. Auch Jesus sagt das immer wieder sehr klar: »Da sprach Gott zu ihm: Du Narr! Noch in dieser Nacht wird man dein Leben von dir zurückfordern. Wem wird dann all das gehören, was du angehäuft hast?« (Lukasevangelium 12, 20)

»Mors certa, hora incerta« – Der Tod ist gewiss, seine Stunde ungewiss, so sagt ein lateinisches Sprichwort. Der Tod ist also das einzig Gewisse in der Zukunft. Wenn wir diese Endlichkeit unseres Seins vor Augen haben, werden wir mit der uns verbleibenden Zeit auch ganz anders umgehen. Wir können jeden Tag als neues Geschenk annehmen und wirklich Wertvolles tun. Wir genießen die Zeit mit einem lieben Menschen intensiver, wenn wir wissen, der andere wird in Kürze abreisen. Was uns scheinbar unbegrenzt zur Verfügung steht, können wir nicht achten und genießen – ein zentrales Problem unserer Konsum- und Spaßgesellschaft.

Der Blick auf den bevorstehenden Tod kann so zur Bereicherung unseres Lebens werden. Wir können zum einen die Nichtigkeit vieler Dinge dieser Welt leichter durchschauen. Zum anderen können wir aber auch die Fülle und den Reichtum in dieser Welt erkennen und genießen, wenn wir das Ende sehen. Das Heute mit seinen Möglichkeiten wird wertvoll, wenn wir bedenken, dass es uns in Kürze genommen wird. Eine typische Aussage von Krebspatienten, wenn der erste Schock nach der Diagnose überwunden ist, lautet: Ich habe bisher noch gar nicht gelebt. Erst die lebensgefährliche Erkrankung öffnet den Blick auf das Ende und dadurch den Blick auf das Leben und den Wert der verbleibenden Tage. Eine krebskranke Freundin von mir betonte immer wieder: »Ich erlebe jeden Tag als neues Geschenk und ich genieße ihn, so gut ich es kann.«

Der Blick auf das nahe Ende macht realistisch, denn es bleibt nicht viel Zeit. Was liegt da näher als zu fragen, wie kann ich die kurze Zeit meines Lebens am besten nutzen. Das führt nicht zu Panik oder Sorge, sondern zu einem reicheren Leben. Der heutige Tag, mein Tageswerk, der Reichtum um mich herum kommt dabei in den Blick.

1.4 Zeit als Vergangenheit, Gegenwart und Zukunft

In der Schule wurde uns Zeit als zeitliches Hintereinander von Vergangenheit, Gegenwart und Zukunft vermittelt. Dabei entstand der Eindruck, dass es sich um drei verschiedene Zeiten handelt, die gleichartig neben- oder hintereinander stehen. Die Psychologie und viele Weisheitslehrer sagen uns, dass das nicht so ist. Frühere Ereignisse, die wir als Vergangenheit bezeichnen, existieren in unserem Bewusstsein nur als Erinnerung – und zudem noch unvollständig. Die Erinnerung beinhaltet nicht das vergangene Geschehen, sondern lediglich unsere psychische Verarbeitung des Vergangenen.

Ereignisse in der Zukunft können wir nicht kennen. In unserem Bewusstsein existieren sie als Erwartung, Annahme, Hoffnung oder als Sorge. Die Fähigkeit, sich zukünftiges Geschehen vorstellen zu können, lässt uns planen und damit auch die Zukunft gestalten. Sie ist aber oft auch die Quelle von Befürchtungen und Ängsten.

Eckehard Tolle, Autor von »Jetzt! Die Kraft der Gegenwart«, erlebte in einer tiefen spirituellen Erfahrung die zentrale Bedeutung der Gegenwart für das menschliche Leben: Alles, was in dieser Welt geschieht, was wir erleben, hören, denken, fühlen, geschieht im Jetzt, in der Gegenwart. Nichts geschieht in der Vergangenheit und nichts in der Zukunft. Vergangenheit ist nur die Erinnerung an ein früheres Jetzt. Genauso ist die Zukunft eine Erwartung oder Vorstellung, die wir jetzt haben.

Durch unser Denken projizieren wir das Geschehen in eine andere Zeitdimension. Die Vergangenheit ist vorbei und die Zukunft hat noch nicht begonnen, die einzige Realität ist das »Jetzt«. Nur dieser kurze Moment, dieser zeitlose Augenblick zwischen dem, was vorbei ist, und dem, was kommen wird, ist das Leben im eigentlichen Sinn. Wenn wird darüber nachdenken, sind wir in unseren Gedanken schon in der Vergangenheit und nicht mehr im »Jetzt«, oder in der Zukunft bei unseren Fantasien. Das Denken, so nützlich es in manchen Situationen sein mag, führt uns aus dem Jetzt heraus.

Bei der Bewältigung des Alltags bauen wir auf Erfahrungen aus der Vergangenheit auf und müssen zukünftiges Geschehen planen. Ohne den enormen Erfahrungsschatz, der überwiegend in unserem Unbewussten gespeichert ist, wären wir nicht lebensfähig. Die Freiheit des Menschen besteht aber gerade darin, dass wir uns von unseren Programmierungen, Gewohnheiten und alten Verhaltensmustern lösen und im Jetzt unser Leben gestalten und selbst bestimmen können.

Wenn Sie andere Menschen oder sich selbst beobachten, wie Sie gehen, dann erkennen Sie, ob diese Menschen beziehungsweise Sie selbst in der Gegenwart sind oder ob Sie geistig bereits beim nächsten Termin oder von Unruhe getrieben sind. Viele Menschen gehen nicht, sie rennen. Sie rennen zum nächsten Ereignis, ohne wahrzunehmen, wo sie sind und was gerade geschieht. Immer in Eile, mit leicht nach vorne gebeugtem Oberkörper möchten sie so schnell wie möglich irgendwohin kommen. Wohin? Sie sind geistig noch beim letzten Gespräch oder in Gedanken schon in der Zukunft, aber nicht hier im Leben.

Dabei ist die Chance, jetzt zu leben, relativ einfach zu realisieren, zum Beispiel wenn wir den Weg zu einer Konferenz als Spaziergang oder als Erholungspause er-leben. Wir brauchen nur achtsam, bewusst und gesammelt ganz bei dem sein, was wir gerade tun. Dabei kommen wir mit uns selbst, mit unserer Seele in Kontakt, was sich mit wachsender Achtsamkeit immer mehr vertiefen wird. Thich Nath Hanh, ein vietnamesischer Zen-Meister, übt täglich mit seinen Mönchen und Gästen das achtsame Gehen. Das Bewusstsein wird dabei auf die Bewegung und die Wahrnehmung der Bewegung gerichtet.

ÜBUNG

Meditatives Gehen

Üben Sie das meditative Gehen. Fangen Sie ganz langsam an: Einatmen – den linken Fuß abrollen – ausatmen – den rechten Fuß abrollen. Die ganze Aufmerksamkeit ist in der Fußsohle, sie liegt beim Abrollen und beim Ein- und Ausatmen.

Wenn die Aufmerksamkeit gesammelt ist, wird der Fokus erweitert. Abrollen – atmen – und mich selbst spüren: meinen Körper, meine Befindlichkeit. Beim Ausatmen lächle ich mir mit größtmöglichem Wohlwollen zu. In diesem Lächeln nehme ich mich an und akzeptiere mich, so wie ich bin.

Die Erweiterung der Übung erfolgt nach einigen Minuten. Neben der Selbstwahrnehmung öffne ich mich für alles, was sich mir zeigt: Farben, Gerüche, Geräusche. Beim Ausatmen lächle ich allem zu.

Einatmen: Abrollen – Mich selbst und alles annehmen, was sich zeigt.

Ausatmen: Abrollen – Allem zulächeln.

Die Übung lässt sich am besten in einer sehr langsamen Form zu Hause einüben, wenn niemand zuschaut. Das Tempo kann dann langsam gesteigert werden ... bis zum normalen gemütlichen Gehen.

(aus Assländer / Grün: Spirituell führen)

Manche Menschen haben sich grundsätzlich dazu entschieden, später, in der Zukunft zu leben. Sie glauben, später – im Urlaub, nach der Pensionierung, oder wenn sie dieses oder jenes erst erreicht haben – wird es ihnen gut gehen, dann beginnt das Leben. Etwas sarkastisch könnte man auf die Grabsteine dieser Menschen schreiben: »Wollte später leben«. Diese Menschen übersehen, dass Versäumtes nicht nachgeholt werden kann. Zu einem späteren Zeitpunkt können wir das tun, was dann zu tun ist, aber Vergangenes nicht mehr verändern. Wir können nichts ungeschehen machen, auch nicht unsere Versäumnisse.

Wir versäumen das Leben, wenn wir das Heute nicht annehmen, weil wir auf etwas Besseres später hoffen. Auch wenn die Umstände schwierig sind oder voller Probleme, sie sind das Leben. Der Dichter Antoine de Saint-

Exupéry sagt über die Beziehung der Zukunft zur Gegenwart: Die Zukunft bauen heißt die Gegenwart leben.

Spirituelle Wege und ihre Übungen wollen uns in die Gegenwart führen, unsere Fähigkeit verstärken, das »Jetzt« zu erleben. Alle Meditationsübungen dienen dazu, vom Denken loszukommen, uns von der Gedankenflut zu befreien, die unser Bewusstsein dominiert. Damit kann uns Meditation auch aus den Problemen herausführen, die durch falsches Denken über die Zeit entstehen. Dies erklärt die seit vielen Jahren wachsende Beliebtheit verschiedener Meditationspraktiken und das Interesse des Westens an östlichen Religionen, in denen Meditation ein zentrale Stellung und eine lange Tradition hat. Meditation ist eine Anleitung, im »Jetzt« zu verweilen, und führt in die Ruhe und Gelassenheit, nach der sich viele Menschen sehnen.

Die traditionellen Meditationspraktiken des Buddhismus etwa und seine Anleitungen zu einem erfüllten Leben ziehen viele Menschen an. Wichtig in Buddhas Lehre ist dabei »der edle achtfache Pfad«. Auf der zweiten Stufe verweist er auf das »rechte Denken«. Wie viel Zeit verbringen wir im Laufe eines Tages mit unnötigen Gedanken? Wie viel Sorge und Leid erzeugen wir selbst durch falsches Denken? Wenn wir lernen, unser Denken zu beobachten, werden wir allmählich immer weniger von ihm beherrscht und können uns der Gegenwart annähern. Im Buddhismus wird größter Wert auf diese Praxis gelegt.

PRAXISTIPP

»Rechtes Denken«

Wir können »rechtes Denken« in mehrfacher Weise üben. Wir können uns immer wieder fragen:

– Wo bin ich gerade in Gedanken?

– Sind diese Gedanken heilsam für mich und für andere?

– Welche liebevollen Gedanken können meine negativen Gedanken ersetzen?

– Was tue ich gerade?

– Welche Gewohnheitsmuster treiben mich an?

Dabei werden wir uns immer besser bewusst, wie unser Denken verläuft und wie es unser Handeln und unser Erleben beeinflusst.

Eine weitere schädliche Gewohnheit ist die Sorge um die Zukunft, mit der wir auch das »Jetzt« und damit das Leben verlassen. Darauf verweist auch Jesus in seiner Lehre von der rechten und falschen Sorge: »Sorgt euch also nicht um morgen; denn der morgige Tag wird für sich selbst sorgen. Jeder Tag hat genug eigene Plage.« (Matthäusevangelium 6,34) Jesus gibt damit auch eine Anleitung zum rechten Denken: es soll nicht von Sorgen über die Zukunft belastet werden. Wir sollen es durch Vertrauen ersetzen, dass der nächste Tag für sich selbst sorgt.

1.5 Chronos und Kairos

Wenn wir die griechischen Götter für die Zeit, Chronos und Kairos, nochmals betrachten und zu unserem heutigen Zeitverständnis in Beziehung setzen, so zeigt sich, dass wir uns heute einseitig an dem griechischen Gott Chronos, dem Gott der Zeitquantität, orientieren. Der Name dieses Gottes ist erhalten in Begriffen wie Chronik, Chronograph, chronologisch. Es ist die gleichförmig ablaufende, mathematisch-technische, messbare Zeit – eine Minute wie die andere. Unsere Uhren, der Terminkalender verstärken dieses Bild der Gleichförmigkeit der Zeit. Der Abstand zwischen den Stunden auf einer Uhr oder in unserem Terminkalender ist exakt gleich groß, eine Stunde ist wie die nächste, ein Tag wie der andere auf unseren Messinstrumenten für die Zeit.

Die Eigenschaften dieses Gottes, wie sie Hesiod im 8. Jahrhundert v. Chr. beschreibt, können uns nachdenklich machen. Chronos entmannt seinen Vater, um die Weltherrschaft zu erlangen. Er selbst – in Bildern als Monster dargestellt – frisst seine eigenen Kinder auf, um dem gleichen Schicksal, das ihm prophezeit worden ist, zu entgehen.

Das Bild sagt, die ständig ablaufende Chronos-Zeit vernichtet alles, was sie hervorbringt, auch wieder. Nichts in dieser Welt ist von Dauer. Chronos, die technische, gleichförmige Zeit muss Potenz und neues Leben verhindern, um selbst herrschen zu können – was für ein düsteres Bild. Chronos will die bestehende Ordnung und das alte Machtgefüge aufrechterhalten und sieht die eigenen Kinder als Bedrohung. Chronos lebt in der Angst, entmachtet zu werden, kann aber seinem Schicksal nicht entgehen.

Die Chronos-Zeit, die wir als Termin, als Frist, als ablaufende Zeit erleben, macht Angst. Wir beherrschen diese Zeit, wir messen die Arbeitsvorgänge, planen und kalkulieren. Gleichzeitig werden wir von ihr beherrscht und werden zu Sklaven unserer Planungen und Termine. Wir erleben das als Zeitdruck, unter dem immer nur wir Menschen leiden. Es herrscht die ständige Angst, nicht fertig zu werden, das Pensum nicht mehr zu schaffen.

Die Ursache der Angst liegt unter anderem im Festhalten am Bestehenden, in der Unfähigkeit loszulassen. Es ist die Angst davor, etwas zu verlieren oder etwas verändern zu müssen. Sie ist jedoch nicht an den Gott Chronos gebunden, wir finden sie überall auf der Welt. Der Mythos von Chronos zeigt uns ein Grundproblem des Daseins, das Spannungsverhältnis zwischen Bewahren und Verändern.

Hinter der Chronos-Geschichte steht der verbreitete Mythos vom alten König, dem prophezeit wird, dass der neue König geboren ist und ihn entmachten wird. Der alte König will seine Herrschaft sichern und sieht die einzige Möglichkeit darin, den neugeborenen König zu töten. Durch besondere, glückliche Umstände überlebt der neue König und vollzieht, was dem alten König prophezeit wurde: die Machtübernahme. Dieser Mythos findet sich in vielen religiösen Erzählungen: Moses wird im Weidenkörbchen versteckt, Jesus flieht mit seinen Eltern nach Ägypten, der hinduistische Gott Krishna wird von Hirten erzogen, der ausgesetzte Königssohn Ödipus wird von Hirten gefunden, Zeus überlebt versteckt in einer Höhle.

Der Mythos besagt, dass niemand die Veränderungen aufhalten kann, wir können nichts bewahren. Es werden immer neue Herrscher kommen, symbolisch als Könige oder Götter, real als Ideen, Ideologien, Ordnungen und Erfindungen, die die Welt verändern. Das Alte muss dem Neuen weichen, auch wenn das nicht immer ganz reibungslos abläuft. Das einzig Bleibende ist der Wandel.

Auch Jesus versucht uns in vielen Gleichnissen zu vermitteln, dass die Dinge dieser Welt, alles, was wir in der Chronos-Zeit erreichen, keinen bleibenden Wert haben. Seinen Jüngern legt er nahe, sich um dauerhafte Schätze zu bemühen, die nicht auf der Erde zu finden und nicht als materielle Güter zeitgebunden und vergänglich sind. Das Wichtigste im Leben für ihn ist das Bemühen um das Reich Gottes, wie zum Beispiel im Gleichnis vom Schatz im Acker oder im Gleichnis von der wertvollen Perle: »Mit dem Himmelreich ist es wie mit einem Schatz, der in einem Acker vergraben war. Ein Mann entdeckte ihn, grub ihn aber wieder ein. Und in seiner Freude verkaufte er alles, was er besaß, und kaufte den Acker. Auch ist es mit dem Himmelreich wie mit einem Kaufmann, der schöne Perlen suchte. Als er eine besonders wertvolle Perle fand, verkaufte er alles, was er besaß, und kaufte sie.« (Matthäusevangelium 13,44–46)

Und bei Lukas steht es noch deutlicher: »Verkauft eure Habe und gebt den Erlös den Armen! Macht euch Geldbeutel, die nicht zerreißen. Verschafft euch einen Schatz, der nicht abnimmt, droben im Himmel, wo kein Dieb ihn findet und keine Motte ihn frisst.« (Lukasevangelium 12,33) Der Himmel, das Reich Gottes, von dem Jesus immer wieder spricht, ist ein geistiger Ort, ein Bewusstsein, an dem die irdische Zeit, Chronos, keine Gültigkeit hat, an dem es keine Vergänglichkeit gibt.

Wie alles auf dieser Welt hat auch Chronos zwei Seiten. Die technisch-mathematische Zeit ist ja abgeleitet von der Naturbeobachtung. Sie ist ein wesentlicher Teil der Schöpfung. Die Bewegungen der Gestirne verlaufen mit äußerster mathematischer Genauigkeit. Ohne die zeitlichen Ordnungen in der Natur mit unterschiedlichen Tageszeiten und Jahreszeiten gäbe es kein Wachstum, kein Leben in dieser Form, wie wir es um uns sehen. Chronos repräsentiert damit auch die Ordnung in der Natur, einschließlich der Vergänglichkeit, die wir überall in der Natur beobachten können.

Alle bekannten Kulturen hängen von der Fähigkeit ab, Zeit messen zu können. Dies ist unsere Grundlage für jegliche Planung und Organisation. Handelsgeschäfte, Produktionsvorgänge, auch religiöse Rituale sind nur möglich, wenn wir die erforderliche Zeit berechnen und zeitliche Verabredungen treffen können. Probleme entstehen erst, wenn wir einseitig den Chronos-Aspekt überbetonen, wenn alles geplant, verplant, berechnet und zeitlich fixiert wird.

Dabei kannten die alten Griechen neben dem Mythos von Chronos auch einen anderen Aspekt von Zeit, ebenfalls mythisch als Göttergestalt dargestellt: Kairos. Er ist ein Halbgott und wurde verehrt als der Gott der günstigen Gelegenheit und des rechten Augenblicks. Er gilt als der jüngste Sohn des Zeus und ist genealogisch gesehen direkter Nachkomme von Zeus und Enkel des Chronos, während Chronos direkter Vorfahre von Zeus ist. Kairos ist keine Bedrohung für den Vater, er will nicht die Weltherrschaft. Er wird als Jüngling dargestellt und steht damit für die Frische und Lebendigkeit der Jugend, für das Neue und Neu-Entstehende.

Im Altertum wurde dem richtigen Zeitpunkt, der Zeitqualität, wie sie durch Kairos repräsentiert wird, große Bedeutung beigemessen. Man befragte das Orakel von Delphi nach günstigen Zeiten für Geschäfte und Kriege. Man betrieb Astrologie, um zu prüfen, ob die Sterne günstig stehen. Auch wenn wir über solche Dinge heute lächeln, so ist doch bemerkenswert, dass die Astrologie in allen Hochkulturen auf der ganzen Welt als höfische Kunst gepflegt wurde. In der Bibel spielen drei Astrologen, Sterndeuter, in der Geburtsgeschichte eine wichtige Rolle: »Als Jesus zur Zeit des Königs Herodes in Betlehem in Judäa geboren worden war, kamen Sterndeuter aus dem Osten nach Jerusalem.« (Matthäusevangelium 2,4–7)

Ebenso sollte es uns nachdenklich stimmen, dass der Aufstieg des Orakels im Tempel des Apollo in Delphi etwa 800 v. Chr. begann und erst durch ein Edikt des Kaisers Theodosius I. im Jahr 391 n. Chr. zu Fall gebracht wurde. Mehr als 1.000 Jahre wurde es von den Reichen und Mächtigen dieser Zeit eifrig konsultiert. Vielleicht sind Fragen nach dem richtigen Zeitpunkt, nach der Zeitqualität oder die Fragen, wann die Zeit günstig und reif ist, oder die Frage, was jetzt wesentlich ist, gar nicht so abwegig. Es geht dann darum, das Richtige zum richtigen Zeitpunkt zu tun.

Kairos ist der Gott des richtigen Augenblicks, der günstigen Gelegenheit. Er wird abgebildet als Jüngling mit einer Glatze und einer mächtigen Stirnlocke. Das Bild besagt, wenn Kairos als Chance, als Möglichkeit vor uns steht, können wir ihn festhalten, die Chance nutzen. Wenn die Gelegenheit vorüber ist, werden wir ihn an der Glatze am Hinterkopf nicht mehr fassen können. Ein altes Sprichwort erinnert uns an diesen Gott: Das Glück muss man beim Schopfe packen.

Kairos fordert von uns, dass wir nicht nur erkennen, »was die Stunde geschlagen hat«. Er fordert auch, dass wir die Gelegenheit, wenn sie gekommen ist, ergreifen und handeln. Die jugendliche Frische und Dynamik, die Kairos ausstrahlt und die auf uns überspringen kann, entsteht nicht durch Abwarten und Zaudern, sondern durch Zupacken, Handeln und Entscheiden. In der Psychologie werden die Unfähigkeit, Entscheidungen zu fällen, und die Angst vor Entscheidungen entsprechend mit Kairophobie bezeichnet.

Der Blick für Kairos geht in einer planenden und durchrationalisierten Arbeitswelt leicht verloren. Wir starten Aktivitäten und verbinden damit gleichzeitig so konkrete Erwartungen an diese Aktivitäten, dass wir das, was geschehen könnte, nicht mehr zulassen. Wir sind selbst durch unsere festen Erwartungen so programmiert, dass wir etwas anderes gar nicht mehr aufnehmen können.

Kairos repräsentiert das Verweilen in der Bewegung der sich ständig verändernden Gegenwart, das Eintauchen in das Jetzt und in das Erkennen von Chancen. Das ist das Gegenteil des heute verbreiteten Denkens in Zielen und Ergebnissen. Kairos verweist auf Erfahrungen, die nur in diesem Moment möglich sind: auf den Duft einer Blume, den Geschmack eines Apfels, das Lächeln eines Kindes und vieles mehr. Wenn wir diese Gelegenheiten versäumen, sind sie unwiderruflich verloren.

Die größte Chance ist das Leben selbst, an dem wir vorbeigehen, wenn wir nur noch planen und denken, statt zu leben. Einer der Beatles, John Lennon, hat einmal formuliert: »Leben ist das, was passiert, während wir eifrig dabei sind, andere Pläne zu machen.«

Kairos, die Erfahrung von Zeit als qualitatives Erleben, vermittelt uns, dass die Zeit wertvoll, aber nicht knapp ist. Unterschiedliche Jahreszeiten erleben wir als veränderte Stimmung und mit unterschiedlichen Gefühlen. Auch die verschiedenen Tageszeiten werden von Qualitäten begleitet, die wir als Bereicherung und Intensivierung des Daseins erfahren können. Wenn wir denselben Weg gehen, vor Sonnenaufgang, kurz nach Sonnenaufgang oder zu irgendeiner anderen Zeit und wenn wir mit unseren Sinnen wach sind für das, was sich uns zeigen will, werden wir die Natur, aber auch uns selbst unterschiedlich und intensiv erleben.

Der österreichische Benediktiner David Steindl-Rast verweist in seinem Buch »Musik der Stille« auf die besonderen Qualitäten der einzelnen Stunden des Tages. Er sieht die auf den Tag verteilten Gebetszeiten der Mönche als Einstimmung auf die jeweilige Qualität der Tageszeit an. Eine solche Orientierung am Tagesverlauf als qualitative Veränderung ergänzt oder überlagert die einseitige Orientierung an den Ergebnissen in sehr befreiender Weise. Sie gibt uns das Gefühl, in eine größere Ordnung eingebunden und darin geborgen zu sein.

In unseren Kursen »Führen und geführt werden«, die wir im Haus Benedikt in Würzburg veranstalten, halten wir immer einen festen Rhythmus im Tagesverlauf ein. Vier Meditationszeiten oder alternativ die Stundengebete mit den Mönchen führen die Teilnehmer aus der Beschäftigung mit dem Kursthema heraus in die Erfahrung von Stille und Besinnung. Diese Tage werden von den Teilnehmern als stressfrei und erholsam erlebt trotz eines Seminarprogramms, das um 6.30 Uhr beginnt und nach 21 Uhr endet.

Beide Götter, Chronos und Kairos, im richtigen Verhältnis, gehören zu einem erfüllten Leben. Ohne Planung und ohne zeitliche Ordnungen kann keine Kultur entstehen. Das Miteinander im beruflichen wie im sozialen und religiösen Leben ist an die messbare, mathematische Zeit gebunden. Dieses sollte in einem gesunden Spannungsverhältnis stehen zum Leben im Augenblick, dem Er-Leben, dem Genießen, dem Erkennen von Chancen und Möglichkeiten.

In der Natur finden wir beide Aspekte der Zeit, Chronos und Kairos, in einem harmonischen Miteinander, die mathematische Genauigkeit der Zeit als berechenbare Bewegung der Gestirne und im Gefolge die Rhythmen von

Tag und Nacht und der Jahreszeiten. Daneben die Einmaligkeit jedes Augenblicks mit den Chancen und Gelegenheiten. Im Werden und Vergehen, in Geburt und Tod realisieren sich diese Gelegenheiten und Möglichkeiten innerhalb des großen Rhythmus. Stabilität und Beständigkeit haben ihren Gegenpol im Entstehen von Neuem, in den Veränderungen.

Stundengebete 1.6

Der heilige Benedikt besaß ein ganz besonderes Gespür für die verschiedenen Qualitäten der Zeit. Jede Stunde hat ihren eigenen Charakter, ihre eigene Qualität. Sie ist gefüllt mit den Erfahrungen, die die Menschen seit Urgedenken mit diesen Stunden gemacht haben. Und für Benedikt und die frühen Mönche sind die Stunden geprägt durch das, was Gott selbst zu diesen Stunden getan hat, und durch das Heil, das vor allem in der Geschichte Jesu zu ganz bestimmten Stunden geschehen ist. Wir gedenken dieser Heilszeit, damit zur gleichen Stunde auch heute an uns geschieht, was die Menschen damals durch Jesus erfahren haben.

Der heilige Benedikt kennt in seiner Ordensregel die Nachtwachen sowie sieben Stunden während des Tages, an denen gebetet wird. Dadurch wird jede Stunde auf ihre Weise gefeiert und sie erinnert uns an das, was jetzt an uns geschehen möchte. Die Vigilien, also die Nachtwachen – bei Benedikt etwa um 3 Uhr morgens –, sind Zeiten des bewussten Wach-Seins und Meditierens. Während die andern schlafen, wollen die Mönche wachend beten. Sie meditieren sich hinein in das Geheimnis Gottes und des Menschen. Indem sie die Psalmen rezitieren, kommen sie mit ihrer Sehnsucht nach Gott, nach absoluter Stille und nach der großen Ruhe, wie Gott sie nach der Erschaffung der Erde hielt, in Berührung. Die Vigilien wollen die Mönche zu einem neuen Verständnis der Zeit führen. Sie zeigen, dass wir die Zeit nur dann wirklich erleben, wenn wir wach sind, wenn wir achtsam sind. Im Wachen steht die Zeit still. Die Vigilien dauern etwa eine Stunde. Wir lassen uns Zeit für das Beten. Mitten in der Nacht steht die Zeit still, damit wir wachend dem Geheimnis der Zeit lauschen.

Dann beginnt der Tag mit der Laudes, dem Morgenlob. Wenn die Sonne aufgeht, loben die Mönche Gott für seine wunderbare Schöpfung, aber auch für die Auferstehung Jesu Christi. Das Aufgehen der Sonne war für die frühen Christen ein Symbol für die Auferstehung Jesu – dass das Licht Gottes alle

Dunkelheit aus unseren Herzen und alle Finsternis der Welt vertreibt. Der Dank für den neuen Morgen verbindet sich mit dem Dank für das Geheimnis, dass das Licht die Dunkelheit besiegt und die Liebe den Tod.

Dann werden die einzelnen Stunden mit einem kürzeren Gebet begangen. Die Prim, die erste Stunde, ist gleichsam das Gebet für den Tag, dass das Tagwerk gelingen möge, dass alles, was wir in die Hand nehmen, gesegnet sei. Die Terz (um 9 Uhr) ist die Erinnerung an die Ausgießung des Heiligen Geistes an Pfingsten. Es ist die Stunde, in der wir uns dem Geist Gottes öffnen, damit das, was wir in die Hand nehmen, aus einer tieferen Quelle strömt und nicht nur aus unserer eigenen Kraft. Wir erinnern uns in dieser Stunde an die Quelle des Heiligen Geistes, aus der wir heute schöpfen dürfen, ohne erschöpft zu werden. Die Sext (um 12 Uhr) erinnert an die Stunde, in der Pilatus Jesus zum Tode verurteilt hat. Es ist die Zeit der Tagesmitte, in der wir in der Hitze der Emotionen, die in der Arbeit oft von uns Besitz ergreifen, in Gefahr sind, über andere und über unser Leben zu urteilen und vieles zu verurteilen, womit wir zu kämpfen haben. Die Stunde mahnt uns, innezuhalten und unsere emotional bedingten Urteile zu überprüfen. Die Non (um 15 Uhr) erinnert uns an den Tod Jesu am Kreuz, durch den diese Welt verwandelt wurde. Es ist die Stunde, in der die Liebe über den Hass gesiegt hat. So trägt diese Stunde die Verheißung in sich, dass die Konflikte des Tages sich wandeln und der Friede, der vom Kreuz ausgeht, auch in unsere Arbeit und in unser Herz einfließt.

Um 18 Uhr wird die Vesper, das Abendlob, gesungen. Da wird wieder die Sonne besungen, die äußerlich untergeht, die aber in unserem Herzen aufgehen möge. Christus möge unser inneres Licht werden und uns in Berührung mit unserem wahren Wesen bringen. Am Ende des Tages, in dem wir viel nach außen gewirkt haben, wenden wir uns dem eigenen Herzen zu, in dem nicht nur die Sorgen und Probleme wohnen, sondern auch das Licht Christi und seine Liebe. Der Tag schließt dann mit der Komplet, die den Übergang zur Nacht thematisiert. Wir übergeben das vollendete (»complere« = vollenden) Tagwerk Gott und lassen uns in seine gütigen Hände fallen, um uns darin zu bergen und auszuruhen.

Was die frühen Mönche in ihrem Stundengebet zum Ausdruck brachten, können wir heute so nicht wiederholen. Und trotzdem können wir von ihnen lernen. Da ist zum einen: Jede Stunde hat ihre eigene Qualität. Damit jede Stunde eine angenehme Zeit (»kairos«) ist, müssen wir diese Qualität berücksichtigen. Wir sollen unsere Arbeit in kluger Weise so einteilen, dass die wichtigsten Dinge am Vormittag geschehen. Es ist die Zeit des Heiligen Geistes, in der Gottes frischer Geist uns belebt und uns neue Ideen schenkt. Wir brau-

chen am Mittag eine gesunde Zäsur, damit wir innehalten können, um die innere und äußere Hitze zu kühlen und die zweite Hälfte des Tages in neuer Weise angehen zu können. Und wir brauchen ein Gespür für den Abend, an dem wir Gott danken für das, was war, und unseren Tag in seine Hände übergeben und auf diese Weise loslassen. Auch wenn viele heute die einzelnen Stunden am Tag nicht mit der Geschichte Jesu verbinden, so haben sie doch ein Gespür für die verschiedene Qualität der Stunden. Sie rührt schon vom unterschiedlichen Sonnenstand, aber auch von der Stimmung der Seele, die abhängig ist von den einzelnen Stunden. Außerdem hat ein Sommermorgen eine andere Qualität als ein Wintermorgen und ein Sommerabend fühlt sich anders an als ein Winterabend. Es tut unserer Seele gut, wenn wir die verschiedene Qualität der Stunden und Zeiten wahrnehmen und uns darauf einlassen.

Zum andern können wir lernen: Nicht nur die äußere Welt hat einen Rhythmus, sondern auch unsere Seele. Die Ärzte sprechen vom inneren Rhythmus, den jeder Mensch in sich trägt. Dieser je eigene Rhythmus richtet sich nach den verschiedenen Qualitäten der einzelnen Stunden. Wer nur nach der Zeituhr (»chronos«) arbeitet, vergewaltigt seinen eigenen Rhythmus. Er presst aus sich eine Leistung heraus, die seinem Rhythmus nicht angemessen ist. Es ist dann kein Wunder, wenn er ausbrennt und erschöpft wird. Wenn wir unsere Arbeit und unser Leben nach dem inneren Rhythmus richten, dann können wir mehr und effektiver arbeiten, als wenn wir uns einem äußeren Diktat fügen. Wer in seinem Rhythmus lebt, für den ist die Zeit etwas Angenehmes, für den ist die Zeit immer »kairos«, geschenkte Zeit. Sie ist nie langweilig. Sie frisst ihn nie auf. Sie ist heilsam für ihn. Sie hält ihn in einem guten Rhythmus. In diesem Rhythmus werden sein Leben und sein Arbeiten Frucht bringen.

Wenn wir nach unserem inneren Rhythmus leben, dann sind wir wacher bei dem, was wir tun. Und wir werden effektiver arbeiten. Die Abwechslung, die der Rhythmus mit sich bringt, hält uns innerlich wach und lebendig. Und sie nützt uns nicht ab. Wir haben nie das Gefühl, dass wir ausbrennen. Denn wir tun alles, was wir tun, immer nur einige Stunden. Dann lädt uns der Rhythmus ein, uns etwas anderem zuzuwenden. Gerade die heilsamen Unterbrechungen, die der benediktinische Gebetsrhythmus schenkt, wirken wie eine Erholung für den Menschen. Er macht dann kein Zeitmanagement, um die Zeit möglichst effektiv auszunutzen. Er überlässt sich vielmehr den verschiedenen Zeiten und erfährt, dass sie fruchtbar sind für ihn und für sein Denken und Arbeiten.

ZEIT ALS ORDNUNGSSYSTEM 2

Die Zeit in der Natur 2.1

Zeit an sich gibt es eigentlich gar nicht. Zeit kommt in der Natur nicht vor. Das, was wir mit Zeit bezeichnen, sind lediglich Bewegungen und Veränderungsprozesse in der Natur und im Kosmos, die zum Teil mit äußerster mathematischer Genauigkeit ablaufen. Diese Zeit vergeht auch nicht. Was vergeht, sind wir selbst. Die belebte Natur und der Mensch als Teil der Natur unterliegen einem Alterungsprozess zwischen Entstehen und Vergehen, zwischen Geburt und Tod. Dieses Phänomen des Werdens und Vergehens findet ständig in uns und um uns herum statt.

Für die Rhythmen und die entdeckte Ordnung in der Natur und im Kosmos haben wir den Begriff Zeit geprägt. Wir sprechen von Jahreszeiten, von Tageszeiten, deren Ursache in der Bewegung der Gestirne liegt. Was wir als Tag bezeichnen ist nichts anderes als die Umdrehung der Erde um sich selbst. Ein Jahr ist das Durchlaufen der Ekliptik, die Bahn der Erde um die Sonne, von einem definierten Anfangspunkt, zum Beispiel dem Zeitpunkt der Wintersonnenwende, bis zur nächsten Wintersonnenwende. Diese kosmische Ordnung von Tagen und Jahren haben wir, um differenzierter planen zu können, weiter unterteilt in Stunden, Minuten, Sekunden. Diese kosmische Zeit vergeht nicht, zumindest nicht in den uns vorstellbaren Zeiträumen.

Das Ziffernblatt auf der Uhr bildet das Firmament ab, auf dem der Stundenzeiger wie der Schatten der Sonne wandert. Der Vorläufer dieses Ziffernblattes war die Sonnenuhr, die den Schattenwurf eines Stabes auf einem Zahlensystem zeigte und damit die Tageszeit numerisch fassbar machte.

Die Stunden wurden abgezählt. Genau so repräsentiert unser Terminkalender mit Tagen und Monaten diese Ordnung, wobei der Monat, wie es im Namen enthalten ist, in etwa den Mondphasen, 28 Tage von Neumond bis Neumond, entspricht.

Zeit ist eine der genialsten Erfindungen des Menschen. Mit der Übertragung der Naturbeobachtung in die numerische Abstraktion können wir mit dem Verstand willentlich, zukunftsorientiert und gestaltend diese natürlichen, kosmischen Ordnungen nutzen, wir können planen. Die Fähigkeit, Abläufe im Voraus berechnen zu können, ist Voraussetzung, um Handel zu treiben, Kriege zu führen, Ackerbau zu betreiben, sie ist Basis unserer ganzen Kultur.

In unserer technisierten Welt haben wir uns so an die numerische Betrachtung der Zeit gewöhnt, dass uns ihr Ursprung kaum noch bewusst ist. Wir setzen Zeit mit den Messinstrumenten gleich, mit denen wir die Bewegung der Erde als analoge Zeigerbewegung abbilden. Wir beobachten die Zeiger der Uhr, die sich bewegen, und stellen fest: »Die Zeit vergeht«. Oder wir bilden – noch abstrakter – Zeit digital als Zahlen ab. Die Uhr ist Synonym und Symbol für Zeit geworden. Die Zeiger auf der Uhr suggerieren uns, dass Zeit anscheinend ständig abläuft und vergeht.

Bei der Beobachtung dieser Zeit unterliegen wir derselben Sinnestäuschung wie bei der Beobachtung der Sonne. Von der eigenen Position aus bewegt sich die Sonne um die Erde und diese Bewegung lässt sich sogar auf einer Sonnenuhr abbilden. Denselben Effekt erleben wir, wenn ein Zug auf dem Nachbargleis im Bahnhof abfährt und wir meinen, der eigene Zug würde fahren. Bewegung und Veränderung sind immer relativ zu einem Bezugspunkt. Im (sprachlichen) Umgang mit der Zeit sehen wir Zeit als bewegliche Größe relativ zu uns selbst als feste, unbewegliche Komponente. Wir reden uns ein: »Ich« bin und bleibe, die Welt ändert sich.

In dieser anthropozentrischen Weltsicht, die den Menschen als Mittelpunkt des Kosmos betrachtet und von dort aus auf die Welt und die Zeit schaut, ist der Mensch die Konstante, und die Zeit vergeht, genau so, wie aus dieser Sicht die Sonne sich um die Erde dreht. Diese Egozentrik, unser »Ich«, das bedeutend sein und im Mittelpunkt stehen will, führt zu dem verzerrten Zeiterleben, in dem die Zeit »dahinrast« oder ständig zu knapp erscheint. Um die Zeit als solches brauchen und können wir uns im Grunde nicht zu kümmern. Die Zeit bleibt, die Erscheinungen kommen und gehen. Nur der egozentrische Mensch sagt: Die Zeit vergeht. Und die Zeit könnte ihm spöttisch antworten: Ich bleibe und du vergehst.

Wenn wir uns selbst nicht mehr so wichtig nehmen, dann nimmt auch der Druck ab, den unser Ego, das die Zeit nutzen will, um immer größer zu werden, uns ständig macht. Wir können den Blick auf unsere Vergänglichkeit richten und damit unser Ego relativieren. Zeit ist nur knapp als begrenzte Lebenszeit. Die gelebte Zeit ist der heutige Tag, der keinen Mangel an Zeit kennt. Ihn können wir sinnvoll, bereichernd und schön gestalten. Wir können bewusst jeden Tag in seiner Fülle erleben, indem wir gleichzeitig das Ende bedenken.

Künstliche Ordnungen 2.2

Mit der Entwicklung der Technik haben wir uns von den natürlichen Ordnungen in der Natur gelöst. Mit unseren technischen Möglichkeiten können wir das Leben sogar konträr zur Natur gestalten. Wir können durch Licht die Nacht zum Tage machen, den Raum-Zeit-Zusammenhang verändern durch physische Beschleunigung und vieles andere mehr. Die Technik ermöglicht uns eine weitgehende Unabhängigkeit von der Natur und erleichtert unser Leben mit vielen Annehmlichkeiten, aber auch mit Versuchungen und neuen Problemen. Wir haben neue Möglichkeiten und Freiheiten gewonnen, die nicht immer unserem Wohle dienen.

Wir können 24 Stunden am Tag, sieben Tage in der Woche unsere Bankgeschäfte erledigen und im Internet einkaufen. Die Nacht, die unsere Vorfahren mangels Licht nur zum Schlafen nutzen konnten, können wir für vielfältige Aktivitäten brauchen – oft bis in die frühen Morgenstunden. Der Sonntag – als Ruhetag in der Bibel gefordert – ist eine weitere Gelegenheit, unseren Erlebnishunger zu stillen – oder ihn für liegen gebliebene Arbeiten zu nutzen.

In dem zunehmenden Machbarkeitswahn der postindustriellen Gesellschaft übersehen wir, dass beim Verlassen der natürlichen Ordnungen wesentliche Erfahrungen und vor allem auch die natürlichen Erholungsphasen und Rhythmen verloren gehen. Die Abhängigkeit von Tageszeiten und Jahreszeiten, um zum Beispiel säen zu können, oder die Notwendigkeit im Winter, längere Ruhepausen einzulegen, weil die Nächte länger waren, zwang die Menschen vor noch nicht allzu langer Zeit, im Einklang mit den Rhythmen der Natur zu leben.

Die Erfahrung, dass der Fußweg von A nach B eine entsprechende Zeit in Anspruch nimmt, war identisch mit der inneren Erfahrung, »alles braucht seine Zeit«. Der Mensch konnte vor der Technisierung des Alltags gar nicht anders, als sich in die Ordnung der Natur einzufügen und natürliche Pausen zu akzeptieren. Die Erfahrung der natürlichen Rhythmen von Tag und Nacht, der Jahrszeiten und Wetterzyklen mit ihren Pausen geht in dem Maße verloren, wie wir andere, technisch ermöglichte Rhythmen schaffen oder uns von Rhythmen ganz lösen. Der Bauer, der Schritt für Schritt hinter Pflug und Pferd gehen musste, wusste aus Erfahrung, wie lange er für das Pflügen seines Feldes braucht. Er konnte sich nur Schritt für Schritt in dieses natürliche Maß, in das Tempo seiner Pferde einfügen.

Mit der Unabhängigkeit von der Natur haben wir auch die Naturbeobachtung verlernt. Probleme versuchen wir durch Technik zu lösen. Ein Beispiel aus jüngerer Vergangenheit: Bei der Tsunami-Katastrophe am 26. Dezember 2004 in Südasien kamen mindestens 230.000 Menschen ums Leben. Bei den vielen indigenen Gruppen auf den Inseln im Indischen Ozean gab es nur wenige Tote. Die Ureinwohner interpretierten das Zurückweichen des Meeres vor der Flutwelle, das Schreien der Vögel und andere außerordentliche Naturphänomene als Warnung und suchten Sicherheit in höheren Bergregionen. Die »zivilisierte« Welt, die sich vom Leben mit der Natur immer weiter entfernt, will ähnlichen Katastrophen nun vorbeugen durch die Entwicklung von aufwendigen Tsunami-Warngeräten, die doch eigentlich in der Natur schon vorhanden sind.

In dem Maße, wie wir nicht mehr im Einklang mit den natürlichen Ordnungen leben, müssen wir selbst für uns eine Ordnung erschaffen, einen Tages- und Wochenrhythmus bestimmen, der uns dauerhaft guttut. Die neue Freiheit, die wir durch die technisch bedingte Unabhängigkeit von der Natur gewonnen haben, erfordert eine selbstbestimmte Ordnung. Ohne Tagesstruktur und ohne zeitliche Ordnung nehmen Stress und Unzufriedenheit zu. Menschen mit einer festen Tagesstruktur, mit einem festen Rhythmus und festen Pausenzeiten erleben, wie dadurch Ruhe und Ordnung in ihr Leben einkehren.

Im Außen, in der Arbeitswelt wie im privaten Bereich, erleben wir immer mehr einen Verlust der Ordnung und eine wachsende Maßlosigkeit mit immer größeren Erwartungen, Anforderungen und Pflichten, mit ständigem Zeitdruck und Verkürzung von Entwicklungszeiten, Pausen und Zeiten des Reifens. Den Ausgleich können und müssen wir selbst schaffen durch eine eigene Ordnung mit eigenen Rhythmen, Prinzipien und Werten, wenn wir wieder unsere innere Stabilität gewinnen oder behalten wollen.

Neben einem festen Tagesrhythmus helfen auch einfache Tätigkeiten im Tagesverlauf, bei denen wir seelisch entspannen können. Auf der praktischen Seite sind das Arbeiten wie Geschirrspülen – Teller für Teller – oder Gartenarbeit – Spatenstich für Spatenstich. Weitere Möglichkeiten haben wir beim Wandern, Rudern, Radfahren, bei allen gleichförmigen Bewegungsabläufen, bei denen wir nichts erreichen wollen, sondern das Tun selbst genießen. Warum ist das Stricken bei Frauen bis heute immer noch beliebt? Dieses schlichte, gleichförmige Tun hat eine harmonisierende Wirkung für unsere Psyche. Wir kommen dabei in eine Trance, in einen veränderten Bewusstseinszustand, in dem Heilung stattfindet.

Die Freizeit bietet viele Möglichkeiten, vom Singen, Tanzen, Wandern bis zum Basteln, um die heilende Wirkung, die in einfachen Arbeiten liegt, wiederzufinden. Die sicher notwendige Ergebnisorientierung im Beruf bekommt dadurch ein Gegengewicht durch Erlebnisqualitäten, die wir überall dort finden, wo wir verweilen und genießen.

PRAXISTIPP

Eine eigene Ordnung finden

1. Bestimmen Sie für sich einen festen Tagesrhythmus und Wochenverlauf, den Sie weitgehend einhalten. Ihr Organismus gewöhnt sich schnell an feste Essenszeiten, bestimmten Arbeiten zu festen Zeiten, regelmäßige Pausen. Sie werden diese Ordnung als wohltuend erleben.

2. Finden Sie Tätigkeiten, denen Sie sich absichtslos hingeben können. Das müssen keine Lieblingsbeschäftigungen sein, sondern gleichförmige, einfache Arbeiten oder Tätigkeiten, die Sie einfach tun, weil sie zu tun sind, wie zum Beispiel aufräumen oder Blumen gießen oder auch körperliche Aktivitäten.

3. Machen Sie diese Dinge mit ganzer Hingabe und Aufmerksamkeit. Einfach tun, ohne Ablenkung, ohne jegliche Bewertung. Sie kommen dabei in eine innere Ruhe, die Hektik und Stress des Alltags gut ausgleicht.

2.3 Tagesplan

Eine gute Möglichkeit, für sich eine eigene Ordnung zu finden, ist das Erstellen eines Tagesplans. Wir legen fest, was wir erledigen wollen, bringen das in Einklang mit den Terminen und kommen – in dem Maße, wie das möglich ist – zu einer Selbstbestimmung innerhalb einer zeitlichen Struktur. Solche Ordnungen sind erforderlich, um unserer Psyche Halt und Orientierung zu geben. Dazu sollte man die Hilfen nutzen, die aus der Technik und aus vielen praktischen Erfahrungen kommen.

Jeder Handwerker weiß, dass gutes Werkzeug die Arbeit erheblich erleichtern kann. Genauso helfen im Berufsalltag gute Techniken des Selbstmanagements, Ordnung zu halten und die Arbeiten effektiv zu erledigen. Gleichzeitig ist das Einüben von sinnvollen Verhaltensmustern auch ein gutes Training von Disziplin und Willenskraft und trägt zur Entwicklung der Persönlichkeit bei. An erster Stelle bewährt sich ein guter Tagesplan genauso, wie gute Bau- oder Konstruktionspläne zu guten Ergebnissen in der Ausführung beitragen.

Wie oft haben Sie sich schon am Abend gefragt: Wo ist die Zeit geblieben? Wie frustrierend ist es, am Abend eine To-do-Liste zu betrachten, von der das wenigste erledigt ist? Das Maß an Fremdbestimmung im Berufsalltag ist manchmal sehr hoch und es erscheint schwierig bis unmöglich, etwas dagegenzusetzen. Die eigenen Aufgaben bleiben auf der Strecke.

Auch wenn es keine Technik und keine Tricks gibt, sich der Beeinflussung von außen ganz zu entziehen – wir können jedoch auf jeden Fall unser seelisches Erleben, unser Gefühl, den Tag gut genutzt zu haben, am Abend deutlich verbessern. »Ent-Täuschung« bedeutet, dass eine Täuschung aufgedeckt wird. Bei unserer Tagesplanung haben wir uns nicht selten darüber getäuscht, wie viel wir an diesem Tag schaffen können. Wir können das durch eine realistische Planung ändern.

Es wird immer unvorhersehbare Ereignisse geben. Wir sollten dafür genügend Zeit einplanen. Eine Verteilung der gesamten Zeit auf die anstehenden Aufgaben ist utopisch und wird nur Misserfolge nach sich ziehen. Es bleiben viele geplante Aufgaben auf der Strecke durch Störungen und Ungeplantes. Auf Dauer ist es sehr demotivierend, wenn wir nie das schaffen, was wir erledigen wollten.

Eine gute Möglichkeit ist es, Prioritäten zu setzen mit Muss-, Soll- und Kann-Aufgaben. Dabei dürfen nur wenige Aufgaben unter die Muss-Kategorie fallen. Diese werden auf jeden Fall erledigt. Mit Blick auf das, was unbedingt heute noch erledigt werden muss, können Sie dann besser Ihre Zeit gegen das Unvorhergesehene verteidigen. Sie können es sich zum Leitsatz machen, »Muss-Aufgaben werden erledigt, egal, was passiert«.

Eine Variante dazu ist der unten beschriebene Tagesplan, bei dem drei Aufgaben markiert werden als das Pflichtprogramm. Diese werden so bald wie möglich im Tagesablauf erledigt. Bewährt hat es sich, zuerst etwas Unangenehmes zu erledigen, dann etwas sehr Dringendes und als Drittes einen Beitrag zu einer längerfristigen wichtigen Arbeit, wie beispielsweise die Vorbereitung einer Präsentation. Sie können vor die Aufgabe auf der To-do-Liste entsprechend die Anfangsbuchstaben der drei Kriterien setzen:

U = Unangenehmes
D = Dringendes
L = Längerfristige wichtige Arbeit

Zufriedenheit am Abend orientiert sich an der Erledigung dieser wenigen, aber wesentlichen Aufgaben. Im Verlauf des Tages haben diese Arbeiten die höchste Priorität, bis sie erledigt sind. Diese einfachen Tagesziele geben Ihnen die Chance, tägliche Erfolge zu erleben, sobald Sie eine der Aufgaben erledigt haben.

Das Gefühl, ausgelaugt zu sein oder frustriert auf die Menge der anstehenden Aufgaben zu schauen, ergibt sich immer aus einer fehlenden klaren Tagesplanung. Das, was uns wirklich Kraft raubt, sind nicht die Arbeiten, die wir erledigt haben, sondern das, was noch vor uns liegt. Unsere Angst entsteht aus dem Denken: das schaffe ich nicht. Frustration entsteht dann aus dem, was wir nicht geschafft haben. Die Ursache ist, dass wir uns zu viel vornehmen, unrealistisch planen und keine klaren Prioritäten setzen. Wenn wir alles gleich wichtig nehmen, dann fehlt uns die Gabe der Unterscheidung.

Zu den besten Mitteln, einen Arbeitstag befriedigend zu gestalten, gehört eine gute Tagesstruktur. Feste Abläufe und Rhythmen, am besten in Verbindung mit Ritualen, unterstützen als Struktur die Orientierung in der Zeit. Wenn Besprechungen immer am selben Tag und zur selben Zeit stattfinden, ist das für alle eine Orientierungshilfe. Für Spontaneität sollte noch genügend Platz in der Planung übrig bleiben. Feste Pausen- und Essenszeiten schaffen einen Rhythmus, an den sich der Organismus gewöhnt, eine solche Tagesstruktur wird wohltuend erlebt.

PRAXISTIPP

Termine

Jeder Tagesplan enthält zwei wesentliche Elemente, Termine und Aufgaben.

1. Termine sollten immer geprüft werden. Sind sie wirklich notwendig oder lässt sich eine Reise beispielsweise durch eine Telefonkonferenz ersetzen?

2. Termine sollten so gelegt werden, dass Reisezeiten optimiert werden.

3. Termine kurz hintereinander zwingen zur Gesprächsdisziplin.

Die Aufgabenliste sollte nicht zur täglichen Frustration werden, wenn am Abend der sichtbare Beweis vorliegt, dass wieder vieles nicht erledigt wurde. Ganz übel ist das Übertragen der Aufgaben auf den nächsten Tag, wie es manche Zeitplanbücher erfordern. Das wird dann zur Strafarbeit.

Auf dem deutschen Markt gibt es über 100 verschiedene Zeitplanbücher. Manche befriedigen eher das Prestigebedürfnis ihres Besitzers. An der Qualität des Leders lässt sich der Rang des Besitzers ablesen. Die Systematik dieser Instrumente wird oft wenig oder gar nicht genutzt. Für die meisten Menschen sind sie zu kompliziert und zu komplex. Manchmal ist das Zeitplanbuch auch Ausdruck der Sehnsucht nach einer guten Ordnung. Viele Zeitplansysteme werden lediglich als erweiterter Terminkalender genutzt. Sinnvoll sind Zeitplanbücher nur in dem Maße, wie das System und die dabei erforderliche Ordnung zu der Person passen, die es nutzt.

Heute dringen elektronische Systeme, insbesondere als MDA (Management Digital Assistent) immer weiter vor. Der entscheidende Vorteil ist die Möglichkeit zur Synchronisation mit einem Zentralrechner und der Zugriff von Kollegen auf den Terminplan – mit allen Vor- und Nachteilen. Außerdem ergibt sich dabei automatisch eine Datensicherung.

Der traditionelle Terminkalender lässt keine so einfache Datensicherung zu und sein Verlust wäre sicher in vielen Fällen ein schweres Problem. Er erlaubt aber eine schnelle Orientierung und eine gute Übersicht. Die Zugriffzeiten auf die Daten sind deutlich kürzer als in den elektronischen Systemen. Die vielfältigen Formate genügen jedem Anspruch. In der Ergänzung mit einer durchdachten Aufgabenliste, »To-Do-Liste«, kann er die Basis eines guten Zeitmanagements bilden.

PRAXISTIPP

Terminkalender

Wenn Sie einen Terminkalender oder ein Zeitplanbuch benutzen, dessen Verlust für Sie sehr problematisch wäre, tragen Sie Ihre Telefonnummern und E-Mail-Adressen vorne ein und versprechen Sie dem ehrlichen Finder 100 Euro Finderlohn.

Eine sehr einfache Aufgabenliste lässt sich auf einem, in der Mitte gefalteten, »Schmierblatt« im DIN-A5-Format erstellen. Machen Sie auf diesem Blatt ein großes Kreuz und tragen Sie in die so entstandenen vier Felder die Abkürzungen für die vier häufigsten Aufgaben ein, die Sie zu erledigen haben, zum Beispiel Telefonieren, Schreiben, Erledigen, Projekte. Sie können natürlich auch fünf oder sechs Felder erstellen. Nummerieren Sie die Aufgaben in der Reihenfolge ihrer Wichtigkeit von 1 bis n. Gleichartige Arbeiten wie Diktieren oder Telefonieren sollte zusammengefasst als Arbeitsblock erledigt werden. Die drei entscheidenden Arbeiten können als U, D, L oder als 1, 2, 3 oder farbig markiert werden.

Das kann dann etwa so aussehen:

PRAXISTIPP

Tagesplan

Telefonieren	*Schreiben*
8 Müller	*D Angebot Fa. Schön*
5 Hans-Peter	*4 Fa. Ärger – Reklamation*
U Dr. Hagenauer	*15 Einladung Geburtstag*
9 Ludwig	
10 Sabine	
13 Maier F.	
Erledigen	***Bearbeiten***
12 Urlaubsplanung	*7 Projekt 317*
14 Reispass verlängern	*6 Kostenschätzung PK 265*
11 Wdh. Zeitmanagement-Seminar	*L Vorbereitung Vertriebstagung*
	Oder:
	U(nangnehm) Dr. Hagenauer
	D(ringend) Angebot Fa. Schön
	L(angfristig) Vorbereit. Vertriebstagung

– Wenn eine Aufgabe erledigt ist, wird sie durchgestrichen – das ist jedes Mal ein sehr befriedigendes Gefühl, ein Erfolgserlebnis.

– Wenn neue Aufgaben eingefügt werden müssen, bekommen sie eine Unternummerierung zum Beispiel 4a, 4b, 7a, 7b, 7c.

– Wenn Sie zur Erledigung einer Aufgabe auf eine Rückmeldung von einer anderen Person warten, zum Beispiel auf einen Rückruf, dann können Sie vor die Ziffer einen Punkt als Erinnerungsmarke setzen.

– Schwierige und zeitintensive Arbeiten lassen sich einkreisen als besondere Kennzeichnung.

– Wenn die Liste unübersichtlich wird, werden die verbliebenen Arbeiten auf ein neues Blatt übertragen.

– Entwickeln Sie Ihr eigenes System und erfinden Sie nützliche Hilfen.

Das System lässt Flexibilität und Kreativität zu. Passen Sie es Ihren Bedürfnissen an. Die besondere Konzentration auf die drei wichtigsten Aufgaben führt bei der Erledigung zu sofortigen Erfolgserlebnissen und zu mehr Zufriedenheit. Weniges Wesentliches, das wir aus der Masse der vielen Arbeiten herausnehmen, strukturiert den Arbeitsberg und gibt uns – gerade an hektischen Tagen – das Gefühl, wenigstens das Entscheidende erledigt zu haben.

Gegen das wachsende Chaos auf dem Schreibtisch können Sie pro Woche einen »Aufräumtermin« – etwa eine halbe Stunde, nach Bedarf vielleicht auch weniger – in Ihren Terminkalender eintragen. Das sollte idealerweise ein Serientermin sein, zum Beispiel jeden Mittwoch 14 Uhr bis 14.30 Uhr. Es kann auch ein Termin sein, der je nach Bedarf festgelegt wird und genau so ernsthaft wahrgenommen wird wie ein Besprechungstermin. Der Termin kann »Au« oder »Auf« für Aufräumen oder »O« für Organisation heißen. In dieser halben Stunden räumen Sie die Stapel weg, entrümpeln Schubladen, heften Unterlagen ab ...

Ein aufgeräumter Schreibtisch ist ein angenehmer Anblick. Die äußere Ordnung tut auch der Seele gut. An einem geordneten Platz ist auch ein konzentriertes Arbeiten einfacher. Es kann zudem sein, dass Sie beim Aufräumen wichtige Dinge wiederfinden. Diese Zeitinvestition rentiert sich in vielfacher Weise. Nach dem Aufräumen geht die Arbeit wieder leichter und schwungvoller.

PRAXISTIPP

Aufräumtermine

1. Tragen Sie regelmäßige »Au« (= Aufräumtermine) in Ihren Terminkalender ein.

2. Finden Sie heraus, welcher Rhythmus für Sie gut ist: wöchentlich, vierzehntägig, monatlich oder nach Bedarf.

3. Nehmen Sie diesen Termin mit aller Ernsthaftigkeit wahr und opfern Sie ihn nicht für angeblich »wichtigere« Dinge.

4. Beobachten Sie, wie sich Ihr Befinden und Ihre Arbeit nach dem Aufräumen verändern. Idealerweise reflektieren Sie Ihre Erfahrungen mit einem Freund oder halten inne, um diese Erfahrungen bewusst wahrzunehmen.

Was hier an praktischen Tipps gegeben wird, versucht, die Weisheit der Regel Benedikts konkret in unseren Alltag umzusetzen. Für Benedikt ist es wichtig, dass alles gut geordnet ist. Die äußere Ordnung führt auch zur inneren Ordnung des Menschen. Und sie trägt dazu bei, dass wir eine gute Stimmung haben. Wenn das Äußere stimmt, wird auch unser Inneres in die Stimmung der Freude und Dankbarkeit kommen. So schließt Benedikt sein Kapitel über den Cellerar mit den Worten: »Zur bestimmten Stunde werde gegeben, was zu geben ist, und erbeten, was zu erbitten ist; denn niemand soll verwirrt und traurig werden im Hause Gottes.« (Benediktsregel 31,18f) Wenn etwas schlecht organisiert ist, gibt es unnötige Reibungspunkte. Und es verschlechtert die Stimmung.

Benedikt warnt vor allem vor Verwirrung und Traurigkeit. Verwirrung meint ein inneres Chaos und Orientierungslosigkeit. Man blickt nicht mehr durch. Man weiß nicht, wohin man gehen und wo man sich engagieren soll. Das lähmt die eigenen Kräfte und blockiert uns. Und es kostet viel Energie. Die Traurigkeit drückt uns nach unten. Gedrückt können wir jedoch nicht effektiv arbeiten. Wir arbeiten nur so vor uns hin. Aber wir schauen nicht auf. Wir verlieren somit den größeren Horizont. Die äußere Ordnung der Zeit und der Räume, die Organisation der Arbeit und der Arbeitsabläufe sind für Benedikt daher wesentliche Hilfen, dass der Mensch innerlich in Ordnung kommt und so gerne und auf Dauer auch effektiv arbeiten wird.

Lebenszeiten – Lebensstadien 2.4

Neben dem täglichen Wechselspiel von Anforderungen und Ruhe gibt es einen großen Lebensbogen mit verschiedenen Lebensabschnitten beziehungsweise Lebenszeiten. Längere Zeiten der Stabilisierung und Gleichförmigkeit werden von Zeiten des Wandels und der Veränderung abgelöst, die dann in eine neue Lebensphase führen. Diese erfordert jeweils einen anderen Umgang mit der Zeit. Wir erleben Zeit dann jeweils ganz anders und wir müssen andere Aufgaben und neue Herausforderungen meistern. Etwa alle 20 Jahre werden wir mehr oder weniger unsanft aus den gewohnten Bahnen geworfen. Diese Übergänge werden oft krisenhaft erlebt.

Die Veränderungsprozesse beim Einstieg in eine neue Lebenszeit verlaufen gleichzeitig auf verschiedenen Ebenen, biologisch-körperlich, psychisch-emotional und geistig-spirituell. Sie gehen einher mit Veränderungen in unseren sozialen Einbindungen, in den Rollen, die wir übernehmen müssen. Sie berühren uns umfassend und existenziell. Wir werden durch diese Veränderungen gezwungen, uns geistig neu auszurichten, letztlich geistig zu wachsen. Diese Krisen nennen wir Pubertät, Midlife-Crisis/Wechseljahre, Pensionsschock. In unserem Kulturkreis entdecken die Psychologie und Psychotherapie die Bedeutung dieser unterschiedlichen Lebenszeiten und die Probleme bei den Übergängen wieder.

Es ist hilfreich, diese Übergänge bewusst wahrzunehmen und nicht als Störung aufzufassen oder zu unterdrücken. Der Prozess wird erleichtert, wenn wir uns informieren über diese Vorgänge in Büchern und Kursen oder uns Rat und Hilfe suchen. Eine große Hilfe sind Rückzug aus dem Trubel des Alltags sowie Zeiten der Ruhe, der Reflexion, der Besinnung. Unsere Seele muss sich neu orientieren und braucht dafür Zeit. Die Flucht in Aktionismus ist verlockend, aber kontraproduktiv. Letztlich können wir nicht vor uns selbst davonlaufen. Die Übergänge, wenn wir sie bewusst annehmen, lassen sich nutzen, um sich geistig auf die neue Zeit vorzubereiten.

In der indisch-hinduistischen Tradition ist dieses Wissen über die verschiedenen Lebenszeiten fest in der Religion verankert. Dort werden idealtypisch vier Lebensstadien (âshrama) von jeweils 21 Jahren unterschieden:

- Kindheit/Jugend bis 21. Lebensjahr: Brahmacharya, der sexuell enthaltsame Schüler,
- Hausvater 22. bis 42. Lebensjahr: Grihastha, der verheiratete Hausvater,

- Waldeinsiedler 43. bis 63. Lebensjahr: Vanaprastha, der aus dem aktiven Leben zurückgezogene Waldeinsiedler,
- Weiser ab 64. Lebensjahr: Parivrâjaka (oder Sannyasin), der Erlösung suchende Wanderasket.

Diese Begriffe verweisen auf wesentliche Aufgaben, Herausforderungen und Erfahrungen in der jeweiligen Lebenszeit. Die exakten Zeitangaben sind nicht überzubewerten, sie entsprechen vielmehr der indischen Vorliebe für genaue Ordnungen und Systeme. Doch in unserem Kulturkreis können wir aus dieser fremden Tradition lernen, was bei uns im Laufe der Zeit abhanden gekommen ist. Wir können ein besseres Bewusstsein und Verständnis für die Veränderungsprozesse an den Übergängen der Lebensphasen entwickeln und auch die einzelnen Abschnitte selbst mit ihren besonderen Aufgaben besser verstehen und sie annehmen.

Auch Rituale, die die Übergänge erleichtern, sind bei uns weitgehend verloren gegangen oder werden nicht mehr verstanden und haben ihre Kraft verloren. Immer mehr Menschen sehnen sich nach den Erfahrungen, die mit den Übergangsritualen verbunden sind, und versuchen, diese in Selbsterfahrungskursen nachzuholen, als Vision Quest (Visionssuche), in einem Feuerlaufseminar oder auch in Aufstellungsseminaren, wenn die Eltern-Kind-Beziehung bearbeitet und in eine gute Ordnung gebracht werden soll. Solche Kurse sind so gut wie ihre Leiter, die aus eigener tiefer Entwicklung heraus die Prozesse bei den Teilnehmern verstehen und begleiten sollten.

2.4.1 Kindheit und Jugend

Jeder weiß aus seiner Kindheit, wie unendlich lang die Tage sein können. Als berufstätiger Erwachsener erleben wir das Gegenteil, der Tag ist schnell zu Ende, die Zeit scheint an uns vorbeizurasen. Das liegt nicht an der Zeit selbst, sondern an der Ausrichtung unseres Bewusstseins. Als Kind leben wir ohne Sorge um die Zukunft in der Gegenwart, wir sind ganz im »Hier und Jetzt«. Beim Spielen vergessen wir die Zeit. Wir sind eins mit dem Augenblick, mit dem, was wir gerade tun.

In der Kindheit und Jugend lernen wir aber auch, uns in der Gesellschaft und in der Welt zu orientieren. Wir probieren aus und suchen unseren Platz. Wir durchlaufen Prozesse, die dazu dienen, das rechte Maß an Anpassung und Autonomie gegenüber unserer Umwelt zu entwickeln. Die Psychologie spricht von Individuation und Sozialisation. Dies ist die Zeit für die Entwicklung unserer wesentlichen Lebenskonzepte, unseres Selbstbildes und unserer Ich-Identität, also der Vorstellung davon, wer ich bin.

Idealerweise entwickeln wir in den ersten 20 Jahren unseres Lebens eine gutes Maß an Disziplin und Willenskraft und lernen, Gefühle auszudrücken und zu beherrschen. Wir lernen Strukturen und Ordnung genauso kennen wie unsere Grenzen. Defizite und Probleme in dieser Zeit werden meist verdrängt und durch die überschäumende Lebensenergie kompensiert.

Nach der indischen Tradition wird in dieser Lebensphase die religiöse Unterweisung durch einen spirituellen Lehrer (Guru) betont. Mit der Religion, ihren Bildern und Ritualen, können grundlegende Werte und geistige Geborgenheit vermittelt werden, die für die psychische Stabilisierung wichtig sind. Wertevermittlung ist eine entscheidende Aufgabe für diese Lebensphase. Hilfsbereitschaft, Rücksichtnahme, die Nächstenliebe im Christentum und das Mitgefühl im Buddhismus sind wesentliche Lernaufgaben, die in dieser Zeit von Kindheit und Jugend gut vermittelt werden können.

Klosterschulen und das pädagogische Engagement der Kirchen haben bei uns eine analoge Bedeutung. In der christlichen Tradition gaben oft Fürsten und Herrscher ihre Kinder und Nachfolger zur Erziehung in die Obhut der Kirche. Eine wesentliche Problematik dabei ist sicherlich, dass mit der religiösen Erziehung auch die Fehlentwicklungen in den jeweiligen Religionen, wie Leibfeindlichkeit, Verdrängung der Sexualität, aber auch Intoleranz u. a., mitvermittelt werden.

Die Nachfrage nach Plätzen in Kosterschulen, auch in Kindergärten, die von Mönchen oder Nonnen geleitet werden, ist auch heute sehr hoch – mit steigender Tendenz. Eine Ordensfrau erzählte mir, dass in ihrer neu gegründeten Realschule auf jeden Schulplatz sechs Bewerber kämen. Offensichtlich ist eine in der Religion begründete Pädagogik – meist in Verbindung mit einem hohen Maß an Engagement der Verantwortlichen – für Eltern wie für Kinder attraktiv.

Was sollten Erwachsene als Pädagogen und als Eltern, die Kinder in dieser Lebensphase begleiten, besonders beachten? In dieser ersten Lebensphase finden Grundprägungen für das Leben statt. Es laufen Lernprozesse, die später nur sehr schwer oder gar nicht mehr nachgeholt werden können. Kinder wie Jugendliche spüren, ob wir uns Zeit für sie nehmen, Zeit, in der wir mit ganzer Aufmerksamkeit bei ihnen und ihren Problemen sind, oder ob wir nur körperlich anwesend und geistig woanders sind. Zuwendung bedeutet, sich mit Aufmerksamkeit und Liebe für Kinder Zeit zu nehmen, und ist der Nährboden, auf dem die geistige Entwicklung von jungen Menschen stattfindet. Auf dieser Basis können grundlegende geistige und soziale Fähigkeiten vermittelt werden. Kinder übernehmen automatisch Verhaltensweisen und Werte, die ihnen vorgelebt werden.

Der Zusammenhang von musikalischer Erziehung und Intelligenz ist unbestritten. Kinder, die ein oder mehrere Instrumente spielen, schneiden in der Schule besser ab und sind insgesamt ausgeglichener. Das regelmäßige Üben ist ein gutes Training für Disziplin, eine wichtige Basis für spätere Erfolge und eine spirituelle Entwicklung im Leben. Auch Singen ist eine gute Ausdrucksmöglichkeit für die Seele und trainiert nebenbei die Stimme und Atmung.

Kinder und Jugendliche sind offen und zugänglich für Meditation, wenn diese altersgemäß angeboten wird. Es gibt zahlreiche Untersuchungen vor allem in den USA, die belegen, dass Kinder aus Schulklassen, die zu Beginn des Unterrichts regelmäßig meditieren, ein besseres Sozialverhalten zeigen als die übrigen Klassen. Auch Yoga für Kinder ist eine Übung, in der meditative Fähigkeiten und ein gutes Körperbewusstsein entwickelt werden. Der Bezug zum Körper und die gesundheitliche Stabilität werden durch Sport entwickelt – vor allem im Freien.

Auch die Möglichkeit, sich künstlerisch über Malen oder Basteln auszudrücken, entwickelt kreative Fähigkeiten und Intuition. Spiele, die es für alle Altersstufen in vielen Varianten gibt – auch unter Einbeziehung der Erwachsenen –, sind für die Entwicklung wichtig und fördern viele geistige und soziale Fähigkeiten. Obwohl es natürlich ganz unterschiedliche Begabungen gibt, ist die Förderung auf den Gebieten Meditation, Kunst, Spiel und Sport viel wichtiger als das Anhäufen von Wissen für das spätere Leben. Geistige Verarmung und Fehlentwicklungen entstehen durch Fernsehen und Computerspiele, da sie viele geistige und soziale Fähigkeiten blockieren. Die beste Möglichkeit, das zu begrenzen, besteht darin, genaue zeitliche und inhaltliche Regeln aufzustellen, durchzusetzen und sich auch selbst als Erwachsener daran zu halten.

Hausvater 2.4.2

Im Erwachsenenalter verschiebt sich unsere Zeitorientierung. Wir leben immer seltener im Jetzt, sondern mehr in unseren Konzepten, Plänen und Erwartungen, also in Gedanken und Konstrukten, die auf die Zukunft gerichtet sind. Wir sind teilweise aus der Gegenwart und damit aus der realen Zeit herausgefallen und leben in der virtuellen Zeit unseres Denkens, gerne bei unseren eigenen Plänen und Zielen.

»Hausvater«, wie in Indien dieser zweite Lebensabschnitt genannt wird, meint auch ganz konkret die neue Rolle, der wir uns stellen müssen: Familie gründen, ein Haus bauen. Die Unbeschwertheit der Jugend wird abgelöst durch Verantwortung, Sorgen und Mühen. Dies gilt für den Mann genauso wie für die Frau, wobei in den vielen patriarchalisch geprägten Kulturen die überdurchschnittliche Leistung der Frauen als Mutter, Partnerin, Hausfrau – oft neben einer eigenen Berufstätigkeit – nur selten gesehen und viel zu wenig gewürdigt wird.

Diese Phase wird genutzt, um das Überleben der Familie zu sichern, die berufliche Existenz zu begründen, »das Nest« zu bauen und zu pflegen. Zeit wird in manchmal fast unerträglicher Art und Weise vom Nachwuchs eingefordert. Kinder wollen gesehen werden, gehört werden, brauchen Zuwendung. Schmerzhaft müssen wir als Eltern unsere eigenen Bedürfnisse loslassen, auf manches verzichten, was uns früher lieb und wichtig war, und die Zeit den Kindern widmen. Kleinkinder bedeuten für Eltern eine Vollzeitbeschäftigung und der Zeitbedarf für Kinder baut sich nur langsam mit den Jahren ab.

Eine wichtige Rolle spielen in dieser Zeit unsere Ziele. Was will ich erreichen? Welche Fähigkeiten will ich entwickeln? Wie kann ich mit meinen Talenten wuchern? Wir wollen etwas erreichen und suchen Erfolge und Bestätigungen. Sozialisation und Individuation gehen im größeren, gesellschaftlichen Kontext weiter. Unser Lebensraum hat sich erweitert, wir sind in die Gesellschaft eingetreten und übernehmen Verantwortung.

Gut ist es, die Übergänge mit Ritualen zu begleiten, um den Emotionen einen Raum zu geben und den seelischen Vollzug zu erleichtern. Bei den Naturvölkern ist es bis heute üblich, den Einstieg ins Erwachsensein mit umfassenden, aufwändigen Initiationsritualen zu begleiten. Diese gibt es für Mädchen wie Jungen, mit unterschiedlichem Ablauf und anderen Inhalten. Beide werden in einer meist sehr langen und oft schmerzhaften Prozedur auf die neue Lebenszeit als Erwachsener vorbereitet. Nach der Initiation sind sie ein anderer, die seelische Nabelschnur zu den Eltern ist nun endgültig durchschnitten.

In unserem Kulturkreis ist dies abhanden gekommen. Für den Mann war dieser Übergang ins Erwachsenenleben früher noch durch die Militärzeit gekennzeichnet, eine Zeit nur unter Männern, mit viel Disziplin, neuen Ritualen, einer neuen Identität, die auch durch die Uniform sichtbar wurde. Heute hat der Wehrdienst viele dieser Elemente verloren. Das bewusste Eintreten in die neue Identität als »Hausvater«, als Erwachsener ist damit erschwert.

Das Fehlen dieses wohl wichtigsten Rituals, der Übergang von der Kindheit in das Erwachsenenleben, ist wohl auch ein Grund für junge Männer, sich Ersatzrituale zu schaffen – manchmal mit negativen Bestandteilen wie Kampftrinken oder Vandalismus als Beweis der eigenen Männlichkeit. Auch die Zugehörigkeit zu Gruppen der rechtsradikalen Szene bietet sich als Ersatz an. Letztlich sind es für sie Versuche, als angehende Erwachsene eine Identität in der neuen Lebensphase zu finden, die ihnen die Gesellschaft vorenthält.

Gute Lösungen für die neue Identität als Erwachsener finden sich, wenn jungen Menschen herausfordernde Aufgaben gestellt werden. Sich für eine gute Sache zu engagieren, ehrenamtliche Aufgaben zu übernehmen und dafür auch geehrt zu werden, dazu sind viele und gerade junge Menschen bereit, wenn Ältere, Erfahrenere ihnen das vermitteln. Wenn Menschen Chancen sehen, sich zu beweisen, sich in einem positiven Kontext zu bewähren, dann werden sie diese auch nutzen. Engagierte Lehrer, Vorgesetzte oder Trainer leisten hier wertvolle Arbeit, wenn sie jungen Menschen angemessene Aufgaben stellen, sie unterstützen und ihnen helfen, ihre Talente zu entdecken und zu entwickeln.

In dieser zweiten Lebensphase brauchen wir Erfolge in allen Varianten: gesellschaftliche Anerkennung, berufliche Erfolge, aber auch sportliche und persönliche. Realistische und anspruchvolle Ziele führen zu Erfolgen in dem Maße, wie wir die Ziele erreichen. Eine gute Führung durch Vorgesetzte, Trainer, Mentoren oder andere, die die Entwicklung des Einzelnen im Blick haben, erleichtert die Prozesse in dieser Lebensphase und unterstützt das Lernen und das Sammeln von Erfahrungen.

Das Lernen in dieser Lebensphase umfasst vor allem drei Bereiche: Fachkompetenz, Methodenkompetenz und soziale Kompetenz. Wir entwickeln Ehrgeiz und sind stolz auf das Erreichte. Wir bauen unsere Ich-Identität weiter aus, die wir jetzt als eine eigene Leistung erkennen.

Waldeinsiedler 2.4.3

Die nächste Lebenszeit »Waldeinsiedler« führt zu neuen Verschiebungen und Herausforderungen. Die Kinder sind größer oder erwachsen und brauchen nicht mehr so viel Zeit. Beruflich haben wir uns (in unserer Kultur meist nur die Männer) etabliert. Als Zeitdimension schiebt sich die Vergangenheit als Aufgabe in unser Bewusstsein, wir betrachten unser bisheriges Leben. Gleichzeitig tauchen übergeordnete, grundlegende Fragen des Lebens und damit religiöse Fragen in unserem Bewusstsein auf.

Wir merken plötzlich, dass unser bisheriges Leben nicht mehr trägt, wir hinterfragen unser Streben und unsere Ziele. Ein häufiger Satz beim Übergang in die Lebenszeit als Waldeinsiedler lautet: Das kann doch nicht alles sein. Wir fragen nach dem Sinn unseres Lebens. Bei Frauen kündigen sich die Wechseljahre an, die es auch beim Mann in etwas anderer Form gibt. Wir betreten einen dunklen Wald, ein Synonym für unser Unbewusstes. Der Volksmund spricht von der Midlife-Crisis. Es ist die Lebensmitte, etwa 40 von durchschnittlichen 80 Jahren Lebenserwartung sind vorüber.

Diese Zeit, die Lebensmitte, ist für viele Menschen die erste größere spirituelle Herausforderung. Wir suchen nach bleibenden Werten, hinterfragen unser bisheriges Tun. Dieser Prozess hält mit sehr wechselnden Intensitäten für den ganzen Lebensabschnitt an. Diese Zeit ist eine große Herausforderung und Chance für unser geistiges Wachstum. Religion bekommt eine neue Bedeutung.

Gemäß der indischen Philosophie befasst sich der Waldeinsiedler mit den heiligen Schriften. In den Meditationskursen des Zen-Meisters Willigis Jäger zeigte eine Teilnehmerstatistik über viele Jahre, dass die Mehrzahl der Teilnehmer, die zum ersten Mal an einem Meditationskurs teilnahmen, im Mittel etwa 40 Jahre alt waren – davon übrigens zwei Drittel Frauen, die offensichtlich für innere und spirituelle Entwicklungen offener sind als Männer.

Beim Übergang zu jeder nächsten Lebensphase erleben wir, dass die alten Verhaltensmuster und Gewohnheiten sowie die bisherige Orientierung für die neuen Aufgaben nur begrenzt taugen. Für das Neue müssen wir andere, neue Verhaltens- und auch Denkweisen entwickeln. Oft geben uns ältere Menschen ein Vorbild, zum Beispiel Lehrer, Freunde oder Vorgesetzte, und wir können durch Nachmachen schnell lernen. Vieles müssen wir jedoch uns selbst erarbeiten, gegebenenfalls mit professioneller Hilfe. Bücher, Kurse, manchmal auch Therapien, Systemaufstellungen oder Coaching können den Prozess unterstützen und erleichtern.

Thich Nath Hanh, einer der bedeutendsten Zen-Lehrer der Gegenwart, sagt, dass unser Menschsein an drei Wurzeln hängt: der biologischen, der geografischen und der spirituellen. Sie sind unsere drei entscheidenden Quellen, von denen wesentlich das Gelingen unseres Lebens abhängt und von denen wir unsere Lebenskraft beziehen. Für den Waldeinsiedler sind das die drei entscheidenden Themen, die bearbeitet werden wollen, wenn sich das Unbewusste meldet und uns Krisen und Probleme schickt, damit wir unsere Hausaufgaben erkennen. Wir spüren, dass die Zeit reif ist für die Fragen:

- Wie stehe ich zu meinen Eltern, zu meinen Vorfahren? Welche Defizite und Verletzungen muss ich noch bearbeiten?
- Wo bin ich zu Hause? Welchen Heimatverlust in meiner Familie muss ich noch betrauern?
- Was steht hinter der sichtbaren Welt? Wer ist »Gott«? Wozu lebe ich? Was kommt nach dem Leben?

Wenn Kursteilnehmer über mangelnden Erfolg oder fehlende Lebenskraft klagen, liegt das fast immer an einer gestörten Verbindung zu einer oder mehrerer dieser Wurzeln. Wenn ein Kanal blockiert ist, sind wir geschwächt. Die Energie kann dann nicht fließen. Oft ist es der dritte Lebensabschnitt, in dem diese Schwierigkeiten deutlich werden und die Bearbeitung ansteht. In Familienaufstellungen wurden inzwischen in zigtausend Fällen solche Blockaden im Familiensystem (biologische Wurzel) für die Betroffenen sichtbar gemacht und oft auch gut gelöst.[1]

In ihrer Bedeutung wenig bekannt sind psychische Probleme, wenn die eigenen Vorfahren ihre Heimat verloren haben, zum Beispiel durch die Vertreibung nach dem Zweiten Weltkrieg. Dieser Verlust konnte von den Betroffenen selbst oft nicht seelisch verarbeitet werden. Der Schmerz war zu groß und in den Nachkriegsjahren brauchten die Menschen ihre ganze Energie, um das nackte Überleben zu sichern. In Aufstellungen zeigen sich die Auswirkungen in der nächsten und übernächsten Generation: sie sind ge-

1 Aufstellungen haben sich aus der Psychotherapie heraus als Methode entwickelt, um Probleme in einem Systemkontext zu bearbeiten. Die erstaunliche Effizienz dieses Verfahrens hat zur Verbreitung in der ganzen Welt geführt. Insbesondere können auch berufliche und persönliche Fragen damit bearbeitet werden, was von immer mehr Unternehmen und Konzernen genutzt wird. Auch in einigen Kursen der Reihe »Führen und geführt werden«, die im Würzburger Haus Benedikt stattfinden, wird mit dieser Methode gearbeitet.

schwächt. Kinder und Enkel übernehmen auf merkwürdige Art und Weise Probleme ihrer Eltern und Großeltern, um diese zu entlasten. Die Aufgabe des Waldeinsiedlers besteht darin, sich diesen Verstrickungen zu stellen und sie zu lösen.

Das Annehmen des Schmerzes, das Hinschauen auf den Verlust, die Trauer sind für die Heilung unerlässlich. Dafür gibt es in unserer Gesellschaft wenig Raum und wenig Unterstützung. Wie kann man dorthin gelangen? Hilfreich sind hier Rituale, Gespräche, Stille. Auch in Aufstellungen, die dann oft den Charakter eines Rituals bekommen, lassen sich Vertreibung und andere Probleme mit unseren Wurzeln bearbeiten. Die Gruppensituation – meist über mehrere Tage hinweg – baut eine Vertrauensbasis auf, die das Gefühl von Geborgenheit vermittelt. Durch das Aufstellen der Situation mit Hilfe von Personen, die als Stellvertreter zum Beispiel für »Ostpreußen« als frühere Heimat stehen, entsteht ein Bild, bei dem sich seelische Prozesse entfalten können. Gefühle bekommen Raum und bisher Verdrängtes kann bewusst werden.

Oft beginnt in dieser Zeit auch die Auseinandersetzung mit unserer Kindheitsreligion. Wir rebellieren und ringen mit dem Gottesbild und den religiösen Ausdrucksformen, die man uns in der Kindheit mehr oder weniger glücklich nahegebracht hat. Wir prüfen, was tragfähig ist und wovon wir uns trennen müssen. Manche schließen sich esoterischen Gruppen an, andere finden in anderen Religionen etwas, das sie in ihrer eigenen Religion vermissen. Etwas abwertend wird dieses Suchen und Finden in anderen religiösen Traditionen gerne »Patchwork-Religion« genannt. Es geht jedoch nicht darum, die religiösen Traditionen miteinander zu vermischen. Vielmehr geht es um einen offenen Dialog. Wenn ich meine Wurzeln im Christentum habe, dann bin ich auch offen für Einsichten und Erfahrungen aus anderen Religionen. Sie bereichern meine christliche Erfahrung. Die frühe Kirche hat die positiven Erfahrungen anderer religiöser Traditionen in das Christentum integriert. Um eine solche Integration geht es auch heute. Sie kann unserem Glauben eine neue Weite vermitteln. Wir haben an der Weisheit der Welt teil.

Die Fragen in der Zeit als Waldeinsiedler lauten: Was ist richtig? Was ist die Wahrheit? Manchmal tauchen frühere Verletzungen durch Kirche, Kirchenvertreter oder einen bestimmten Stil von Religionsvermittlung auf, die jetzt bearbeitet werden wollen.

Die Zeit heilt Wunden, sagt ein altes Sprichwort. Schwere seelische Belastungen aber heilen nicht von selbst, wir müssen uns ihnen stellen. Der richtige Zeitpunkt spielt dafür eine wichtige Rolle. Wir selbst müssen dafür reif sein und wir brauchen dazu den geeigneten Rahmen. Diese Prozesse sind die entscheidenden Aufgaben für die »Waldeinsiedler«. Wir räumen in unserer Seele auf, heilen alte Wunden, um frei zu werden für weiteres geistiges, spirituelles Wachstum.

Der Psychologe und Mediziner C. G. Jung hat für die verdrängten Seelenanteile den Begriff Schatten geprägt und darauf hingewiesen, dass die Schattenarbeit, die Bearbeitung alter Verletzungen, Aufgabe der zweiten Lebenshälfte ist. Es zeigt sich immer wieder, dass manches erst dann erfolgreich bearbeitet und gelöst werden kann, wenn die Zeit dafür reif ist.

Eine große Gefahr in dieser dritten Lebensphase liegt darin, dass wir mit der Zeit genauso umgehen wie in der zweiten Phase, als wir jedoch ganz andere Aufgaben hatten. Wir bauen unseren beruflichen Erfolg weiter aus. Wir nutzen unser Können und Wissen, um Macht, Vermögen, weiteres Wissen und Können anzuhäufen, und entdecken zu spät, dass wir weitere, neue Aufgaben in dieser Lebensphase zu erledigen haben. Oft zwingen uns auch äußere Umstände, uns mit unserer ganzen Kraft und Zeit dem Beruf zu widmen – oder wir glauben es zumindest tun zu müssen. Wenn wir unsere seelischen Bedürfnisse, unsere Suche nach Werten und Sinn etwa, unterdrücken, melden sich diese dann über gesundheitliche oder seelische Störungen wieder bei uns. Wenn wir in dieser Phase lernen, gut für uns selbst zu sorgen, indem wir immer wieder in die Stille gehen und nach dem Wesentlichen in unserem Leben fragen, setzt die spirituell-geistige Entwicklung ein, die uns hilft, weiter zu reifen. Aus einer solchen Entwicklung heraus können wir dann Lehrer und Führer für andere, vor allem für Jüngere werden.

In dieser Phase, wenn wir uns bewusst auf einen spirituellen Übungsweg machen und zum Beispiel regelmäßig meditieren, ist eine Begleitung durch einen spirituellen Lehrer sehr hilfreich. Wir betreten geistiges Neuland und ein Führer kann uns helfen, viele Fehler zu vermeiden. Die Weisheit in dieser Lebensphase besteht auch darin, die eigene Begrenztheit zu entdecken und anzuerkennen.

Der Weise 2.4.4

Die Zeit des »Alt-Werdens«, wenn die Kräfte spürbar nachlassen und die eine oder andere körperliche Beschwernis hinzukommt, ist die vorletzte Herausforderung vor dem Sterben. Die wichtigste Aufgabe in dieser Zeit ist das Loslassen. Manchmal versuchen Menschen noch verzweifelt, etwas nachzuholen, von dem sie meinen, dass sie es in ihrem bisherigen Leben versäumt haben. Sie können nur schwer oder gar nicht annehmen, dass für viele Dinge die Zeit vorbei ist.

Ein Beispiel: Ein 67-jähriger Mann kam zu mir in ein Seminar und wollte dabei Hinweise erhalten, wie er seine geplanten und noch in Gründung befindlichen zwei Unternehmen zum Erfolg führen könne. Er hatte in seinem Leben bereits mit drei Firmen, die er gegründet hatte, Konkurs erlitten. Er erklärte, dass er immer die falschen Partner mit ins Boot genommen habe. Bei genauerem Hinsehen zeigte sich, dass die Misserfolge wohl in der Person des Unternehmers begründet waren. Dies konnte er jedoch nicht akzeptieren und lehnte daraufhin Seminar und Methode vollständig ab.

Es ist manchmal sehr schwer zu akzeptieren, dass alles seine Zeit hat. Wenn wir die Gelegenheit verstreichen lassen – wenn wir Kairos nicht gesehen haben oder vorübergehen ließen –, dann können wir die Zeit nicht mehr zurückdrehen. Wir müssen loslassen. Die Weisheit besteht darin, sich mit all den Ungereimtheiten und Versäumnissen unseres Lebens auszusöhnen und zu erkennen, dass alles gut war. Die Weisheit besteht darin, aufzuhören, zu streben, zu wollen und zu planen. Wir lernen, bescheiden und dankbar zu werden.

Mein Großvater kommentierte als alter weiser Mann, der mit einer kleinen Rente im Altenheim lebte, sein Leben mit dem wunderbaren Satz, den er ständig und voller Überzeugung wiederholte: »Geht es mir nicht gut?« Und manchmal ergänzte er: »Ich bekomme jeden Tag ein warmes Essen, mein Bett wird gemacht, meine Wäsche gewaschen. Ich gehe jeden Tag früh in die heilige Messe. Ich kann mir zweimal am Tag ein Achtel Wein leisten. Ich bekomme jeden Tag die neue Zeitung. Geht es mir nicht gut?« Nach einem harten, arbeitsreichen Leben als Bauer mit einem großen Hof und ausgestattet mit einem nicht ganz einfachen, temperamentvollen Charakter, konnte er sich lösen von Erfolg und Streben, von seinem »Ich will« und den inneren Frieden finden, der Ausdruck tiefer Weisheit ist.

Das Gegenteil sind jene unzufriedenen, nörglerischen alten Menschen, die sich selbst und anderen das Leben schwer machen. Sie sind in ihrer spirituellen Entwicklung stehen geblieben und hadern mit sich und ihrer Umgebung.

Hermann Hesse hat diese Lebensphasen und die Notwendigkeit, sich immer wieder zu lösen, wenn ihre Zeit vorbei ist, sehr schön in dem Gedicht »Stufen« beschrieben: »Wie jede Blüte welkt und jede Jugend dem Alter weicht, blüht jede Lebensstufe, blüht jede Weisheit auch und jede Tugend zu ihrer Zeit und darf nicht ewig dauern.« Er ermahnt: »Wir sollen heiter Raum um Raum durchschreiten, an keinem wie an einer Heimat hängen.« Wir dürfen uns nicht bequem einrichten in einer Lebensphase und versuchen, die Zeit anzuhalten. Wir verändern uns in der Zeit und wir können, wenn die Veränderung spürbar und sichtbar wird, diese nur annehmen und mitgehen.

2.4.5 Lebensalter und Spiritualität

Religionen bieten seit alters her Wege an, die seelische Arbeit zu leisten, die zu den einzelnen Lebenszeiten gehört. So tut es auch das Christentum.

Schon die Bibel unterscheidet die Spiritualität für die verschiedenen Lebensalter. So richtet sich der 1. Johannesbrief mit eigenen Mahnungen an die Kinder, die jungen Männer und die Väter. Die frühen Mönche unterscheiden dann später die Spiritualität junger und alter Mönche. Die Jungen sollten voller Ehrgeiz Disziplin lernen und sich in der Askese mühen. In der Jugend – so meinten die Mönche – gehe es darum, zu kämpfen. Der alte Mönch solle dagegen weise und gelassen sein. Die Altväter warnen junge Mönche, nicht zu euphorisch den spirituellen Weg zu gehen. Sie sollten sich zuerst im Leben bewähren und in der Arbeit ihre eigenen Fähigkeiten entwickeln. Vor allem sollten sie lernen, mit beiden Füßen auf dem Boden zu stehen. Sonst würde ihr geistliches Leben eine Flucht vor der Realität des Lebens.

Die christliche Tradition begleitet die verschiedenen Lebensalter vor allem durch die Rituale. In allen Religionen gibt es sogenannte Übergangsrituale oder »rites de passage«. Da die Menschen früher nicht so alt wurden, beziehen sich die Übergangsrituale der christlichen Tradition vor allem auf die Geburt, auf die Pubertät, auf das Erwachsenwerden und auf den Übergang des Sterbens. Die Taufe feiert das Geheimnis der Geburt. Sie drückt in ihren Riten aus, was das besondere Geheimnis des Kindes ist: Jedes Kind ist einmalig. Es wird mit Wasser übergossen, damit es immer aus der inneren Quelle schöpft. Und im Wasser werden all die Trübungen abgewaschen, die wir dem Kind zufügen, indem wir ihm unsere Bilder und Erwartungen überstülpen. Es soll mit dem ursprünglichen Glanz erstrahlen. Das Kind wird gesalbt zum König und zur Königin, zum Priester und zur Priesterin, zum Propheten und zur Prophetin.

Die Firmung ist das Initiationssakrament. Dabei wird der Jugendliche mit Heiligem Geist gestärkt, so dass er selbst Verantwortung für sein Leben übernehmen und erwachsen werden kann. Zu Beginn des Erwachsenenlebens steht dann die Hochzeit, in der Mann und Frau innerlich wie äußerlich Vater und Mutter verlassen, um miteinander eins zu werden und um ein eigenes Leben zu führen sowie in ihren Kindern, aber auch in ihrer Arbeit Frucht zu bringen.

Für die Lebensmitte hat die christliche Tradition kein eigenes Ritual entwickelt. Aber die Lebensmitte wurde durchaus als Übergang vom Äußeren zum Inneren verstanden. Der deutsche Mystiker Johannes Tauler (1300–1361) hat die Lebensmitte als den Zeitpunkt verstanden, an dem der Heilige Geist den Menschen ins Gedränge führt. Er bringt das bisherige Lebenskonzept, das sich vor allem im äußeren Aufbau (Gründen einer Familie, Hausbau, Finden der richtigen Arbeit) vollzogen hat, durcheinander, damit der Mensch nach innen geht und in seinen Seelengrund kommt. Das ist eine spirituelle Krise, aber auch eine menschliche Krise. Alles, was bisher geschmeckt hat, wird fade. Das Leben würde vertrocknen, wenn wir nicht nach innen gingen und unserer spirituellen Sehnsucht folgen würden. Daher kann nur der die Lebensmitte gut bewältigen, der diesen Schritt nach innen wagt und sich von neuem der Spiritualität zuwendet.

Die christliche Tradition hat für diese Zeit der Lebensmitte durchaus Hilfen angeboten. Da war vor allem die Einladung, sich für einige Zeit zurückzuziehen in die Einsamkeit und Stille, eventuell in ein Kloster. Und was schon immer sehr beliebt war: in der Lebensmitte sind viele Männer und Frauen Pilgerwege gegangen oder haben Wallfahrten unternommen. Am beliebtesten war die Wallfahrt nach Santiago de Compostela, die ja auch heute wieder eine Renaissance erlebt. Man wanderte neun Monate hin und zurück. Das war gleichsam eine innere Neugeburt.

Für die Zeit des Alters (ab 65 Jahre) hat die christliche Tradition das Initiationsritual der Krankensalbung angeboten. Der ältere und kranke Mensch wurde mit Öl gesalbt und so gestärkt, seine Krankheit anzunehmen und durch sie hindurch zu reifen. In diesem Sakrament betete der Priester zum einen um die Heilung der Krankheit, zum andern aber stärkte er den Kranken und Alten auch für den Übergang des Todes. Es war also auch eine Einübung ins Sterben. Im Mittelalter gab es eine eigene »ars moriendi«, eine Einübung in die Kunst des Sterbens. Diese Kunst wurde immer auch als »ars vivendi«, als Kunst des Lebens verstanden. Denn nur wenn wir die Endlichkeit unserer Zeit wahrnehmen und den Tod als Ende unserer Zeit in unser Leben integrieren, wird unsere Zeit hier eine erfüllte und angstfreie Zeit werden.

Das Christentum kennt die Einteilung in vier Lebensstadien nicht, wie sie im Hinduismus üblich ist. Aber es hat für jedes Lebensalter spirituelle Hilfen angeboten. Und es hat ein Gespür dafür gehabt, dass der Mensch in jedem Lebensalter eine eigene Berufung und einen eigenen Wert hat. Und der Weg des Menschen geht zunächst in die äußere Welt, ab der Lebensmitte aber immer mehr nach innen. Frieden findet der Mensch nur dann, wenn er sich seinem Lebensrhythmus überlässt. C. G. Jung hat in seinem Vortrag über die Lebenswende festgestellt, dass wir zwar Schulen haben, die uns in die erste Lebenshälfte einführen, die uns das nötige Wissen bereitstellen, um in den ersten 40 Jahren gut arbeiten und leben zu können. Aber wir haben keine Schule für die zweite Lebenshälfte. Und er meint, früher hätten die Religionen diese Aufgabe erfüllt. Sie wären die Schule für das Leben der zweiten Lebenshälfte gewesen. Es ist deshalb wichtig, dass wir die Weisheit der Religionen wiederentdecken, die uns für die zweite Lebenshälfte rüsten möchten. Die christliche Spiritualität hat sich immer auch als Schule für die Kunst des Lebens verstanden.

Der heilige Benedikt will mit seinem Kloster eine Schule für den Dienst des Herrn errichten. Er will die Mönche in die Kunst einführen, das ganze Leben in guter Weise zu leben. Der Mensch soll seinem Wesen gerecht werden, indem er auf dem Weg zu Gott ist, auf einem Weg innerer Reifung, um schließlich mit Gott eins zu werden. Benedikt rechnet damit, dass in dieser Schule für den Dienst des Herrn sowohl Kinder, junge und alte Mönche den Weg Jesu einüben. Benedikt berücksichtigt die Bedürfnisse der Kinder. Die älteren Mönche sollen auf die jüngeren Mönche Rücksicht nehmen, die jüngeren sollen die älteren ehren. Benedikt stellt die Forderung auf: »Jeder ist so zu behandeln, wie es seinem Alter und der Fassungskraft entspricht.« (Benediktsregel 30, 1) Und er schreibt ein eigenes Kapitel über die Greise und Kinder: »Der Mensch neigt zwar schon von Natur aus zum Wohlwollen gegenüber diesen Altersstufen, nämlich gegenüber Greisen und Kindern; doch soll auch die Regel mit ihrem Ansehen eigens für sie sorgen.« (Benediktsregel 37, 1)

Das Wort Schule kommt aus dem griechischen Wort »schole« und bedeutet: Muße, Ruhe, Freiheit von Berufsarbeiten. Ursprünglich meint das griechische Wort: »innehalten«. Es kommt vom Stamm »echein«, das »haben, halten, besitzen, einhalten« bedeutet. In der Muße halte ich also inne. Ich habe etwas in der Hand, das mir gehört. Ich gehöre nicht dem, der mir befiehlt zu arbeiten. Ich gehöre mir selbst und ich gehöre Gott. Schule ist für die Griechen der Ort, an dem wir innehalten, um uns während der Mußestunden mit den eigentlichen Dingen des Lebens zu beschäftigen, mit dem Wissen über das Leben, mit Kunst und Wissenschaft, mit Dichtung und Musik. Für den griechischen Philosophen Platon ist die Muße die Voraussetzung der Philosophie. Nur in der Muße kann sich die Seele in die Schau der Dinge versenken. Muße ist also nichts Passives. Wir lernen etwas in der Muße. Wir lernen zu leben. Wir lernen, wer wir sind, worin der Sinn des Lebens besteht. Wir haben Zeit, uns Gedanken zu machen, ob unser Leben, so wie wir es leben, noch stimmt.

Wer in die Schule geht, der hat Zeit. Er verbringt diese Zeit damit, etwas zu lernen, zu hören, sich zu bilden. Doch das ist keine Arbeit. Er lernt in der Schule vielmehr, das Geheimnis des menschlichen Lebens zu verstehen. Dazu braucht es Zeit. Die Lateiner haben dieses Wort nicht nur mit »schola«, sondern auch mit »otium = Muße« übersetzt. Muße meint: die Zeit genießen. Es ist eine freie Zeit, die nicht unter dem Diktat des Zeitdrucks steht. Das Ziel ist die »theoria«, die Schau der Dinge. Diese Schau ist letztlich zeitlos. Sie hat als Ziel, eins zu werden mit dem Geschauten. Wenn ich ganz im Schauen bin, steht die Zeit still. So lernen die Mönche in der Schule des Herrn, die Benedikt für sie errichtet hat, still zu werden, innezuhalten und im Innehalten etwas vom Geheimnis Gottes und vom Geheimnis der erfüllten Zeit zu erahnen, die Gottes Herrschaft für uns bedeutet.

DIE BESCHLEUNIGUNGSFALLE 3

Immer-Schneller 3.1

Zeitmanagement-Seminare gehören zu den Standardangeboten unter den Führungsseminaren. Die Teilnehmer hoffen, dort eine Lösung für ihren akuten Zeitmangel zu finden. Führungskräfte, die täglich zehn und mehr Stunden arbeiten, möchten gerne Methoden kennen lernen, um die anstehende Arbeit in kürzerer Zeit zu erledigen. Eine oft gestellte Frage lautet: »Wie schaffe ich es, vor 20 Uhr aus dem Büro zu kommen?«

Wenn von Menschen erwartet wird, dass sie immer mehr Aufgaben in der gleichen Zeit erledigen, wächst der psychische Druck. Viele geraten mit dem wachsenden Aufgabenberg in einen Loyalitätskonflikt, der den Stress zusätzlich erhöht: »Arbeite ich mit der gleichen Sorgfalt wie bisher oder lasse ich es einfach schleifen?« Oft liegt hier ein Grundstein für das Phänomen der inneren Kündigung.

Aus vielen Veröffentlichungen zu diesem Thema ist bekannt, dass knapp 90 Prozent der Mitarbeiter in deutschen Unternehmen keine echte Verpflichtung ihrem Arbeitgeber gegenüber verspüren. Einer aktuellen Untersuchung zufolge machen 68 Prozent der in Deutschland Beschäftigten nur das, was von ihnen erwartet wird – Dienst nach Vorschrift –, und 19 Prozent haben »innerlich gekündigt«, sitzen also die Zeit im Unternehmen nur noch ab oder arbeiten gar aktiv gegen die Interessen des Arbeitgebers.

Das technische Verständnis der Zeit, der Aspekt des Chronos, lehrt uns: durch Beschleunigung von Arbeitsvorgängen kann mehr Arbeit pro Zeiteinheit erledigt werden, was sicherlich für viele Arbeitsbereiche gilt. Wenn ich mein Arbeitstempo um 10 Prozent erhöhe, kann ich in der vorgegebenen

Zeit 10 Prozent mehr Arbeiten erledigen. Die Übertragung der technischen Vorstellung von Beschleunigung auf alle Lebens- und Arbeitsbereiche ist jedoch fatal. Bestimmte Arbeitsvorgänge, wie beispielsweise Führungsgespräche, konzeptionelles Arbeiten, Erholungszeiten etc. lassen sich nicht oder kaum beschleunigen.

Ein weiteres Problem ist die allgemeine Praxis, die durch Rationalisierung gewonnene Zeit sofort wieder mit neuen Aufgaben zu besetzen. Wenn wir die technischen Entwicklungen der letzten 100 Jahre ansehen, so wurden sehr viele Arbeitsvorgänge ganz erheblich beschleunigt. Die Übermittlung einer Nachricht an einen fernen Ort, die Reisezeit von A nach B, das Erstellen einer tabellarischen Übersicht oder eines Serienbriefes, fast alles erledigen wir in immer kürzerer Zeit. In der Entwicklung der technischen Hilfsmittel bilden Computer und Kommunikationstechnologie den vorläufigen Höhepunkt.

Für diese Entwicklung zahlen wir auf der sozialen Ebene einen hohen Preis. Die menschlichen Begegnungen werden seltener und kürzer. Mit einem Serienbrief kann man mit wenig Zeitaufwand viele Adressaten technisch erreichen, aber nicht menschlich-persönlich, auf der Beziehungsebene. Wie wirkt eine handgeschriebene Geburtstagskarte mit persönlichen Worten und wie wirkt eine gedruckte Karte mit einem Standardspruch? Schnelligkeit verträgt sich nicht mit menschlicher Begegnung. Wenn wir uns auf einen anderen Menschen einlassen wollen, brauchen wir dafür Zeit.

Im privaten Bereich haben Erfindungen wie Waschmaschine, Geschirrspüler, Mikrowelle u. a. den Arbeitsaufwand ganz erheblich reduziert. Wie viel Zeit haben wir dadurch gewonnen? Was ist aus dem »Zeitgewinn« geworden? Wenn die Beschleunigung so vieler Arbeitsprozesse unsere Zeitprobleme lösen könnte, dann müssten wir jetzt mehr denn je das Gefühl haben, für all das genug Zeit zu haben, was wir wirklich gerne tun und was wir für wichtig halten.

Die Beschleunigung und die damit verbundene Zeitersparnis löst nicht unsere Zeitprobleme, unter denen viele leiden, sondern ist deren Ursache. Wir optimieren ständig Maschinen und Arbeitsabläufe, um die Produktivität zu steigern, und übertragen dieses Modell auf den Menschen. Nur leider, oder besser: Gott sei Dank, funktioniert das nicht. Der Mensch ist nicht wie eine Maschine technisch optimierbar und sein Arbeitstempo kann nicht ewig beschleunigt werden. Der Mensch unterliegt anderen Gesetzmäßigkeiten als Maschinen: Er hat soziale Bedürfnisse und eigene Rhythmen.

Aus den USA haben wir das Motto importiert: »Zeit ist Geld«. Die (Arbeits-)Zeit hat daher über die Lohnkosten einen Einfluss auf die betriebliche Ergebnisrechnung. Wenn die Gewinne steigen sollen, dann geht das vermeintlich am einfachsten durch Senkung der Lohnkosten, es müssen also weniger Leute das gleiche oder ein noch größeres Ergebnis erbringen. Die Arbeit muss also schneller bewältigt werden. Damit wird Zeit, die per se immer verfügbar und ein freies Gut ist, als »Zeit für die Arbeit«, die entsprechend Lohnkosten verursacht, zum knappen Gut. Je produktiver jemand arbeitet, desto wertvoller, aus Sicht des Arbeitgebers teurer, wird die Zeit.

Bei einigen großen Beratungsunternehmen gibt es eine Standardformel, die dann in dicken Ordnern für viel Geld verkauft wird: Gewinne erhöhen durch Kosten sparen, durch Personal abbauen. Die Arbeit wird auf die verbliebenen Mitarbeiter verteilt, mit dem Hinweis: ihr müsst euch eben besser organisieren. Ein Abteilungsleiter eines großen Automobilkonzerns hat die Situation, gleichermaßen verärgert und resignierend, so kommentiert: »Früher waren wir in unserem Bereich sieben Abteilungsleiter. Jetzt sind wir nur noch fünf und haben mehr Aufgaben.« Zum Trost und als Alibi werden die Betroffenen dann auf Zeitmanagement-Seminare geschickt.

Kaufmännisch gesehen, steigern wir durch die Beschleunigung von Arbeitsvorgängen ständig die Produktivität. Wir erstellen mehr Güter und Dienstleistungen in der gleichen Zeit. Das spiegelt sich wider in den gestiegenen Einkommen. Diesen steht wiederum gegenüber eine größere Gütermenge als direktes Ergebnis der gestiegenen Produktivität. Dieser Prozess der Beschleunigung von Arbeit beschert uns einen bisher noch nie da gewesenen Güterwohlstand. Werbung und Mode sorgen mit ihren Lügen dafür, dass wir immer neue Bedürfnisse entwickeln und mit dem gestiegenen Einkommen die Nachfrage am Markt in Gang halten.

Das Immer-Schneller ist eine kontinuierliche Entwicklung der Industriegesellschaft und trifft uns als Erwartung von allen Seiten, vom Vorgesetzten bei der jährlichen Zielvereinbarung, vom Kunden mit immer höheren Qualitäts- und Serviceerwartungen, vom Markt als Konkurrenzdruck, als Erwartungsdruck von Mitarbeitern und nicht zuletzt auch als Anspruch an uns selbst. Wir haben dieses Modell des Immer-Schneller verinnerlicht und lassen uns im Umgang mit unserer Zeit unbewusst davon steuern.

Wieviel Tempo haben Sie gerade?

Programmieren Sie Ihren PC oder einen Wecker, dass er Sie alle 60 bis 90 Minuten erinnert, kurz innezuhalten. Stellen Sie sich dann die Frage:

Wieviel Tempo habe ich gerade?

Bin ich gelassen bei meiner Arbeit oder unter Zeitdruck?

Wo kommt der Zeitdruck her?

Wenn Sie immer wieder reflektieren, was Sie gerade machen, schärft das Ihr Bewusstsein darüber, wie sehr Sie selbst mit Ihren Einstellungen und Erwartungen an sich und an andere zu diesem Tempo beitragen.

Sie können auch eine kleine Tagesstatistik machen – 100 als angemessenes Tempo – und dabei beobachten, ob Sie durch Reflexion und Bewusstsein Ihr Tempo allmählich abbauen. Bei angemessenem Tempo wird Ihr Arbeitsergebnis qualitativ und wahrscheinlich auch quantitativ besser.

Eine solche Statistik könnte so aussehen:

	80	100	120	140	160	180	200
8 Uhr			x				
9					x		
10							x
11				x			
12			x				
13							
...							

Der immer größere Leistungs- und Zeitdruck wird subjektiv als Zeitnot erlebt. Zeitnot kann es eigentlich nicht geben, da Zeit immer da ist. Es kann auch nie an Zeit fehlen. Es fehlt immer nur »die Zeit für ...«, nämlich die Zeit für weitere Aufgaben oder Arbeiten. Wir leben nicht mehr in der Zeit, er-leben unser Leben, sondern instrumentalisieren die Zeit, um Ziele und Ergebnisse zu erreichen. Das Problem dabei sind nicht unsere Ziele, Erfolge und Ergebnisse, die sehr wichtig für unsere persönliche Entwicklung sind, sondern das rechte Maß, ein Gefühl für das, was angemessen ist – einschließlich der Fähigkeit, das rechte Maß auch einzuhalten.

Wenn wir immer mehr von der äußeren Welt überfordert werden oder uns verleiten lassen uns selbst zu überfordern dann können wir lernen und trainieren »anzuhalten«. Sportbegeisterte können das »Boxenstopp« nennen. Wir können anhalten und mit unserer Aufmerksamkeit zu uns selbst zurückkehren. Wir können Gewohnheiten entwickeln, die uns helfen, innezuhalten und uns am Machbaren und am Wesentlichen zu orientieren. Ein guter Tagesplan kann uns helfen, unser Maß zu finden, und uns als roter Faden durch den Tag führen.

Immer-Mehr 3.2

Es sind nicht nur »die bösen Aktionäre«, die immer höhere Renditen haben wollen. Wir alle wollen Immer-Mehr: immer mehr haben, immer mehr wissen, immer mehr erleben, immer mehr können, immer mehr leisten, immer mehr erreichen. Wir sind nicht zufrieden mit dem, was wir haben. Uns genügt nicht *ein* Mantel oder *eine* Jacke für jede Jahreszeit, wir müssen für jeden Anlass das Passende haben und brauchen immer noch mehr. Die Urlaubsziele werden immer weiter gesteckt. Die Wohnungen immer größer, Altes muss durch Modernes, Schöneres ersetzt werden.

Hinter diesem Immer-Mehr in seinen vielen Varianten steckt die Sehnsucht nach Mehr-Leben. Wir wollen mehr vom Leben haben und suchen dieses Mehr-Leben vor allem auf der Konsum- und Erlebnisebene. Es ist nicht nur die Frage eines geschulten Verkäufers, »kann ich Ihnen noch etwas anbieten?«, es ist ein durchgängiges Programm, dem wir folgen: mehr besitzen, mehr lernen, Immer-Mehr auf allen Gebieten. Wir erleben das als Gier, als Habgier, als Neugier und Machtgier, mitunter sind wir auch wissbegierig. Die Objekte unserer Begierden sind zahlreich, mehr Glück, mehr Schönheit, mehr Erfolg, mehr Liebe usw.

Der Einzelhandel preist Einkaufen als Erlebnis an und die Werbung suggeriert uns, Besitz sei die Quelle des Glücks. Unsere ganze Kultur strebt in diese Richtung. Heil und Glück werden auf der vordergründigen Ebene von Haben, Wissen, Können und Erleben gesucht und von der Illusion begleitet, dass uns das Immer-Mehr in der Zukunft glücklich machen wird, wenn wir noch dieses oder jenes besitzen oder erreicht haben.

Im Urlaub sorgen Animateure dafür, dass wir mehr erleben, und Abenteuerurlaube bringen dieses Mehr an Nervenkitzel. Ob wir mit einer Harley über den Highway gleiten oder uns kopfüber vom Fernsehturm stürzen – der Urlaub mit Kick verkauft sich bestens. Extremsportarten wie Eisklettern, Gleitschirmfliegen und Ähnliches erfreuen sich großer Beliebtheit. Es ist auch ein gutes Gefühl, sich »Immer-Mehr« leisten zu können. Dieses Immer-Mehr entdecken wir auch in unseren Kleiderschränken. Vergleichen Sie einmal ganz nüchtern die Zahl Ihrer Schuhe, Jacken oder Hemden mit der Ihrer Großeltern vor 60 oder 80 Jahren. Was wir heute besitzen, ist davon ein Vielfaches.

Ein immer größeres Problem auf dieser Erfahrungsebene ist die Suche nach Rauschzuständen, die ein Mehr an Lebensgenuss versprechen. Als Kaufrausch sehen wir das in Einkaufszentren oder im Schlussverkauf. Beratungsstellen wissen, dass Einkaufen suchtartige Dimensionen annehmen kann.

Was löst diesen Drang nach Immer-Mehr aus? Ist es nur die Verführung durch die Werbung? Oder nutzt die Werbung lediglich einen vorhandenen Grundtrieb in uns? Hinter der Gier steht die Angst, zu kurz zu kommen und nicht genug zu erhalten. Um diese Angst aushalten zu können, projizieren wir die Erlösung in die Zukunft: wenn wir erst dieses oder jenes erreicht haben oder besitzen, dann wird es uns gut gehen. Wenn wir am Ziel sind, brauchen wir neue, größere Ziele, die uns die gleiche Illusion liefern. Diese Illusion können wir nur aufheben, wenn wir uns dieser Angst, unserer Lebensangst stellen und Quellen finden, die uns das Vertrauen in das Leben wiedergeben.

Nutzen und Glück

Erstellen Sie eine Tabelle mit drei Spalten und den Überschriften: Anschaffungen – Nutzen – Glück

Listen Sie die Dinge auf, die Sie sich in den letzten 24 Monaten gekauft haben.

Überlegen Sie, was Sie davon wirklich nutzen. Vergeben Sie die Schulnoten 1 für »sehr nützlich« bis 6 für »völlig unnötig«.

In der nächsten Spalte bewerten Sie, wie sehr diese Anschaffung zu Ihrer Lebensqualität beiträgt. Und vergeben Sie wieder die 1 für »sehr viel Freude« bis hin zur 6 für »ärgert mich eher«.

Oft können wir uns an die vielen Dinge, die wir vor Monaten gekauft haben, gar nicht mehr erinnern. Wir können diese Liste auch aktuell führen: Wir tragen die Anschaffungen am Tage des Erwerbs ein und bewerten sie dann nach einem Monat und nach sechs Monaten wieder. Die Liste sollte dann die Spalten enthalten:
Anschaffungen – Datum des Kaufs – Nutzen nach 1 Monat – Nutzen nach 6 Monaten – Glück nach 1 Monat – Glück nach 6 Monaten

Wir können so empirisch überprüfen, in welchem Maße das Immer-Mehr tatsächlich unsere Zufriedenheit erhöht.

Es gibt auch eine andere Möglichkeit zu analysieren, was wirklich Freude macht:

Im betrieblichen Umfeld überprüft man den wirtschaftlichen Erfolg mit einer GuV, einer Gewinn- und Verlustrechnung. Analog können wir auch unsere Lebensqualität in einer Glück- und Freuderechnung, GuF, erfassen. Dies kann ein interessanter Beitrag zu einem bewussteren Leben sein, vor allem auch zu einem einfacheren Leben, das vom Sein und nicht vom Haben bestimmt ist.

PRAXISTIPP

GuF (Glück und Freude)-Rechnung

Untersuchen Sie, was Glück, Freude und Zufriedenheit auslöst.

Führen Sie ein Tagebuch oder eine Liste, die Sie so weit wie möglich täglich fortschreiben. Notieren Sie die Dinge, die Ihnen an diesem Tag Freude gemacht oder die Zufriedenheit und Glücksgefühle bei Ihnen ausgelöst haben. Notieren Sie dahinter den Grad der Zufriedenheit als Punkte (10 Punkte als Höchstwert für außerordentliche Freude). Vergessen Sie aber nicht die vielen kleinen Freuden im Alltag.

Sie werden entdecken, aus welchen Quellen Sie persönlich Glück und Zufriedenheit schöpfen. Vermutlich wird das »Immer-Mehr« keinen großen Anteil daran haben, dafür umso mehr soziale Erfahrungen und die schönen Augenblicke, die Sie erlebt haben. Vielleicht wird es auch der Verzicht, das Immer-Weniger sein, das Sie bereichernd erlebt haben.

Es scheint so zu sein, dass wir uns nicht mit dem begnügen, was wir sind und was wir haben. Wir erleben uns selbst ständig als Mangelwesen. Wir versuchen, den Mangel auszugleichen, indem wir nach mehr streben: mehr Geld, mehr Ansehen, mehr Erfolg, mehr Macht, mehr ... Dieses Streben hat seine Ursache in dem Gefühl der Unvollkommenheit, unter dem ja sehr viele Menschen leiden. Das Mangelgefühl geht einher mit der tiefen Angst: ich bin nicht gut genug, ich weiß nicht genug, ich habe nicht genug von diesem oder jenem. Oder wir halten uns nicht aus, so wie wir sind, und flüchten uns in Erfahrungen wie Mehr-Erleben, Mehr-Genießen, Mehr-Tun.

Möglicherweise steckt dahinter eine Urerfahrung der Menschheit von Mangel. Immer wieder war die Menschheit von Hungersnöten, Kriegen, Seuchen und anderen Plagen heimgesucht. Mangel war die beständige Begleiterscheinung des Lebens. Die Angst vor neuer Mangelerfahrung lässt uns sparen, Versicherungen abschließen, führt zum Horten und Anhäufen. Diese Urerfahrung von Mangel erleben wir auch als Kind sehr früh, wenn wir nicht die Zuwendung bekommen, nach der wir uns sehnen. Mutter und Vater können unseren kindlich-absoluten Anspruch nach emotionaler Wärme und unbegrenzter zeitlicher Verfügbarkeit nicht erfüllen. Wir bekommen nicht alles, was wir jetzt unbedingt haben wollen. Die Welt erfüllt nur unvollkommen unsere Bedürfnisse.

Das Streben nach Immer-Mehr, um Mangel auszugleichen, hat folgerichtig zu unserer technisierten Welt geführt. Wir haben gelernt, Produktionsprozesse, Transport und vieles in unserem Leben zu beschleunigen. Um mehr zu produzieren, mehr zu erleben, brauchen wir mehr Zeit, die es für uns jedoch nicht gibt. Allerdings wird durch Beschleunigung, durch das Immer-Schneller, auch das Immer-Mehr möglich. Wir tricksen die Zeit aus, ohne zu bemerken, wie das Erleben, das an die Zeit gebunden ist, sich gleichzeitig mit der Beschleunigung verändert.

Zu den vielen problematischen Auswüchsen dieser Entwicklung gehört auch die Industrialisierung der Landwirtschaft. In der Hähnchenmast beispielsweise dauert es nur 34 Tage, bis ein Hähnchen schlachtreif ist. Die Problematik ist nicht nur ethischer Art – 20 Tiere auf einem Quadratmeter, die in Dauerlicht vor sich hin vegetieren –, sondern zeigt sich auch an den eingesetzten Medikamenten wie Antibiotika, die wir mit dem Verzehr unkontrolliert mitessen, und Anabolika, die als Dopingmittel im Sport streng verboten sind. Das Grundmuster Mehr-durch-Schneller wird hier in seinen perversen Auswüchsen sichtbar.

Schematisch lässt sich dieses Muster, das unsere Gesellschaft und das Verhalten vieler Menschen oft unbewusst beherrscht, aufzeichnen:

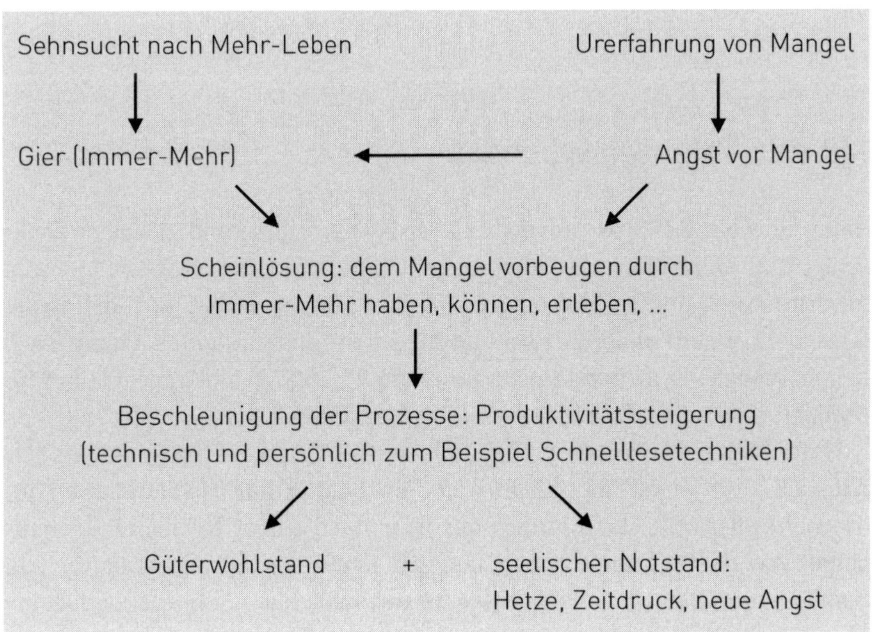

Das Immer-Mehr durch Immer-Schneller ist das Grundprinzip unseres Wirtschaftssystem, das auf ständiges Wachstum angelegt ist. Darüber hinaus bestimmt es auch unsere gesamte Gesellschaft. Politiker wie Manager beten das Wirtschaftswachstum an wie das goldene Kalb, als Glaube an die unendliche Steigerung des Immer-Mehr. Gleichzeitig wissen wir um die natürlichen Grenzen allen Wachstums.

Die Lebensgier, die Sehnsucht nach einem reichen und erfüllten Leben, wird aber durch das Immer-Mehr nicht befriedigt. Suchtforscher wissen, dass der Erfüllung der Sucht schon nach kurzer Zeit erneut ein neuer Suchtimpuls folgt. Untersuchungen in den USA zeigen, dass in den letzten 30 Jahren das Bruttosozialprodukt und damit das Volkseinkommen kontinuierlich gestiegen ist. Im gleichen Zeitraum hat die Zufriedenheit in der Gesamtbevölkerung kontinuierlich abgenommen. Immer-Mehr auf der materiellen Ebene führt nicht automatisch zur mehr Zufriedenheit.

Diese Gier auf vielen Ebenen entspricht dem Bild der hungrigen Geister im Buddhismus. Sie werden abgebildet als Monster mit einem riesigen Bauch und kleinen Mund und engen Hälsen. Sie können nie satt werden, da der Mund zu klein ist im Verhältnis zu ihrem Hunger. So sind auch unsere zeitlichen Möglichkeiten viel zu klein im Verhältnis zu dem, was wir alles erreichen, erleben, wissen oder können wollen. Wir können wählen, ob wir leiden wollen unter den unerreichten Sehnsüchten oder ob wir unsere Bedürfnisse und Erwartungen reduzieren wollen.

3.3 Mit den Talenten wuchern

Einen Hinweis, wofür wir unsere Zeit verwenden sollen und in welche Richtung unser aktives Bemühen gehen sollte, gibt das biblische Gleichnis vom anvertrauten Geld. Bei Matthäus heißt es: »Dem einen gab er fünf Talente Silbergeld, einem anderen zwei, wieder einem anderen eines, jedem nach seinen Fähigkeiten.« (Matthäusevangelium 25, 15). Wir sind also alle mit individuell sehr unterschiedlichen Talenten ausgestattet.

Irgendwann werden wir gefragt oder stellen uns diese Frage selbst: Was habe ich aus meiner Zeit, aus meinen Fähigkeiten, aus meinem Leben gemacht? In dem Gleichnis fordert der Herr nach seiner Rückkehr Rechenschaft von seinen Dienern über das, was ihnen übergeben wurde. Er lobt den tüchtigen Diener, der seine Talente vermehrt hat: »Sehr gut, du bist ein tüchtiger und treuer Diener. Du bist im Kleinen ein treuer Verwalter gewesen, ich will dir eine große Aufgabe übertragen.« (Matthäusevangelium 25, 23). Und er bestraft den schlechten und untätigen Diener: »Werft den nichtsnutzigen Diener hinaus in die äußerste Finsternis! Dort wird er heulen und mit den Zähnen knirschen.« (Matthäusevangelium 25, 30)

Was immer wir bekommen haben, wir sollen damit wuchern, etwas daraus machen. »Nutze die Zeit!« meint nicht: »Mach dir Stress!«, sondern: »Entfalte deine Talente!« Gefragt wird nicht, was der Einzelne absolut erreicht hat, sondern was er aus seinen Gaben gemacht hat. Der Talentierte darf sich nicht ausruhen und der Minderbegabte soll nicht verzweifeln. Das kann uns auch versöhnen, wenn wir nicht so erfolgreich sind wie andere. Es genügt, wenn wir uns anstrengen und das für uns Bestmögliche tun. Hermann Hesse hat das so formuliert: »Wenn ein Mensch mit den ihm von Natur gegebenen Gaben sich zu verwirklichen strebt, tut er das Höchste und einzig Sinnvolle, was er tun kann.«

Auf den Alltag übertragen heißt das, wir sollen ständig unsere Fähigkeiten einsetzen und weiterentwickeln. Das Leben ist ein Lernprozess. Gerade das Schwere und Unangenehme enthält viele Möglichkeiten der Erfahrung und des Lernens. Die Kunst besteht darin, unser Denken weg von negativen Gefühlen hin auf die Erfahrung, die in allem liegt, zu richten. Psychologen haben bei der Analyse von Tausenden von Biografien festgestellt, dass Menschen immer dann Glück und Zufriedenheit erleben, wenn sie ihre Fähigkeiten bis an die Grenzen des Möglichen einsetzen und versuchen, diese weiterzuentwickeln.

Das benediktinische Motto »ora et labora« (bete und arbeite) meint nicht nur, dass ich genügend Zeit zum Gebet, zur Stille, zur Meditation habe, um dann effektiver arbeiten zu können. Vielmehr geht es darum, die beiden Pole »ora et labora« miteinander zu verbinden. Das Gebet ist einmal die Quelle, aus der wir schöpfen, um gut zu arbeiten. Aber das Gebet ist auch der Ort, an dem wir uns einüben in die wichtigsten Haltungen bei der Arbeit: in die Haltung der Hingabe, der Liebe, der Demut, der Achtsamkeit. Die Arbeit ist eine Fortsetzung der spirituellen Übung der Achtsamkeit und der inneren Freiheit vom eigenen Ego. Wenn ich frei bin von der Sucht, alles, was ich tue, zu bewerten und darauf zu achten, wie es von anderen beurteilt wird, dann kann ich gut arbeiten, ohne von Nebenabsichten abgehalten zu werden. Diese Arbeit wird dann auch Frucht bringen.

Für den heiligen Benedikt ist die gute und effektive Arbeit ein Kennzeichen für die Echtheit des Gebets. Er rechnet damit, dass es Mönche gibt, die ins Gebet flüchten, weil sie die Arbeit scheuen. Ihr Gebet wird dann zu einem narzisstischen Kreisen um sich selbst. Das Gebet meint, mich Gott hinzugeben. Auch in der Arbeit geht es darum, mich jetzt in diesem Augenblick ganz dem hinzugeben, was ich gerade tue, oder mich auf den Menschen einzulassen, mit dem ich gerade spreche. Gebet und Arbeit verlangen die Freiheit vom Ego, das nur um sich kreist und bei allem Arbeiten immer wieder fragt, welchen Eindruck ich auf andere mache oder wie meine Arbeit von anderen beurteilt wird. Das Gebet befreit mich dazu, mich in der Arbeit selbst zu vergessen und ganz in dem zu sein, was ich gerade tue oder denke.

Das Wort »Talente« kommt in der Regel Benedikts nicht vor. Aber in einem Kapitel kommt Benedikt auf die verschiedenen Einschätzungen der Gaben zu sprechen. Es ist das Kapitel 68 »Wenn einem Bruder etwas Unmögliches aufgetragen wird«. Der Bruder soll dem Abt sagen, wenn er sich überfordert fühlt mit einem Auftrag. Er soll auf seine Grenzen hinweisen. Aber wenn der Abt ihm trotzdem zutraut, diesen Auftrag zu erfüllen, dann soll er es im Vertrauen auf Gottes Hilfe tun. Es geht hier nicht so sehr um das Thema des Gehorsams, sondern darum, ob ich meine Grenzen richtig einschätzen kann. Es gibt die Gefahr, dass wir uns zu wenig zutrauen. Ein Impuls des Abtes kann uns herausfordern, unsere Talente besser einzusetzen, über uns hinauszuwachsen. Wenn wir tun, was der Abt uns zutraut, entdecken wir in uns oft neue Fähigkeiten.

Das Problem des schlechten und untätigen Dieners im biblischen Gleichnis vom anvertrauten Geld war nicht, dass er faul war, sondern dass er aus Angst sein Talent vergraben hatte. Er hatte Angst, er könnte einen Fehler machen. Er wollte absolut nichts verlieren. Und so hat er alles verloren. Gebet will uns in die Haltung des Vertrauens einüben, damit wir dann die Talente, die Gott uns gegeben hat, entfalten. Wer mit seinen Talenten wirtschaftet, geht immer auch das Risiko ein, etwas zu verlieren. Aber ohne dieses Vertrauen, dass ich auch verlieren kann, werde ich nie etwas gewinnen. »Ora et labora« meint also, dass ich meine Arbeit aus dem Vertrauen auf Gottes Segen vollziehe. Dann wird sie zum Segen werden für mich und für andere.

PRAXISTIPP

Eigene Talente entdecken und nutzen

Machen Sie sich eine Liste Ihrer Fähigkeiten. Fragen Sie auch Freunde und Kollegen, wo Ihre besonderen Begabungen liegen. Erweitern Sie diese Liste immer wieder.

Prüfen Sie, wo Sie diese Talente bereits einsetzen, und überlegen Sie, wie Sie das weiterentwickeln können.

Suchen Sie nach neuen Anwendungsfeldern Ihrer Fähigkeiten. Betreten Sie immer wieder Neuland und gehen Sie auch Risiken ein.

Suchen Sie immer wieder den Kontakt zu Menschen, die Sie ermutigen und unterstützen.

Feiern Sie bewusst Ihre Erfolge und betrachten Sie jeden Misserfolg als wertvolle Lernchance.

Sie werden entdecken, dass auch Misserfolge wichtige und manchmal entscheidende Lernschritte im Leben sein können. Das Erleben der eigenen Misserfolge und das Akzeptieren der eigenen Fehler und Schwächen machen nachsichtig gegenüber den Fehlern anderer.

Immer-Mehr Leben 3.4

Unsere Sehnsucht nach mehr Leben ist im Kern eine spirituelle Sehnsucht. Von daher erreichen wir eine Zufriedenheit nicht durch Immer-Mehr auf der materiellen Ebene, sondern nur in einer geistigen und geistlichen Entwicklung. Alle spirituellen Wege lehren, dass das, was wir wirklich suchen, nicht im Außen zu finden ist, sondern in uns selbst. Die spirituellen Wege führen uns dahin. Der Mystiker Angelus Silesius (1624–1677) dichtet: »Halt an, wo läufst du hin? Der Himmel ist in dir. Suchst du Gott anderswo, du fehlst ihn für und für.«

Immer-Mehr ist nur als geistige, spirituelle Entwicklung sinnvoll. Auf der weltlichen Ebene sagt uns Jesus im Vaterunser, was angemessen ist: »Gib uns heute das Brot, das wir brauchen.« (Matthäusevangelium 6,11) Alle anderen Bitten im Vaterunser sind auf die geistige Welt gerichtet: »Unser Vater im Himmel, dein Name werde geheiligt, dein Reich komme, dein Wille geschehe wie im Himmel, so auf der Erde, gib uns heute das Brot, das wir brauchen, und erlass uns unsere Schulden, wie auch wir sie unseren Schuldnern erlassen haben. Und führe uns nicht in Versuchung, sondern rette uns vor dem Bösen.« (Matthäusevangelium 6,9–13)

Jesus sagt kompromisslos, dass wir unsere Zeit nicht mehr als nötig mit den Dingen dieser Welt verbringen, sondern unser Streben auf die geistige Welt, auf das »Reich Gottes« richten sollen. Nur dort trägt das Immer-Mehr reichlich gute Früchte. »Dann sagte er zu den Leuten: Gebt Acht, hütet euch vor jeder Art von Habgier. Denn der Sinn des Lebens besteht nicht darin, dass ein Mensch aufgrund seines großen Vermögens im Überfluss lebt.« (Lukasevangelium 12,15)

Im Buddhismus wird dieses Streben nach Immer-Mehr, unsere Gier und unser Begehren, als die wesentliche Ursache für selbst erzeugtes Leid gesehen. Es ist logisch und leicht nachvollziehbar: wenn wir etwas begehren und nicht erhalten, dann leiden wir. Das kann eine Prüfung sein, die wir nicht bestehen, oder der Job, den wir nicht bekommen, oder wenn wir etwas besitzen wollen, was wir uns finanziell nicht leisten können. Immer erleben wir das Begehren und Nichtbekommen als leidvoll.

Leid entsteht aber auch, wenn wir das Begehrte erreichen. Es stellen sich schnell Gewöhnung und Überdruss ein oder die Befriedigung, die wir erhofft hatten, bleibt aus. Wir suchen neue Objekte des Begehrens und das Spiel beginnt von vorne. Wilhelm Busch dichtet: »... und hüte deine Zunge, denn jeder Wunsch, wenn er erfüllt, kriegt augenblicklich Junge.«

Von daher zielen viele Übungen im Buddhismus auf das Nichtbegehren oder Loslassen, es geht um das Nichtanhaften an den Erscheinungen, den Dingen dieser Welt. Wenn ich nichts begehre, dann leide ich auch nicht, sofern ich es nicht bekomme. Wenn ich es erhalte, kann ich mich freuen, ohne es festhalten zu wollen.

Im Meta-Sutra, einem wichtigen buddhistischen Text, heißt es über den Menschen auf dem spirituellen Weg: »Genügsam sei er und bescheiden, nicht betriebsam, aber klug, er zügle seine Sinne, habe leicht genug.« Eine solche Haltung von Bescheidenheit und Genügsamkeit auf allen Ebenen ist die Lösung der vielen Zeitprobleme, die sich aus der Geisteshaltung des

»Immer-Mehr« ergeben. Wenn wir aufhören, den Dingen in der Ferne nachzurennen, die uns Glück verheißen, und den Reichtum um uns, unter unseren Füßen und in uns erkennen, dann löst sich viel von dem Zeitdruck und dem Stress, den viele Menschen heute erleben.

Auf dem spirituellen Weg erkennen wir immer mehr, dass wir »Immer-Weniger« für unser Glück brauchen. Es sind nur die Dinge für unsere Grundbedürfnisse – ausreichend zu essen, Wohnung, Kleidung und Wärme –, die wir wirklich brauchen. Mehr brauchen wir in der materiellen Welt nicht. Auf der sozialen Ebene sind gute Freunde ein wichtiger Beitrag zum Glück. Die eigentliche Fülle finden wir nur in uns selbst.

Zeitnot 3.5

Zeit ist immer da. Sie steht uns unbegrenzt ein ganzes Leben lang zur Verfügung. Zeit kann als freies Gut im Grunde keinen wirtschaftlichen Betrachtungen unterliegen. Erst wenn wir Zeit instrumentalisieren als (Arbeits-)Zeit, als Zeit für das Erstellen von Gütern und Leistungen, die einen Marktwert haben, wird Zeit ein knappes Gut. Das Gefühl von Zeitnot entsteht, wenn wir Zeit als Ressource mit alternativen Verwendungen sehen. Die Wahl macht die Qual: Mache ich dieses oder jenes? Was macht mir mehr Spaß? Wovon habe ich den größeren Nutzen? Da wir vieles oder manchmal alles wollen, wird die Freiheit der Wahl und die Fülle unserer Möglichkeiten zum Problem.

Die Zeitnot unterscheidet sich ganz wesentlich von anderen Notzeiten, in denen es bei Wohnungsnot an Wohnungen mangelt, bei Hungersnot an Lebensmitteln. Bei der Zeitnot mangelt es nicht an Zeit, denn die ist immer vorhanden. Der Mangel bei der Zeitnot besteht nicht im Fehlen von Dingen im Außen, sondern liegt tiefer. Er ist ein seelisches Leiden, das anzeigt, dass in unserem Leben etwas Wesentliches fehlt. Die Heilung suchen wir an der falschen Stelle im Außen, in der Welt, die unsere Lebensgier stillen und unsere Angst beruhigen soll.

Aber selbst erheblicher Besitz oder bedeutendes Wissen wird immer noch als zu wenig erlebt, da es unsere Angst nicht aufhebt. Oft tritt sogar das Gegenteil ein, die Reichen haben Angst zu verarmen und die Vielwisser haben Angst, dass einer noch mehr weiß als sie. Im Grunde spüren sie eine innere Verarmung, die dem äußeren Güterwohlstand diametral gegenübersteht, eine Verarmung an geistigen Werten und an innerem, tiefem Erleben. Jesus verweist auf die Problematik des einseitigen Strebens nach weltlichen Dingen: »Was nützt es einem Menschen, wenn er die ganze Welt gewinnt, dabei aber sein Leben einbüßt? Um welchen Preis kann ein Mensch sein Leben zurückkaufen?« (Matthäusevangelium 16,26) Leben meint hier sicher weniger das physische Leben, sondern das geistige Leben oder die Seele. Das wird deutlich beim Evangelist Lukas: »Was nützt es einem Menschen, wenn er die ganze Welt gewinnt, dabei aber sich selbst verliert und Schaden nimmt?« (Lukasevangelium 9,25)

Genau in dieser Situation befinden sich heute viele Menschen: sie haben sich selbst verloren. Ihre Gedanken kreisen um Erlebnisse oder Ergebnisse. Das Gespür für sich selbst, für die eigene Befindlichkeit ist verloren gegangen. Das Leben findet nur noch als Denken, auf der Kopfebene, und immer weniger als Er-Leben, auf der Erfahrungsebene, statt. Immer wieder klagen Führungskräfte darüber, dass sie nur noch funktionieren und kaum noch Gefühle oder Freude entwickeln können.

Der Lösung kommt man auf die Spur, wenn man beobachtet, was Menschen, die angeblich nie Zeit haben, anfangen, wenn zufällig zeitliche Freiräume entstehen. Sie sagen nicht: »Endlich habe ich Zeit.« Sie fangen sofort an, mit dem weiterzumachen, was sie sonst auch tun: planen, organisieren, sich mit irgendetwas zu beschäftigen. Dieses Verhalten ist bei manchen Menschen bereits zwanghaft. Typisch ist die Aussage einer Unternehmerin, die auf die Empfehlung eines Zen-Meisters, »einmal nichts zu tun«, antwortete: »Und was muss ich da machen?«

Viele und besonders auch erfolgreiche Menschen leiden unter einem merkwürdigen Syndrom. Sie sehnen sich nach innerer Ruhe, nach innerem Frieden. Und wenn sie dafür Zeit haben, halten sie das nicht aus. Es ist die Kunst des Verweilens und Schauens, die uns in die Welt führt, in eine Welt, die wir nur sinn-lich, sinnen-haft und damit sinn-voll erfahren können. Dieses schlichte Einfach-Dasein, das Kinder beherrschen, das wir bei Naturvölkern noch finden, haben wir weitgehend verlernt. Wir grübeln über die Vergangenheit oder planen oft sorgenvoll die Zukunft und vergessen zu leben.

Wenn beruflich angespannte Menschen zum ersten Mal einen Meditationskurs besuchen, ist es oft das größte Problem, das »Nichts-Tun« auszuhalten, keine Telefonate, keine Mails – niemand will etwas von ihnen. Sie werden angehalten, nichts zu lesen, nicht zu telefonieren und nur in der einfachen Meditationsübung, etwa den eigenen Atem zu beobachten. Für manche ist das eine genauso heftige wie heilsame Erfahrung, wenn sie entdecken, dass sie die Ruhe, die sie im Alltag erstreben, gar nicht aushalten können und es erst wieder erlernen müssen. In vielen Meditationskursen hat daher die Stille beim Essen und in den Meditationszeiten einen hohen Stellenwert, um Menschen wieder zu dieser Erfahrung, bei sich selbst sein können, zu führen.

Der Kontakt zu den Sinnen, die das einfache Dasein und Er-Leben vermitteln, ist bei vielen beruflich erfolgreichen Menschen verkümmert zu Gunsten rationaler und kognitiver Prozesse. Wir fühlen uns beim Denken sicherer als beim Erleben. Typische Sätze von Führungskräften, die nach ihren Gefühlen gefragt werden, beginnen mit: »Ich denke ...« Es dauert einige Zeit und bedarf einiger Übung, bis sie die Unmittelbarkeit des Erlebens zulassen und Gefühle wahrnehmen und beschreiben können, statt zu »denken«.

Ein bei Führungskräften, aber auch bei Meditierenden verbreiteter, aber langfristig gefährlicher Umgang mit der Angst ist eine überzogene Disziplin oder die reine Askese. Dabei wird künstlich ein Mangel herbeigeführt, indem der Asket sich die schönen Dinge des Lebens versagt. Das Mangelerleben wird auf dieses Weise kontrolliert und verleiht damit ein trügerisches Gefühl von Sicherheit. Die sozialen und ethischen Normen unserer Gesellschaft fördern das, da Anstrengung und Disziplin meist mit Erfolg verbunden sind. Solche Menschen werden als tüchtig bezeichnet.

Das Problem ist jedoch nicht die Disziplin, sondern das Übermaß und die Einseitigkeit sowie deren Ursache in unbewussten, unreinen Motiven. Oft mündet das in einen Egotrip mit großer Rücksichtslosigkeit gegen andere oder in eine Selbstüberforderung. Man kann immer wieder beobachten, dass Menschen, die sich selbst nichts gönnen, auch keinem anderen etwas gönnen, oder dass Menschen, die ihr Maß nicht gefunden haben, auch gegenüber anderen maßlose Erwartungen entwickeln.

Zeitnot können wir im Kern nicht durch ein gutes Zeitmanagement lösen, so sinnvoll effektive Arbeitstechniken auch sind. Wir müssen unsere Ängste anschauen und sie durch Vertrauen ersetzen: Vertrauen in uns selbst, in unsere Fähigkeiten, in die Welt, in Gott. Alle Religionen wollen dieses Vertrauen vermitteln. Jesus hat gelehrt, dass wir einen liebenden Vater haben, der sich um uns sorgt. Einer der häufigsten Sätze in der Bibel heißt deshalb: Fürchtet euch nicht!

Wissenschaftler haben nachgezählt, wie oft dieser Satz in der Bibel vorkommt: Fürchtet euch nicht! Sie sind auf 365 gekommen, für jeden Tag des Jahres eine Zusage. Doch solche Worte allein können mir die Angst nicht nehmen. Jesus hat durch seine Art, wie er auf Menschen zugegangen ist, den Menschen Vertrauen ermöglicht. Weil er an die Menschen glaubte, fanden sie den Mut, an sich selbst zu glauben. Der Glaube hat sie befreit von dem ängstlichen Nachdenken, was denn die anderen Menschen von ihnen dächten.

Viele Führungskräfte sind in ihren Gedanken oft allzu sehr damit beschäftigt, sich zu überlegen, was andere über sie denken. Mit solchen Gedanken blockieren sie sich und machen sich unfähig, jetzt im Augenblick zu sein. Sie denken sich alle Eventualitäten aus, wie andere auf ihr Tun reagieren könnten. Und so sind sie nicht bei dem, was sie tun. Das Vertrauen, dass ich von Gott getragen bin, dass Gott der Grund meines Lebens ist, befreit mich von den Urteilen anderer.

Jesus spricht das Wort »Fürchtet euch nicht« immer in eine ganz konkrete Angst hinein, entweder in die Angst vor Verlassenheit oder in die Angst vor dem Unbekannten und Verborgenen in uns oder in die Angst vor Verletzung (vgl. Matthäusevangelium 10,26ff). Er rechnet damit, dass die Menschen Angst haben, dass die Menschen durch ihre mühsam aufgebaute Fassade blicken und all das erkennen könnten, was sie vor ihnen unbedingt verbergen wollten. Doch wer damit beschäftigt ist, das Unangenehme in sich vor anderen zu verbergen, der vergeudet viel Energie. Diese Energie fehlt ihm letztlich bei der Arbeit. Indem Jesus seine Worte in die Ängste des Menschen hinein spricht, erlaubt er ihnen, diese Angst zu haben. Doch sie sollen nicht bei der Angst stehen bleiben, sondern durch sein Wort mit dem Vertrauen in Berührung kommen, das bereits in ihnen selbst steckt.

Oft haben wir uns von dem Vertrauen, das auf dem Grund unserer Seele bereitliegt, abgeschnitten. Durch sein Wort will Jesus dieses Vertrauen in uns ansprechen, damit es stärker wird als die Angst. Wenn wir die Angst unterdrücken, wird sie nur noch stärker. Wenn wir uns jedoch vom Wort Jesu durch die Angst hindurch in den Grund unserer Seele führen lassen, steigt der Pegel des Vertrauens und wir spüren in uns auf einmal, dass die Angst uns nicht mehr im Griff hat.

Wenn unser Streben auf die Dinge der äußeren Welt gerichtet ist, dann verlieren wir uns auch in dieser äußeren Welt und verarmen im Innern, in unserer Seele. Zeitnot ist ein zuverlässiges Indiz dafür. Wenn wir Schätze in der

Welt anhäufen, dann sind wir auch in Gedanken und in unserem Streben in der Welt und nicht bei unserer Seele, nicht bei Gott. »Denn wo dein Schatz ist, da ist auch dein Herz«, heißt es im Evangelium nach Matthäus (Matthäusevangelium 6, 21). Die Folge sind Sorgen und Angst.

Jesus stellt das klar, die Sorge um die Dinge dieser Welt ist unnötig, entscheidend ist unser Bemühen um »das Reich Gottes«, um die geistige Welt. »Der Geist ist es, der lebendig macht; das Fleisch nützt nichts. Die Worte, die ich zu euch gesprochen habe, sind Geist und sind Leben.« (Johannesevangelium 6, 63) Oder: »Da sah Jesus seine Jünger an und sagte zu ihnen: Wie schwer ist es für Menschen, die viel besitzen, in das Reich Gottes zu kommen!« (Markusevangelium 10, 23)

Zeit haben

Zeit haben
ist kein Zeitproblem.
Man kommt zu Menschen
auf zehn Minuten
und spürt:
Sie haben Zeit,
trotz vieler Arbeit,
Zeit für mich, für sich.

Man kommt zu Menschen
auf eine Stunde
und spürt:
Sie haben keine Zeit,
trotz weniger Arbeit,
keine Zeit für mich, für sich.

Wer raubt uns die Zeit?
Ist es die Arbeit?
Sind es die Pflichten? –

Es ist die Angst:
die Angst, zu kurz zu kommen,
zu wenig vom Leben zu haben,
Angst um unser kleines Ich.

Wer nicht immerfort das sieht,
was er nicht hat
und das was er nicht ist,
sondern wer das sieht
und wer das nimmt,
was er ist und was er hat,
der hat Zeit.

ELMAR GRUBER

ENTSCHLEUNIGUNG 4

Wenn Beschleunigung das Problem und die Ursache für die Zeitnot ist, so muss Entschleunigung die Lösung sein. Das heißt nicht, dass wir ab morgen alles langsamer machen sollten. Es gibt jedoch sehr viele Gelegenheiten in unserem Alltag, bestimmte Vorgänge achtsamer zu tun. Vor allem geht es darum, die Dinge bewusster zu tun. Der Gewinn der Langsamkeit liegt im Mehr-Erleben, denn das ist es, was wir in der Tiefe des »Immer-Mehr« eigentlich suchen. Beim Wandern erleben wir die Natur mit allen Sinnen. All das entgeht uns jedoch, wenn wir mit dem Auto über die Autobahn fahren. Mit Entschleunigung bringen wir ganz praktisch Spiritualität in unser Leben.

Das Immer-Schneller engt uns ein. Unser Blick wird bei hoher Geschwindigkeit zum reinen Tunnelblick. Je schneller wir fahren oder rasen, desto weniger bekommen wir von der Landschaft mit, durch die wir gerade fahren. Ein weiterer Preis der Geschwindigkeit ist der Verlust von Bewegungsfreiheit: Anschnallgurte, enge Sitze im Flugzeug oder die körperliche Erstarrung hinter dem Lenkrad genauso wie vor dem Bildschirm beim Arbeiten am PC. Geschwindigkeit engt uns in unserer Bewegungsfreiheit ein. Übrigens heißt eng im Lateinischen »angustus« – von diesem Wort haben wir im Deutschen unseren Begriff »Angst« entlehnt.

Das Geheimnis für ein entschleunigtes Leben liegt im Bewusstsein. Wenn wir mit unserer Aufmerksamkeit ganz in dem verweilen, was wir gerade tun, dann hat Hektik keinen Raum. Achtsamkeit ist ein zentraler Begriff bei allen spirituellen Wegen: achtsam gehen, achtsam essen, achtsam sprechen, achtsam mit Menschen und Dingen umgehen. Unser ganzes Leben bietet sich uns an, Achtsamkeit zu üben. Nur sollten wir bescheiden sein und nicht von Null auf Hundert durchstarten wollen. Immer wieder können wir uns daran erinnern oder auch erinnern lassen, für eine Minute achtsam das zu tun, was wir gerade machen,

Eine alte Zen-Geschichte von Meister Ikyu (gest. 1483) berichtet: Ein hoher Beamter, der von weit her angereist war, um von dem Meister unterrichtet zu werden, bat den Meister um eine Lebensweisheit. Der Meister nahm ein Blatt Papier und schrieb das Wort »Achtsamkeit«. Der Beamte fragte enttäuscht, ob das alles sei. Der Meister nahm das Blatt und schrieb »Achtsamkeit – Achtsamkeit«. Erbost sagt der Beamte, er habe mehr erwartet. Da schrieb der Meister: »Achtsamkeit – Achtsamkeit – Achtsamkeit«.

Kein Begriff drückt den Kern einer spirituellen Lebensweise besser aus. Achtsamkeit ist unvereinbar mit Immer-Schneller, sie ist nur in Verbindung mit angemessenem Tempo zu realisieren. Sie braucht vor allem Zeit, um die Aufmerksamkeit zu bündeln. Tempo und Hektik führen ins Gegenteil, in die Unachtsamkeit. Im Alltag können wir ständig beobachten, wie durch das Immer-Schneller Achtsamkeit verloren geht und in der Folge Fehler passieren, Oberflächlichkeit entsteht und vor allem auch zwischenmenschliche Beziehungen leiden.

In die Entschleunigung und in die Achtsamkeit können wir einsteigen, indem wir lernen, anzuhalten und mit gewohnten Verhaltensmustern aufzuhören. Unsere Gewohnheitsenergien sind stark und beharrlich, sie sind stärker als unser Wille. Vor allem laufen sie automatisch ab, ohne dass wir uns ihrer bewusst sind. Wir können sie nur allmählich auflösen, indem wir genau so beharrlich »Halt« sagen und uns bewusst machen, wie wir mit uns und anderen umgehen. Die Kunst des Anhaltens und Aufhörens können wir durch regelmäßiges Üben genauso lernen wie eine Fremdsprache oder das Klavierspielen. Die Folge wird ein wachsendes Gefühl von Ruhe und Gelassenheit sein.

Wenn wir achtsam essen, gehen oder sprechen, schließen wir Hektik und Hetze automatisch aus. Unser tägliches Tun – wenn wir es achtsam vollziehen – ist das beste Übungsfeld und ist Spiritualität im Alltag in reinster Form. Der heilige Benedikt fordert in seiner Regel diese Achtsamkeit etwa ein, wenn er dem Cellerar aufträgt, er solle alle Gegenstände des Klosters wie heiliges Altargerät behandeln (Benediktsregel 31, 10).

Entschleunigung meint ein angemessenes, menschengerechtes Tempo. Wir können langsamer essen und bewusst das Essen schmecken. Ärzte wissen, wie wichtig das sorgfältige Kauen für die Verdauung ist und wie gesundheitsschädlich hektisches Essen ist. Wir können langsamer gehen. Der Weg zum Bus oder auch nur zur Garage oder zu einer Konferenz kann ein Spaziergang werden, der bewusst erlebt wird.

Es gibt viele Möglichkeiten, zum Beispiel kann man auf dem Nachhauseweg eine Busstation früher aussteigen und den restlichen Weg als Spaziergang nach Hause genießen und so langsam zur Ruhe kommen sowie dabei den Arbeitstag hinter sich lassen. Ein Bekannter erzählte mir, dass er auf dem Heimweg vom Büro an einer Wallfahrtskirche vorbeifährt und fast immer stehen bleibt, um sich für 10 bis 15 Minuten still dort hineinzusetzen. Solche Übergänge von der Arbeit zum Feierabend bekommen durch Regelmäßigkeit die Qualität eines Rituals und sind uns eine große Hilfe, um abzuschalten und innerlich in eine andere Zeit einzutreten.

Eine weitere Erfahrung von Entschleunigung sind alle Lebensbereiche, in denen wir genießen können. Sie entziehen sich der Formel »Immer-Schneller«. Denn Musik wird nicht besser, wenn wir die CD schneller abspielen. Ein schöner Tanz bringt nicht mehr Genuss, wenn wir hetzen. Ein gutes Essen schmeckt nicht besser, wenn wir es in uns hineinschlingen. Auch für die Pflege von Beziehungen brauchen wir Zeit. Ein schönes Gespräch leidet, wenn wir zu schnell sprechen oder zu wenige Pausen machen. Der Beschleunigung entziehen sich schließlich auch Heilungsvorgänge und soziale Prozesse. Alles, was wir mit Liebe verbinden, liegt außerhalb des »Immerschneller«.

Im Spielerischen, im Sinnlich-Erlebten erfahren wir Mehr-Leben und verlieren dabei das Zeitgefühl. Kinder machen uns das ständig vor, wenn sie im Spielen alles um sich herum – und vor allem die Zeit – vergessen und ganz aufgehen in dem, was sie gerade tun. Vielleicht meint Jesus diese Fähigkeit der Kinder: »Jesus aber rief die Kinder zu sich und sagte: Lasst die Kinder zu mir kommen; hindert sie nicht daran! Denn Menschen wie ihnen gehört das Reich Gottes.« (Lukasevangelium 18, 16)

PRAXISTIPP

Entschleunigung

1. Beobachten Sie Ihre gewohnten Verhaltensmuster oder Reaktionsweisen. Finden Sie die Bereiche in Ihrem Leben – im Beruf wie in der Freizeit –, die Sie entschleunigen können, zum Beispiel gehen, essen usw. Am besten machen Sie sich eine Liste.

2. Entschleunigung und Achtsamkeit lassen sich einüben in kleinen Schritten, zum Beispiel bei jedem Essen drei Bissen bewusst kauen, oder auf bestimmten Wegen zehn Schritte achtsam mit voller Aufmerksamkeit gehen. Nach und nach lässt sich das erweitern.

3. Beginnen Sie mit einer Tätigkeit, zum Beispiel zehn Minuten früher aufstehen und gemütlich frühstücken. Üben Sie das neue Verhalten, sooft es Ihnen möglich ist, über mindestens einen Monat.

4. Beobachten Sie, wie es Ihnen damit ergeht. Wenn sich das alte Muster wieder meldet (zum Beispiel »mach schnell«) und Sie bedrängt, dann begrüßen Sie es freundlich wie einen alten Bekannten. Lächeln Sie ihm zu und sagen Sie ihm, dass jetzt etwas anderes dran ist. Dann verliert es zunehmend seine Kraft.

5. Genießen Sie diese Zeit als »Zeit-für-mich«.

6. Erst wenn dieses Tun zur Gewohnheit geworden ist, beginnen Sie, das nächste Tun zu entschleunigen.

Eine Geschichte von Till Eulenspiegel macht deutlich, wie leicht das Immer-Schneller zum ungewollten Deutlich-Langsamer werden kann: Till saß am Wegrand, als ein Fuhrwerk mit einer schweren Ladung vorbeikam. Der Kutscher fragte, wie weit es noch bis zur Stadt sei. Der Schelm antwortete: »Wenn Ihr langsam fahrt, könnt Ihr die Stadt in einer Stunde erreichen.« Der Kutscher schimpfte über die dumme Antwort und trieb seine Pferde an. Till machte sich auch auf den Weg zur Stadt. Nach kurzer Zeit stand das Fuhrwerk mit gebrochenem Rad am Weg. »Seht Ihr«, sprach Till, »ich habe es Euch doch gesagt, Ihr müsst langsamer fahren.«

Es wäre interessant zu untersuchen, wodurch Arbeit in Organisationen und Unternehmen verursacht wird. Wahrscheinlich ist der Anteil der Arbeiten, die durch Unachtsamkeit und durch Hektik oder durch ungenügende Planung entstehen, viel höher, als die meisten Menschen vermuten würden.

Immer wieder kann man in Unternehmen blinden Aktionismus entdecken, mit dem Führungskräfte demonstrieren wollen, dass sie etwas bewegen. In Wirklichkeit wirbeln sie nur viel Staub auf. Dafür gibt es inzwischen einen Fachbegriff: Cappuccino-Manager – auf der Oberfläche viel Schaum und darunter nur wenig Substanz.

Aktionismus ist eine Vermeidungstechnik. Im Tun und Machen können wir den Kontakt zu uns selbst und zu den Tiefen unserer Seele vermeiden. Wir lassen uns nicht wirklich ein auf das, worum es im Tiefsten geht: um Gefühle, um Berührtsein. Wir achten nicht auf das wirkliche Sehen und Hören auf das, was hinter den Dingen und Worten steckt. Wir haben Angst, die Kontrolle zu verlieren, wenn wir ganz in eine Situation eintauchen, und bleiben lieber an der Oberfläche – bei Gedanken, Konzepten und Erklärungen. Der Weg zu uns selbst, zu unseren Mitmenschen und zum Kern der Dinge verläuft über das Üben von Achtsamkeit.

Die intensivste Form, Achtsamkeit einzuüben, ist die Meditation. Die Konzentration auf eine einfache Übung – wie beispielsweise die Beobachtung des Atems oder das Wiederholen eines Wortes oder Satzes – bündelt unsere Aufmerksamkeit. Unsere streunenden Gedanken kommen nach und nach zur Ruhe. Wenn wir regelmäßig meditieren, profitieren wir immer mehr im Alltag davon. Unser Tun wird aufmerksamer, die Achtsamkeit wird sich auf immer mehr Bereiche ausdehnen.

Die Kunst der Pause 4.1

Zeit widmen wir den Dingen, die uns im jeweiligen Augenblick wichtig sind. Eine einfache Testfrage kann das bewusst machen: Angenommen, ein Erbonkel hätte Sie eingeladen, genau jetzt – zu dem Zeitpunkt, an dem Sie diese Zeilen lesen – mit Ihnen die Übergabe seines Zehnfamilienhauses zu besprechen. Wären Sie jetzt bei diesem Erbonkel oder säßen Sie noch hier vor diesem Buch?

Wenn uns etwas wirklich wichtig ist, dann nehmen wir uns dafür auch Zeit. Das Thema »work-life-balance« – also das ausgewogene Verhältnis zwischen unserer Arbeit und den anderen Lebensbereichen – wird nur dann aktuell, wenn wir »life«, also vor allem unser seelisch-körperliches Wohlergehen, nicht wichtig genug nehmen. Die einseitige Konzentration auf die Arbeitswelt, die uns dort Erfolg und Ansehen beschert, führt zu einem Mangelerleben auf der seelischen Ebene. Wir leiden, sind unzufrieden und werden uns immer mehr bewusst, dass etwas fehlt: das Leben selbst. Wir funktionieren immer besser und haben dabei verlernt zu leben.

Die Balance im Leben mahnt auch Jesus an und verweist dabei auch auf das Alte Testament in der Bibel, wenn er neben die diesseitigen Belange des Lebens die seelischen Bedürfnisse stellt. »In der Schrift heißt es: Der Mensch lebt nicht nur von Brot, sondern von jedem Wort, das aus Gottes Mund kommt.« (Matthäusevangelium 4,4) Bei drei Evangelisten finden wir den Satz: »So gebt dem Kaiser, was dem Kaiser gehört, und Gott, was Gott gehört!« (Matthäusevangelium 22,21) Die Doppelnatur des Menschen wird dabei angesprochen: wir gehören zu dieser materiellen Welt, wir sind dieser Körper und wir sind auch eine Seele, die zu einer anderen, geistigen Welt gehört.

Der Mensch ist ein Teil der Natur und gleichzeitig ist er verbunden und bezogen auf eine geistige Welt, die Jesus das Reich Gottes nennt. Als Teil der Welt brauchen wir unser tägliches Brot. Wir sind aber mehr als nur ein Körper, der Nahrung braucht: Wir sind auch Geist und Seele und haben daher auch geistige Nahrung nötig. Unser Zeitmanagement sollte in rechtem Maß beidem gerecht werden. Benedikt trägt in seiner Ordensregel daher dem Cellerar, der für die wirtschaftlichen Belange des Klosters Sorge trägt, auf: »Er wache über seine Seele.« (Benediktsregel 31,8)

Rückzug, Stille, Innehalten ist Zeit für die Seele und lässt sich im Berufsalltag in verschiedenen Formen praktizieren. In den USA gibt es eine wachsende Zahl von Unternehmen, die einen Raum der Ruhe eingerichtet haben, auch in Deutschland gibt es dafür schon Beispiele. Mitarbeiter können sich – vor allem auch aus Großraumbüros – zurückziehen, um Stille zu erleben und zur Ruhe zu kommen. Für effektive Pausen und Erholung ist das eine wunderbare Möglichkeit. Ein Vorläufer ist der Raum der Stille, ein Meditationsraum im UNO-Gebäude in New York, der von Dag Hammarskjöld am 11. November 1957 eröffnet wurde. Vergleichbare Orte finden sich beispielsweise auch in Berlin: im Brandenburger Tor, im Olympiastadion und im Reichstag.

Architekten, die sich auf Andachtsräume spezialisiert haben, verzeichnen eine wachsende Nachfrage. Autobahnkapellen oder Flughafenkirche laden dazu ein, Tempo und Lärm unserer Zeit zu unterbrechen. Das bieten uns aber auch jedes andere Gotteshaus – sofern es nicht gerade abgeschlossen ist – und natürlich reichlich die Natur. Im Islam ist das rituelle Gebet fest in den Tagesablauf eingefügt (bis zu fünfmal täglich) und könnte uns genauso wie das Stundengebet der Mönche ein Vorbild sein für eine Andachtszeit, um die Alltagshektik zu unterbrechen und Zeit für unsere Seele zu finden.

Unser deutsches Wort »Pause« kommt vom griechischen »anapausis«. Es meint: Ausruhen, Aufatmen, Unterbrechung, Erholung, Muße. Für die Griechen ist die Ruhe etwas Heiliges. Man bittet die Götter darum, dass man innerlich zur Ruhe komme. Dabei bedeutet Ruhe nicht nur eine Unterbrechung der Arbeit, sondern ein Ausruhen des ganzen Körpers. Die inneren Organe brauchen ihre Ruhe. Die Bibel spricht etwa von der Ruhe Gottes am Sabbat, dem siebten Tag, an der wir in der Pause teilhaben. Der jüdische Philosoph Philo (gest. ca. 40 n. Chr.), der griechische und jüdische Weisheit miteinander verband, versteht die Ruhe nicht als Untätigkeit, sondern als mühelose Tätigkeit. Die Ruhe ist schöpferisches Tun. Wir sprechen heute auch von schöpferischen Pausen. Für Philo ist nur der Unvernünftige ruhelos. Der Weise macht es wie Gott: Er ruht aus, um mit der eigenen Kreativität in Berührung zu kommen.

Wenn im Folgenden praktische Anweisungen gegeben werden, wie wir die Pausen während der Arbeitszeit gestalten sollen, dann sind das nicht nur äußere Tricks. Sie zielen vielmehr alle darauf, das hohe Gut der Pause, der heilsamen Unterbrechung, der schöpferischen Ruhe, zu schützen, damit wir nicht nur darüber reden, sondern die innere Ruhe auch mitten im Alltag erfahren können.

Die frühen Mönche sagten: Wer kämpft, muss mit einer bestimmten Methode kämpfen, sonst geht sein Kampf ins Leere. So sind auch die Ratschläge gemeint: Sie wollen uns konkrete Methoden vor Augen halten, damit wir nicht umsonst über das Geheimnis der Zeit schreiben. In den Pausen, die wir einhalten, erleben wir, dass die Zeit stillsteht und uns gehört. »Anapauein« heißt ursprünglich: aufhören. Der Zeitfluss hört auf. Die Zeit steht still. Sie gehört uns. Wir genießen die Zeit, die uns zur Verfügung steht, in der wir ganz wir selber sind, eins mit uns und mit allem, was ist.

4.1.1 Die echte Pause

Pause heißt, das Vorherige unterbrechen, etwas völlig anderes tun. Die Aktivierung der bei der Arbeit nicht genutzten Sinne, wie Fühlen, Schmecken oder Riechen, und die Bewegung sind ein Ausgleich zu der Einseitigkeit, wie sie die Büroarbeit oder andere berufliche Tätigkeiten oft mit sich bringen. Im Büroalltag etwa kann man die Pause nutzen, um etwas wegzuräumen, die Blumen zu pflegen, sich selbst etwas zum Essen zuzubereiten oder etwas Gymnastik zu machen. Ideale Übungen gibt es im Qigong, Tai-Chi oder Yoga. Auch sich zu dehnen und zu strecken ist bereits eine Wohltat für den Organismus.

Die Pause sollte das Gegenteil von dem beinhalten, was wir in der Arbeit tun: Sich bewegen, wenn wir vorher gesessen haben, still sein, wenn wir vorher viel gesprochen haben, allein sein, wenn wir mit anderen zusammen waren. Wenn ein Redakteur die Pausen nutzt, um Zeitung zu lesen, beschäftigt er sich weiter mit einer Überfülle an Informationen, er unterbricht deshalb nicht sein Tun. Genauso wenig ist es eine Pause, wenn wir stundenlang am Computer arbeiten und zur Entspannung PC-Spiele machen.

Umgekehrt besteht natürlich für den Handwerker, der körperlich gearbeitet hat, die Pause in körperlicher Ruhe. Die Pausen haben im Handwerk eine lange Tradition, die aus der Erfahrung kommt. Berufsgenossenschaften wissen, wenn Handwerker die Pausen nicht einhalten, steigt die Unfallgefahr. Schreiner, die ihren Daumen durch die Kreissäge geschoben haben, taten dies fast immer zu einer Zeit, in der eine Pause nötig gewesen wäre. Statt den Signalen ihres Körpers zu folgen, haben sie weitergearbeitet, um noch etwas zu Ende zu bringen oder weil sie dem Termindruck unterlegen sind.

Problematisch, ja sogar gefährlich sind Dauerberieselungen mit Geräuschen – auch wenn beispielsweise ununterbrochen Musik läuft. Sogar beim Joggen in der Natur versäumen Menschen die Chance, das technisierte Leben zu unterbrechen, und betäuben sich mit der Musik aus dem Walkman. Das Gleiche gilt selbstverständlich auch für das Fernsehen. In Untersuchungen über Glück und Zufriedenheit, die in den USA durchgeführt wurden, kam heraus, dass glückliche Menschen im Schnitt weniger als halb so viel fernsehen, wie die unzufriedenen. Pause bedeutet, wenn wir den ganzen Tag mit Reizen von außen bombardiert werden, Unterbrechung und soll eine reizarme Zeit sein – so wie wir sie in der Stille und in der Meditation erleben. Auch die Natur bietet gute Möglichkeiten zur Unterbrechung unseres technisierten und durchgeplanten Lebens durch ihre Harmonie und mit ihren

Naturgeräuschen, wie beispielsweise das Zwitschern der Vögel, das ja die meisten Menschen als sehr wohltuend erleben.

Wir Menschen besitzen die Fähigkeit, uns über psychosomatische Mechanismen wach und konzentriert zu halten – auch wenn Körper und Geist schon längst eine Pause bräuchten. Adrenalin, das durch Stress von außen im Körper erzeugt wird, aber auch durch Konzentration auf eine Aufgabe oder durch den Leistungsdruck entsteht, hält uns wach. Dieser Mechanismus – von Medizinern »Adrenalin-Turbo« genannt – ist eigentlich ein Notfallmechanismus, um bei Gefahr sofort reagieren zu können. Ein Adrenalinschub macht uns in Sekundenbruchteilen sofort hellwach. Für manche Menschen ist diese Ausnahmetechnik der Natur für Gefahrenmomente aber zur Dauereinrichtung geworden, sie halten sich fast ununterbrochen in hoher Leistungsbereitschaft. Bei Dauerbeanspruchung ist der Adrenalin-Turbo irgendwann durchgebrannt, die medizinische Diagnose heißt dann treffend »burn out«.

Die ideale Pause verläuft daher auf der körperlichen und auf der geistigen Ebene. Wenn wir in der Arbeit ständig geistig aktiv sind, uns gedanklich mit unseren vielfältigen Aufgaben beschäftigen, dann besteht die Pause im geistigen Ausruhen, zum Beispiel in der Beschäftigung mit berufsfremden Dingen.

Für viele Menschen ist die Kombination von körperlicher und geistiger Entspannung ein guter Ausgleich. Beim Spazierengehen, beim Joggen, beim Radfahren, Schwimmen oder bei der Gartenarbeit stellt sich mit dem Tun auch nach und nach eine geistige Ruhe ein. In der Gehmeditation – langsam und achtsam, Schritt für Schritt – kommen wir zu dieser Erfahrung, die auch in langsamen Spaziergängen möglich ist: mit der Aufmerksamkeit im Hier und Jetzt, also ganz im Gehen zu sein. Wer ein Instrument spielt, weiß, dass beispielsweise das Musizieren und das Üben ein guter Ausgleich zur geistigen Arbeit sind.

Und schließlich erfahren wir auch in der Bibel, dass Jesus selbst immer wieder Pausen machte: »Da sagte er zu ihnen: Kommt mit an einen einsamen Ort, wo wir allein sind, und ruht ein wenig aus.« (Markusevangelium 6,31) Oder an einer anderen Stelle: »Doch er zog sich an einen einsamen Ort zurück, um zu beten.« (Lukasevangelium 5,16)

4.1.2 Regelmäßige Pausen

Was Arbeitsmediziner wiederentdeckt haben, ist eine alte Handwerkstradition und war früher auch auf jedem Bauernhof zu finden: Nach zwei Stunden Arbeit gibt es 20 Minuten Pause. Untersuchungen zu der Frage, welcher Arbeits- und Pausenrhythmus zur höchstmöglichen Arbeitsleistung führt, zeigten, dass der menschliche Organismus nach 90 bis 120 Minuten eine Erholung braucht. Denn nach dieser Zeit verändert sich unser Bewusstsein. Unser Körper sendet »Mach-mal-Pause«-Signale.

Diese Signale sind eindeutig: wir müssen gähnen oder wir bekommen Hunger oder Durst, wir wollen uns bewegen. Ein Beobachter kann sehen, dass sich der Gesichtsausdruck verändert. Wir wirken älter und müde. Die Atemfrequenz ändert sich. Die Konzentration lässt nach. Wenn wir dem Bedürfnis unseres Organismus nachgeben, findet eine Erholung statt, die anschließend zu erhöhter Konzentration und Leistungsfähigkeit führt, und wir holen die »verlorene Zeit« durch besseres und schnelleres Arbeiten rasch wieder auf. Die tieferen Schichten unserer Psyche brauchen diese Zeit, um die Eindrücke der letzten zwei Stunden zu verarbeiten.

Der menschliche Organismus unterliegt verschiedenen natürlichen Rhythmen, die sich mehrmals täglich wiederholen. Zwölf- bis sechzehnmal am Tag, also alle 90 bis 120 Minuten, kommt unser Organismus in einen natürlichen Ruhezustand, der das psychische und körperliche System reguliert. Die Ruhephase dauert 10 bis 20 Minuten und ist bei allen Lebewesen und sogar beim Prozess der Zellteilung zu beobachten. In dieser Ruhephase bereitet sich der Organismus auf die nächste aktive Phase vor. In dieser Phase findet eine Heilreaktion statt.

Wir alle haben schon erlebt, dass die Arbeit manchmal fast mühelos und qualitativ gut verläuft und ein anderes Mal zäh und wenig fruchtbar. Woran liegt das? Eine Ursache sind Pausen. Wenn wir den Signalen unseres Organismus folgen und eine gute Pausenkultur haben, werden wir immer wieder entdecken, dass das Arbeiten nach der Pause müheloser geht.

PRAXISTIPP

Pause machen

1. Lernen Sie die Signale Ihres Körpers kennen. Beobachten Sie Ihre typischen »Mach-mal-Pause«-Signale. Wie melden sich Ihr Körper und Ihre Seele, wenn sie eine Regenerationsphase brauchen?

2. Beobachten Sie Ihren persönlichen Zeitbedarf. Manchmal genügen wenige Minuten Unterbrechung, um wieder geistig frisch zu sein.

3. Egal, was Sie in dieser Pause machen, es sollte eine wirkliche Unterbrechung sein – etwas ganz anderes als das, was Sie vorher taten.

4. Bei Konferenzen etwa unterstützen Pausen in hohem Maße die Konzentration und die Gruppenprozesse. In den Pausen können Spannungen abgebaut, neue Ideen geboren und neue Kraft getankt werden. Nicht selten sind die Pausenprozesse und Pausengespräche der fruchtbarste Teil einer Konferenz.

5. Eine räumliche Veränderung unterstützt die Erfahrung von Unterbrechung: ein Spaziergang, eine Kaffeeecke, vor die Türe oder in den Raum der Stille gehen u. a.

Dieser Rhythmus setzt sich im Schlafe fort. Alle 90 bis 120 Minuten setzt – das haben Schlafforscher herausgefunden – eine Phase ein, die gekennzeichnet ist von schnellen Augenbewegungen. In dieser Zeit träumen wir, selbst wenn wir uns später nicht mehr daran erinnern können. Gleichzeitig verändern sich Blutdruck, Atmung oder Pulsfrequenz. Wissenschaftler betrachten diese Phasen als wichtige seelisch-körperliche Selbstregulation mit großen Auswirkungen auf das vegetative Nervensystem, auf unser Hormonsystem und auf unser Immunsystem.

Manche Menschen glauben, dass sie mehr leisten können, wenn sie in ihren »Pausen« weiterarbeiten. Das Gegenteil ist jedoch der Fall: Unsere Leistungsfähigkeit nimmt ab, vor allem Kreativität und Konzentration leiden, Flüchtigkeitsfehler nehmen zu. Außerdem schädigen wir uns selbst, sowohl unseren Körper als auch unserer Psyche. Bewusst wird das vielen erst, wenn ernsthafte Störungen auftreten als körperliche oder psychische Erkrankung.

4.1.3 Zufällige Pausen nutzen

Wie oft warten wir auf etwas: manchmal nur einige Sekunden oder Minuten, in denen wir zum Nichtstun verurteilt sind? Es ist das Warten auf den Aufzug, an der roten Ampel, die Ladezeit von Computerprogrammen etc. Wir können ungeduldig mit den Fingern trommeln oder die Zeit als Wartungszeit für uns selbst nutzen. Wir lassen regelmäßig das Auto und andere technische Geräte warten. Genauso können wir uns selbst warten, wenn wir sowieso warten müssen.

Jede zufällige Pause ist eine Gelegenheit, mit der Aufmerksamkeit nach innen zu gehen und wieder bei sich selbst anzukommen. Für Meditierende gibt es eine Anweisung, die Meditationsübung mehrmals am Tag einen Atemzug lang zu praktizieren: das jeweilige Wort, einen bestimmten Satz oder die Beobachtung des Atmens. Eine zufällige Pause ist dazu eine gute Gelegenheit, für eine halbe Minute oder zehn Sekunden zu meditieren.

Auch Übungen aus dem autogenen Training sind bestens dazu geeignet, diese zufälligen Pausen zu nutzen. Eine gute Möglichkeit, autogenes Training einzuüben und zu praktizieren, besteht darin, täglich wechselnd immer eine Teilübung zu trainieren, zum Beispiel »der rechte Arm ist schwer und warm«. Diese Teilübung wird mehrmals am Tage (sechs- bis zehnmal) für die Dauer von etwa einer Minute gemacht. Der Körper und die Beobachtung des Körpers werden dabei zum Fokus, der uns hilft, wieder zu uns selbst zurückzukommen, uns nicht im Außen, in den Aufgaben, in den Ansprüchen und Erwartungen zu verlieren.

»Warten« – in der ursprünglichen Bedeutung Sich-Warten – ist natürlich auch ohne Meditationserfahrung möglich. Es genügt schon, wenn wir mit der Aufmerksamkeit von außen nach innen zu uns gehen.

PRAXISTIPP

Zufällige Pausen nutzen

1. Sie können sich selbst beobachten, Ihr Befinden, Ihre inneren Prozesse. Sie können sich dazu beim Warten fragen: Wie geht es mir im Moment? Wie fühle ich mich?

2. Es geht nur darum, die Aufmerksamkeit auf sich selbst zu richten, mit sich selbst in Kontakt zu kommen.

3. In den zufälligen Pausen können Sie vertraute Übungen machen, ein kurzes Gebet, eine kurze Meditation, eine Qi-Gong-Übung oder autogenes Training.

Spontane Pausen 4.1.4

Eine gute Möglichkeit, Stress zu reduzieren, besteht darin, mehrmals am Tag eine Minute lang die Arbeit durch eine Kurzpause zu unterbrechen. Es ist eine Minute für mich selbst. Diese Übung ist besonders wirksam, wenn sie in Stresssituationen eingesetzt wird. Wenn wir vor lauter Arbeit nicht wissen, was wir zuerst tun sollen, dann sollten wir uns nicht blind in die Arbeit stürzen, sondern uns zurücklehnen um mit Ruhe und Stille beginnen. Es ist die bekannte Reihenfolge 1. »ora« (bete) und 2. »labora« (arbeite).

PRAXISTIPP

Eine Minute für mich

1. Lehnen Sie sich zurück und konzentrieren Sie sich eine Minute lang auf die Frage: Was brauche ich jetzt, damit es mir gut geht?

2. Wiederholen Sie diese Frage mehrmals. Treten Sie dabei in einen Dialog mit sich selbst. Lernen Sie dabei, gut für sich zu sorgen.

3. Machen Sie diese Übung mindestens achtmal täglich.

4.1.5 Mittagspause

Es ist die freie Entscheidung eines oder einer jeden, mittags ein »Arbeitsessen« mit den Themen der Arbeit oder eine echte Pause zu machen, das heißt, aus der Arbeit auch geistig auszusteigen. Ob uns das wirklich gelingt, zeigt sich in den Gesprächen, die beim Essen geführt werden. Auch wird es sichtbar daran, wie wir essen. Es ist ein großer Unterschied und hat weit reichende Folgen für die Gesundheit, ob wir schnell und hastig oder bewusst essen, gründlich kauen und den Geschmack bewusst wahrnehmen.

Ein bekannter Spruch sagt: Der Mensch ist, was er isst. Wir können noch ergänzen: Der Mensch ist, was er isst und wie er isst. Jeder Arzt kann Ihnen erklären, dass die Verdauung im Mund beginnt, beim Kauen und Schmecken. Naturvölker essen noch viel bewusster: Sie nehmen ihre Mahlzeit ganz bewusst in die Hand und ertasten sie, bevor sie diese in den Mund schieben.

Die heute, in unserer geizigen Gesellschaft verbreitete Formel für das Essen, »billig – schnell – satt«, tut niemandem gut. Fastfood, Minutenterrine, oder Tiefkühlpizza und die Zubereitung in der Mikrowelle erlauben es uns, mit wenig Zeitaufwand ein warmes Essen zu bekommen. Allerdings bedeuten diese Möglichkeiten für uns keinen qualitativen Fortschritt. Richtig gut zu essen und das Essen auch genießen zu können, ist nicht nur ein Gewinn an mehr Leben, es ist ein wichtiger Beitrag zur Gesundheit und damit auch zur Erhaltung unserer Leistungsfähigkeit. Der XIV. Dalai Lama, der im Westen bekannteste Vertreter des Buddhismus, antwortete auf die Frage, wie er mit 70 Jahren noch so fit und immer so fröhlich sein könne: »Ich esse gut und schlafe gut.«

Die Erfahrung der Kursteilnehmer im Haus Benedikt in Würzburg mit dem Schweigen während des Essens ist sehr unterschiedlich. Manche können die Ruhe sofort genießen, bei anderen löst das ungewohnte Verhalten zuerst einmal Unruhe aus. Schweigend zu essen kann zur echten Pause werden. Das »Umschalten« gelingt leichter, wenn wir beim Anblick der Speisen, bevor wir mit dem Essen beginnen, allen danken, denen wir dieses Mahl verdanken: den Tieren und Pflanzen, der Erde und der Sonne, dem Schöpfer und der Schöpfung, den Menschen für ihre Arbeit. Anschließend können wir uns neugierig auf Gerüche und Geschmack konzentrieren. Vor dem Essen zu danken ist urchristliche Tradition und nicht zuletzt im Abendmahl begründet: »Und er nahm Brot, sprach das Dankgebet …« (Lukasevangelium 22, 19)

Das gemeinsame Mahl, das Brotbrechen in der christlichen Kirche, hat auch eine wichtige soziale Funktion, es verbindet die Menschen nicht nur mit Gott, sondern auch untereinander. In vielen Kulturen, wie zum Beispiel in den arabischen Ländern oder in Japan, ist ein ausgedehntes Mahl, das mehrere Stunden dauern kann, traditionell der Ausdruck von Gastfreundschaft und dient dazu, die zwischenmenschlichen Beziehungen zu verbessern.

Gemütlich und bewusst zu essen, die Bewegung und eine räumliche Veränderung gehören zu einer echten Mittagspause, die idealerweise mindestens eine Stunde dauern sollte. Die Möglichkeit, sich 30 Minuten hinlegen zu können und damit die Wirbelsäule zu entspannen, erhöht die geistige und körperliche Leistungsfähigkeit am Nachmittag erheblich. Es gibt Unternehmen, die ihren Mitarbeitern gestatten, sich neben ihrem Schreibtisch auf einer Yogamatte in der Mittagspause auszuruhen.

Finden Sie Ihren eigenen Weg. Manchen Menschen genügen schon fünf bis zehn Minuten, um sich liegend zu entspannen und die Wirbelsäule zu entlasten. Bei Seminaren nutze ich mein Auto und drehe den Sitz flach oder ich setze mich auf einen Seminarstuhl und lege die Füße auf einem anderen Stuhl hoch. Entweder kommen meine Gedanken allein zur Ruhe und ich komme ins Dösen oder Schlafen oder, wenn mich etwas beschäftigt, ich beobachte meine Gedanken und meine Körperreaktionen.

Ein Bankdirektor erzählte, er habe sich abgewöhnt, während der Mittagspause in die Kantine zu gehen und mit seinen Kollegen über die Börsenkurse zu sprechen. Er setzt sich während der Mittagszeit still in eine Kirche. Sein Handy ist ausgeschaltet. Er genießt es, einfach da zu sitzen und sich von einer anderen Wirklichkeit umgeben zu lassen: von der Wirklichkeit Gottes. Er nimmt sich nicht vor, etwas zu beten. Er sitzt einfach da und kommt zur Ruhe. Die Kirche als ein heiliger Ort hilft ihm dabei, den heiligen Raum in sich selbst zu entdecken, zu dem der Lärm der Welt, zu dem die Erwartungen und Forderungen der Menschen keinen Zutritt haben. Das ist für ihn eine Pause, in der er wahrhaft aufatmen und sich erholen kann. Er holt sich das, was er braucht: Ruhe, Stille, Erfrischung. Er denkt in der Kirche nicht darüber nach, was er am Nachmittag zu tun hat. Aber die Pause erfüllt ihn trotzdem mit schöpferischen Ideen. So geht er mit neuem Schwung und neuen Ideen an die Arbeit.

4.2 Das Fasten

Eine besondere Form der Pause ist das Fasten. Beim Fasten unterbrechen wir die gewohnte Ernährung durch das Essen und ernähren unseren Körper durch die Verbrennung von Reserven. Medizinisch ist die heilsame Wirkung des Fastens bestens belegt, allerdings nicht für jedermann. Hilfreich ist es, in Gruppen, in Kursen oder in Kurkliniken unter ärztlicher Anleitung eine Fastenwoche oder eine längere Zeit diese Erfahrung zu machen. Die Gruppe motiviert und hilft, es leichter durchzuhalten, besonders dann, wenn wir es zum ersten Mal machen.

Die Unterbrechung des Gewohnten durch eine solche Erfahrung ist nicht nur gesundheitlich auf der Körperebene sinnvoll, zum Beispiel durch das Verbrennen von Schlacken und Schadstoffen, die wir im Laufe der Zeit in unserem Gewebe eingelagert haben. Wir erleben in dieser Zeit auch eine Veränderung unseres Bewusstseins und unseres emotionalen Erlebens. Wir erleben eine umfassende Reinigung für Körper, Geist und Seele.

Die Fastenzeit ist fest verankert im christlichen Kirchenjahr. Diese Zeit versteht sich als Vorbereitungszeit für das Osterfest und lädt besonders dazu ein, unseren Alltagstrott zu unterbrechen. Natürlich sind Fastenwochen oder Fastenkuren auch zu anderen Jahreszeiten möglich und sinnvoll. Diese Zeiten können wir ganz bewusst nutzen, um auf etwas zu verzichten: auf Süßigkeiten, auf Fernsehen, auch auf Alkohol oder anderes. Dabei werden Sie erleben, wie stark möglicherweise Ihre Abhängigkeiten sind – und damit Ihre Unfreiheit.

Ein bewusstes Verzichten ist ein gutes Training für unsere Willenskraft und führt nicht nur in eine innere Freiheit, sondern erhöht die Lebensfreude, wenn wir nach dieser Fastenzeit uns wieder die Dinge erlauben. Es tut uns auch gut zu erfahren, dass wir auf manche Dinge oder Gewohnheiten sogar ganz verzichten können. Das Unterbrechen und zeitweise Verzichten ist ein sicherer Weg zu mehr Genuss und Zufriedenheit. Erleben und genießen können wir immer nur den Unterschied. Das, was immer da ist, bereitet uns kein Vergnügen, sondern führt zur Gewöhnung und zur Trägheit.

ORA ET LABORA 5

Bete und arbeite – eine Grundordnung 5.1

Die alte benediktinische Regel »ora et labora« (bete und arbeite) zeigt uns einen guten Weg, mit der Zeit umzugehen. In der einen Bedeutung meint diese Formel den Wechsel von Gebet und Arbeit, wie sie im Mönchsalltag praktiziert wird. In der anderen Bedeutung geht es um die Qualität der Arbeit, die mit derselben Hingabe und Intensität verrichtet werden soll wie das Beten. Sich mit ganzer Kraft und Hingabe der Arbeit zu widmen, meint, dass wir in und durch die Arbeit Gott verherrlichen sollen. Dem Cellerar trägt Benedikt auf: »Alle Geräte und den ganzen Besitz des Klosters betrachte er als heiliges Altargerät. Nichts darf er vernachlässigen.« (Benediktsregel 31,10–11) Damit werden auch die Arbeit und die Dinge des Alltags in ihrer Heiligkeit und damit auch in ihrer Heilsamkeit unterstrichen. »Ora« und »labora« werden eins, Gebet ist Arbeit und Arbeit ist Gebet.

Die Disziplin des Mönchsweges, sich pünktlich mehrmals am Tage zum gemeinsamen Gebet zu treffen, ist im Berufsalltag so nicht möglich. Das Prinzip ist jedoch übertragbar und kann in der Arbeitswelt interpretiert werden als Wechsel von Innehalten und innerer Orientierung und von Arbeit und äußerer Orientierung.

Diesen Wechsel finden wir überall im Leben: als Einatmen und Ausatmen, Anspannung und Entspannung. In der Natur gibt es keine lineare Entwicklung. Im Winter erholen sich Pflanzen, Tiere halten einen Winterschlaf. Im Frühjahr kommt das Wiedererwachen, die Natur kann voll aufblühen, weil sie sich im Winter regeneriert hat. Und auch ein perfektes Auto muss aufgetankt und gewartet werden.

So braucht auch ein Mensch, wenn er gesund, kreativ und belastbar bleiben will, Zeiten der Erholung im Wechsel mit dem vollen Einsatz. Die negativen Folgen, wenn Menschen nicht zur Ruhe kommen, sind in der Zwischenzeit wissenschaftlich eindeutig nachgewiesen und erscheinen in den jährlichen Statistiken der Krankenkassen als rasant ansteigende psychosomatische Erkrankungen.

Ein sinnvoller Rhythmus als Wechsel von Arbeit und Pause hat eine lange Tradition im Handwerk und bei jeder körperlichen Arbeit. Die Brotzeit oder die Mittagspause waren und sind nicht einfach eine bequeme Sache, sondern entsprechen dem natürlichen Bedürfnissen des menschlichen Organismus. Es sind notwendige Regenerationsphasen für Körper und Psyche.

Dieser Rhythmus als Phasenverschiebung lässt sich in einer Sinuskurve darstellen.

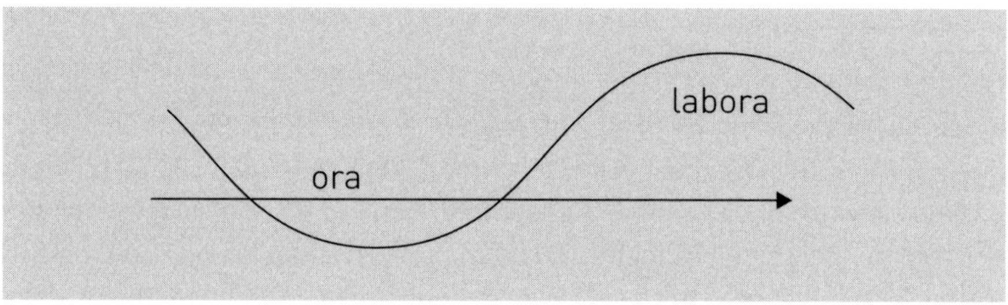

Er entspricht dem natürlichen Wechsel von Tag und Nacht, von Winter und Sommer und bildet das Grundmuster des Lebens. Wir können nicht ohne schwerwiegende Folgen einseitig die aktive Seite, »labora«, überbetonen und vergrößern, in der Hoffnung, dadurch mehr zu erreichen und zu leisten, und dabei den Zugang zu der passiven Seite, »ora«, verlieren. Passiv ist dabei keineswegs gleichzusetzen mit »Nichts-Tun«. Es ist vielmehr die Umkehrung der Aufmerksamkeit vom Außen nach Innen, eine Zuwendung zum eigenen Körper und zur eigenen Befindlichkeit, ein Wahrnehmen der eigenen Bedürfnisse.

Die Phase des »ora«, des Betens oder Innehaltens, ist eine große Herausforderung an unser Bewusstsein, eine mentale Übung. In den religiösen Traditionen des Ostens wie des Westens entspricht sie den verschiedenen Meditationsformen und Gebetsübungen, die sich im Kern alle ähneln. Meditation unterstützt das »Anhalten«, das »Aufhören«, sie hilft uns, loszukommen von dem, was uns in der Phase »labora« beschäftigt.

Das Ziel des »ora« ist es, innerlich zur Ruhe zu kommen. Der entsprechende Ausdruck dafür in Sanskrit heißt »shamatha« und zeigt uns auf, was dies für uns alles bedeuten kann: Sammlung, aufhören, zur Ruhe kommen, ruhen, heilen. Wenn wir ständig den Dingen in der äußeren Welt nachjagen, können wir nicht zur Ruhe kommen und nicht heilen. Ein verletztes Tier zieht sich zurück und legt sich tagelang still hin, um zu heilen. Genauso sollten wir unserem Körper und unserem Geist erlauben, regelmäßig zu ruhen. In der Stille verlaufen die tiefen seelischen Prozesse.

Die Kunst des Anhaltens kann aber auch noch weitere Auswirkungen auf unser Leben haben: In der Stille geben wir unserer Seele Raum, sich zu regenerieren. Wir kommen zu den wichtigen Fragen des Lebens: Wer bin ich? Was will ich wirklich? Was ist wesentlich? Was brauchen ich und die anderen jetzt, damit es gut wird? In der Stille und Sammlung durchdringen wir die Oberfläche unseres Tagesbewusstseins und schöpfen aus der Tiefe unseres Bewusstseins. Von dort kommen Erkenntnis und Einsicht, dort ist das Gespür für das, was reif ist, was wesentlich ist.

Wir können unsere negativen Antriebsmuster, die Gier, aber auch Gefühle wie Wut oder Hass beim Innenhalten erkennen. Dies ist die Voraussetzung, um sie aufzulösen. Das ist ein langer Prozess, ein langer und äußerst lohnender Weg. Er besteht darin, unsere psychischen Muster zu erkennen, die unser Verhalten und Erleben bestimmen, und durch das Üben von Achtsamkeit diesen Mustern allmählich den Boden zu entziehen.

Die Bedeutung des Sonntags 5.2

Im Wechsel von Anspannung und Entspannung ist der Sonntag von ganz besonderer Bedeutung. In der Bibel ist der Sonntag, beziehungsweise der Sabbat der Juden, als Ruhetag eine der wichtigen Anweisungen Gottes an Moses und an das jüdische Volk:

- Bereits in der Schöpfungsgeschichte wird der Sabbat hervorgehoben: »Und Gott segnete den siebten Tag und erklärte ihn für heilig.« (Genesis 2,3)

- In den Zehn Geboten wird den Juden als drittes Gebot aufgetragen: »Gedenke des Sabbats: Halte ihn heilig! Sechs Tage darfst du schaffen und jede Arbeit tun. Der siebte Tag ist ein Ruhetag, dem Herrn, deinem Gott, geweiht. An ihm darfst du keine Arbeit tun.« (Exodus 20,8–10)

- Und Moses wird mehrmals angewiesen, darauf zu achten: »Sechs Tage kannst du deine Arbeit verrichten, am siebten Tag aber sollst du ruhen, damit dein Rind und dein Esel ausruhen und der Sohn deiner Sklavin und der Fremde zu Atem kommen.« (Exodus 23,12)

- Und noch deutlicher: »Sechs Tage soll man arbeiten; der siebte Tag ist Sabbat, Ruhetag, heilig für den Herrn. Jeder, der am Sabbat arbeitet, soll mit dem Tod bestraft werden.« (Exodus 31,15)

Der Sonntag als besonderer Tag ist heute aus dem Bewusstsein vieler Menschen verschwunden. Immer mehr wird er den anderen Wochentagen angeglichen und verliert seine Funktion als Ruhetag. Die Versuchung, den Sonntag mit Arbeiten zu füllen, die unter der Woche liegen geblieben sind, ist sehr groß. Die technischen Möglichkeiten laden dazu ein. Es geht dabei aber eine sehr wichtige Regenerationszeit und vor allem ein wichtiger Rhythmus verloren.

Wenn der Sonntag heilig ist, dann ist er für uns auch heilsam und heilend. Heilig und heilen haben denselben Wortstamm »heil«. Wenn wir die Zeit, die unserem Heil dient, aus unserem Leben verbannen, verlieren wir die mit dieser heiligen Zeit verbundene heilende Wirkung. Die Sonntage waren früher besondere Tage. In vielen ländlichen Regionen ist das auch heute noch so. Es werden die Sonntagskleider angezogen. Es darf länger geschlafen werden. Es gibt ein besseres Essen: zum Frühstück einen Kuchen, mittags vielleicht einen Braten. Es ist ein Tag, der mit viel Zeit und familiären Gesprächen und gemeinsamen Unternehmungen ausgefüllt ist. Vor allem in den Städten ist davon leider viel verloren gegangen. Dort kann man wiederum auch den stärksten Anstieg von psychischen Problemen beobachten.

Der Sonntag ist ein Tag der Ruhe. Doch viele kommen heute nicht mehr zur Ruhe. Sie sehnen sich zwar, nach der Arbeit ihre Ruhe zu haben. Doch sie müssen die Ruhe mit tausend Aktivitäten zustopfen. Denn sie haben Angst, dass sie dann, wenn nichts los ist, wenn es um sie herum still wird, mit ihrer eigenen Wahrheit konfrontiert werden. Da könnte in ihnen hochsteigen, dass ihr Leben nicht stimmt. Es könnten sich Schuldgefühle zu Wort melden, dass

sie am Leben vorbeileben. Die Bibel gibt uns die Bedingung an, dass wir den Sonntag als Ruhetag genießen können: »Gott sah alles, was er gemacht hatte: Es war sehr gut.« (Genesis 1, 31)

Nur wenn wir innerlich dem zustimmen, was ist, können wir ruhig werden. Dann steht die Zeit für uns still und wir können die Zeit genießen. Wer jedoch alles, was in ihm auftaucht, sofort bewertet, der kommt nie zur Ruhe. Unser Kopf ist immer am Beurteilen. Er kommt deshalb nie zur Ruhe. Daher müssen wir tief in unserem Herzen unserem Leben zustimmen – zu dem, was wir in den sechs Tagen der Arbeit getan haben, selbst wenn manches nicht so optimal war, wie wir es erwartet hatten. Wenn wir mit Gott sagen: »Es war sehr gut«, dann kommen wir zur Ruhe. Dann hören wir auf, uns Vorwürfe zu machen, wenn uns ein Fehler unterlaufen ist. Trotzdem ist es gut, was wir getan haben. Denn selbst Fehler bringen uns weiter. Dieses Einverstandensein mit dem, was ist, ist die Haltung, mit der wir den Sonntag feiern können. Dann gehen wir an ihm wirklich in die Sabbatruhe Gottes ein. Es ist keine Friedhofsruhe, sondern eine freudige Ruhe, eine Ruhe der Dankbarkeit und des Friedens.

PRAXISTIPP

Sonntagsbräuche

1. Feiern Sie bewusst die Sonntage als den Ruhetag oder den Tag des Herrn.

2. Entwickeln Sie Sonntagsrituale, zum Beispiel ein schönes langes Frühstück, gute Musik, frische Blumen auf dem Tisch, der Kirchgang, vielleicht bei ausgewählten Priestern oder an bestimmten Orten.

3. Nutzen Sie den Tag für Spaziergänge, Wanderungen, erholsame Bewegung, für Dinge, die Ihnen Freude machen, und vor allem für gemeinsame Aktivitäten.

4. Lernen Sie, wieder miteinander zu reden, zuzuhören, besprechen Sie die Erlebnisse der letzen Woche, erzählen Sie die Familiengeschichten Ihren Kindern oder machen Sie gemeinsame Spiele. Pflegen Sie am Sonntag wichtige soziale Kontakte zu Freunden und Verwandten.

5. Lassen Sie den Fernseher aus und führen Sie Regeln ein, die das Sonntagsprogramm als Miteinander unterstützen, zum Beispiel keine Computerspiele, keine langen Telefonate.

Der Siebener-Rhythmus der Woche hat mehr als eine symbolische Bedeutung. Sieben ist die Zahl der Vollendung. So hat auch eine Tonleiter genau sieben Noten, die achte Note ist der Anfang der nächsten Oktave. Mit der Acht beginnt wieder etwas Neues. Interessant ist in diesem Zusammenhang, dass die Ziffer 8, wenn sie um 90 Grad gedreht wird, dem Unendlichkeitssymbol entspricht. Wir gleiten demnach, wenn wir am siebten Tag keine Zäsur machen, ins Unbegrenzte, ins Beliebige, ins Uferlose ab und tun uns selbst nichts Gutes.

Die Struktur der Zeit als Tag ist durch die Gestirnenbewegung vorgegeben. Die Einteilung in Wochen dagegen ist religiös motiviert und entspricht der Sehnsucht des Menschen nach Einbindung in eine höhere Ordnung. Struktur und Rhythmen entsprechen also auch dem grundlegenden Bedürfnis des Menschen. Menschen wollen in geordneten Verhältnissen leben, um sich sicher zu fühlen und um sich orientieren zu können. Dieses Gefühl vermittelt eine Woche, die geordnet erlebt wird: sechs Tage Arbeit und dann ein heiliger und heilender Tag.

Viele Menschen leiden heute darunter, dass es keine Grenzen mehr gibt oder dass diese ständig überschritten und ausgeweitet werden. Es ist immer alles möglich. Alles erscheint uns gleichförmig. Wir spüren keinen Unterschied mehr, den wir aber unbedingt brauchen, wenn wir genießen und erleben wollen. Die Vorfreude, das Warten auf etwas Besonderes, erhöht den Genuss und macht ein Erleben manchmal überhaupt erst möglich.

Wir haben in uns ein Grundbedürfnis nach Ordnung, nach geordneten Verhältnissen. Wir freuen uns, wenn jemand Ordnung schafft, und wir leiden unter Unordnung. Dies gilt besonders für unsere Erfahrungen mit der Zeit. Pünktlichkeit ist nur ein Beispiel, wie wir Ordnung und die damit verbundene Zuverlässigkeit und Sicherheit erleben – und umgekehrt bei Unpünktlichkeit die fehlende Ordnung.

5.3 Das Kirchenjahr als Ordnung

Die natürliche Ordnung ist extrem genau durch die Bewegung der Gestirne vorgegeben: Tag und Nacht, die Jahreszeiten. Sie werden ergänzt durch die Ordnung von Woche und religiösen Festen, wie sie in allen Kulturen zu finden sind. Fest-Tage sind, wie das Wort uns vermitteln will, feste Tage, an denen wir uns orientieren können. Es ist schwer vorstellbar, dass solche

Feste wie Ostern oder Weihnachten abgeschafft werden, obwohl viele Menschen den religiösen Sinn nicht mehr im Blick haben. Menschen, die aber bewusst auf solche kirchlichen Hochfeste hinleben, bewusst die Vorbereitungszeit Advent und Fastenzeit begehen, erleben das als bereichernde Ordnung und als eine sinnerfüllte Zeit.

Auch für Menschen, die mit der Institution Kirche ihre – oft nachvollziehbaren – Probleme haben, können sich an der tieferen und ursprünglichen Bedeutung des christlichen Kirchenjahres orientieren und die heilsamen Aspekte dieser Ordnung für sich wiedergewinnen. Historisch sind diese Feste viel älter als das Christentum, heidnischen Ursprungs und christlich neu gedeutet.

Ostern etwa ist das keltische Frühlings- und Fruchtbarkeitsfest, an das die Ostereier als Fruchtbarkeitssymbol noch erinnern. Es entspricht auch dem jüdischen Pessachfest. Sein Zeitpunkt wird nach dem Mondkalender berechnet. Weihnachten dagegen liegt an der Wintersonnenwende, die bei den Kelten ein bedeutendes Fest war. Bei den Römern wurde der Tag als Geburtstag des »sol invictus«, des unbesiegbaren Sonnengottes, gefeiert, dem der griechische Gott Helios entspricht.

Sonntage und Festtage, die wir in allen Religionen finden, schaffen eine Ordnung und Struktur in der gleichförmig ablaufenden technischen Zeit, in der Chronos-Zeit. Sie erschaffen unsere Zeitqualität und gehören zur Kairos-Zeit. Sie sind ein wichtiger Gegenpol zur Chronos-Zeit und eine Gelegenheit, anzuhalten und innezuhalten. Diese besonderen Tage im Jahr können wir nutzen, das Leben und uns selbst zu feiern.

Die frühe Kirche hat bewusst die heidnischen Naturfeste aufgegriffen und sie mit christlichen Inhalten verbunden. Für sie war die Natur ein Symbol für das innere Geschehen im Menschen. Die Sonne war Symbol für das Bewusstsein des Menschen. So wurde das Fest des »sol invictus« zum Weihnachtsfest, an dem Christus geboren wurde, der die Menschen mit seinem Licht erleuchtet und sie zu ihrem wahren Selbst führt. Der Frühling symbolisierte das Aufbrechen neuen Lebens. Das wurde mit der Auferstehung Jesu verbunden. Wie Gott Jesus von den Toten auferweckte, so wird er alles Tote und Erstarrte in uns zu neuem Leben auferwecken.

Für C. G. Jung, den Schweizer Therapeuten, ist das Kirchenjahr ein therapeutisches System. Es feiert an den verschiedenen Festen die wichtigsten Themen der menschlichen Selbstwerdung. Indem wir sie feiern, kommen wir mehr und mehr in Berührung mit unserem wahren Selbst. Wir feiern in den

Stationen, die Jesus von seiner Geburt über die Taufe, seine Wüstenerfahrung, seine Predigttätigkeit, sein heilendes Wirken, seinen Tod und seine Auferstehung durchschritten hat, den Weg unserer eigenen Menschwerdung.

Der Evangelist Lukas hat das Wirken Jesu als ein Jahr des Heils beschrieben. Siebenmal schreibt er in seinem Evangelium vom »Heute«. In seiner Nachfolge haben die griechischen Kirchenväter die Liturgie der christlichen Feste so verstanden, dass das, was damals durch Jesus und in Jesus geschehen ist, heute an uns geschieht. Das Heil Jesu durchdringt in der Festfeier die Geschichte mehr und mehr – nicht nur die Weltgeschichte, sondern auch unsere persönliche Geschichte. Dadurch bekommt die Zeit eine andere Qualität. Es wird eine heilige und heilende Zeit, eine Zeit, in der uns Heil widerfährt, das heißt, in der wir heil werden und ganz.

Wenn wir aus der immer gleichen Zeit des Chronos, die nach dem Minutentakt der Zeitarbeitsuhren läuft, aussteigen und uns auf die heilige und angenehme Zeit des Kirchenjahres (»kairos«) einlassen, dann werden wir nicht nur die Zeit anders erleben. Wir selbst werden heil. Der Advent ist zum Beispiel die Zeit, in der wir still werden, in der wir mit unserer Sehnsucht nach einer Welt, in der Gott herrscht und nicht mehr machtbesessene Menschen, in Berührung kommen. Es ist die Zeit, unsere Süchte in Sehnsucht zu verwandeln. Weihnachten ist das Fest des neuen Anfangs. Wir sind nicht festgelegt durch die Vergangenheit. Wir können jeden Augenblick neu anfangen. Das gibt unserer Zeit die Qualität von Frische und Neuheit. Es ist keine verbrauchte Zeit, sondern eine Zeit, die uns immer wieder neu geschenkt wird. Die Fastenzeit ist eine Zeit des Trainings in die innere Freiheit und eine Zeit der inneren Reinigung von Emotionen, die unser Innerstes beschmutzt haben. Ostern ist die Zeit, in der neues Leben in uns aufblüht, neue Ideen geboren werden, neue Wege sich auftun.

Menschen, die sich auf die Zeiten und Feste des Kirchenjahres einlassen, erleben auch ihre Arbeitszeit anders. Die Arbeit mit ihrer immer größeren Beschleunigung hat sie nicht mehr im Griff. Sie tauchen im Kirchenjahr in eine andere Zeit ein, in eine heilige und heilende Zeit, die sich auch auswirkt auf die Erfahrung der alltäglichen Zeit. Die Feier des Kirchenjahres verwandelt unsere gesamte Zeit in eine heilige und heilsame Zeit.

»ora« und »labora«: zwei Pole und ein Ganzes 5.4

Das Schema von »ora et labora« entspricht den Polaritäten, die wir überall in der Welt erleben und auch an uns selbst erfahren: Mann – Frau, Tag – Nacht, einatmen – ausatmen, warm – kalt, groß – klein, Bewusstes – Unbewusstes. Diese Polarität und Dualität zieht sich durch alle Lebensbereiche. Bezogen auf unser Bewusstsein erfahren wir die Polarität als Orientierungsrichtung nach innen und nach außen: bei sich sein oder sich mit der Welt beschäftigen, Gott oder der Welt dienen.

Im Planen und Organisieren, das wir im Westen ja gut beherrschen, sind wir im Außen, in der Welt. Dort haben wir Erfolge und Ansehen. Den anderen Pol, das Innehalten, Stillwerden, Zulassen, behandeln wir in unserer Gesellschaft eher als Stiefkind. Dabei ist diese Seite des Daseins für Kreativität, Intuition und Regeneration wesentlich. Wir sind eine Machergesellschaft geworden, die den Blick für das Werden, für das einfache Sein verloren hat.

Schematisch können wir die beiden Seiten unseres Lebens als Ausrichtung unseres Bewusstseins darstellen: als passiv und aktiv, als Chronos und Kairos, als erlebte und gedachte Zeit. Dies spiegelt analog zur benediktinischen Formel – »ora et labora« – die duale, polare Welt wider, in der wir leben:

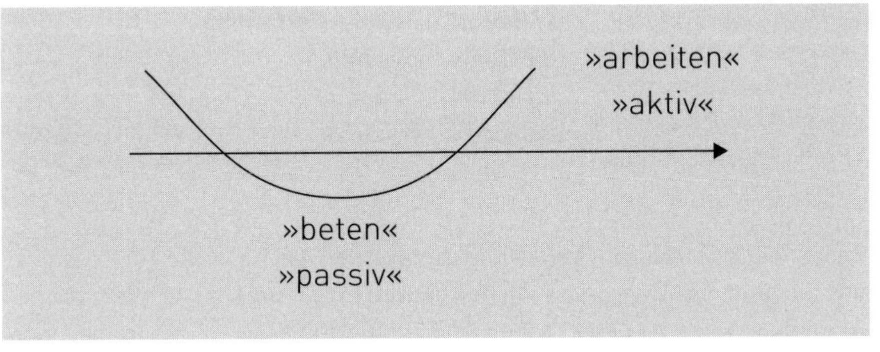

Die »passive« Seite unseres Lebens	Die »aktive« Seite unseres Lebens
Ausrichtung auf Erleben, Erkennen und Zulassen	**Ausrichtung auf Ergebnisse, Wissen und Können**
Kairos	**Chronos**
erlebte Zeit	**gedachte Zeit**
subjektive Zeit	technische Zeit
innen	außen
Innovation	Planung
Achtsamkeit	Beschleunigung
Prozesse	Erfolg/Ergebnis
zulassen	tun/machen
Einfälle/Intuition	Reproduktion
Entwicklung	Ziele
Erkennen	Sichtbares schaffen
Weisheit	Wissen
still	laut
Genießen	Wirken
Tod/Geburt	»Ich« – Entfaltung
die Seele	die Welt
Einsichten	Themen
»das Eine«	»vieles«

Beide Pole gehören zum Leben und müssen im Gleichgewicht sein, damit es uns gut geht. Die Überbetonung des aktiven Pols – die Utopie, alles machen zu können, alles zu beherrschen und zu kontrollieren – führt in die Überforderung und immer häufiger zu seelischen Störungen, zu »burn out«, Depressionen und psychosomatischen Erkrankungen.

Was wir in unserer Kultur heute wieder lernen müssen, ist der Umgang mit der Stille. Dabei zeigt die Regel »ora et labora« uns auch die Reihenfolge: zuerst »ora« (bete) und dann erst »labora« (arbeite). Menschen, die ihren Tag mit Meditation, Gebet oder einer anderen Form des Bei-sich-Seins beginnen, erfahren deren wohltuende Wirkung. Es hilft uns ebenso viel, den Tag in Ruhe ausklingen zu lassen: in einer meditativen Form zum Beispiel als Tagesrückblick. Durch Abend- und Morgenrituale können wir den Zugang zur Stille und somit zu uns selbst vertiefen. Bestimmte Plätze in der Wohnung, Symbole wie Kerzen und bestimmte Formulierungen unterstützen diesen Prozess, um zu sich selbst zu kommen.

Meister Eckhart (ca. 1260–1327), der bekannte Mystiker des Mittelalters, verweist auf die Bedeutung der Stille und des Bei-sich-Seins, wenn er sagt: »Gott ist innen, wir sind aber draußen. Gott ist in uns daheim, wir aber sind in der Fremde.« Nur in der Stille bekommen wir Zugang zu unserer Kreativität und Spiritualität und werden so wieder heil.

Ein äußerst erfolgreicher Vertriebsmanager wird immer wieder von seinen weniger erfolgreichen Kollegen gefragt, woher er seine vielen guten Ideen nehme. Seine Antwort: »Wenn ich mit meinem Hund laufe, im Garten Unkraut jäte oder meine Weinstöcke zurückschneide, kommen mir die guten Einfälle.« Das Wort »Ein-Fälle« sagt aus, worum es geht: ein-fallen kann nur dort etwas, wo wir offen sind und wie eine geöffnete Schale den Ein-Fall auch aufnehmen können. Wenn wir angefüllt sind mit Aktivitäten, Konzepten und Plänen, sind wir voll und es gibt es keinen Raum für Ein-Fälle.

Der Gewinner eines solch achtsamen Verhaltens in der Arbeit ist jeder Einzelne selbst. Das achtsame Tun bringt uns in eine viel tiefere Beziehung zu den Dingen, zu den Menschen und zu uns selbst. Wir erleben dabei auch unsere Stimmungen und seelischen Prozesse. Und können uns mit ihnen auseinandersetzen, uns ihrer bewusst werden. Achtsamkeit hilft uns auch, mit Hingabe bei der Arbeit zu sein. Dies ist jedoch nur da möglich, wo wir unser Tun als sinnvoll und wertvoll erkennen.

So ist Arbeit immer auch Übung in einem spirituellen Sinn, nämlich mit dem Bewusstsein ganz in dem sein, was jetzt ist. In der Zen-Tradition gehört es zu jedem Kurs, dass täglich eine Stunde bei den Hausarbeiten mitgearbeitet wird. Die Kursteilnehmer arbeiten im Garten, in der Küche oder putzen das Haus. Diese Arbeit dient dem Einüben der Achtsamkeit in der Arbeit. Die Kursteilnehmer lernen, alles wach und mit ganzer Aufmerksamkeit und Hingabe tun. Diese Übung verbindet effektives Arbeiten mit innerer Ruhe und führt zur Hingabe an die Arbeit.

Ein sehr altes Symbol veranschaulicht die Verbindung beider Pole, die Lemiskate, die liegende Acht, das Unendlichkeitssymbol . Sie wird interpretiert als die ewige Wandlung, als die Verkörperung der urzeitlichen universalen Kräfte, als Zusammenhang von kosmischen und irdischem Geschehen. Sie entspricht dem benediktinischen Ideal des Einswerdens von »ora« und »labora«, von Gebet und Arbeit:

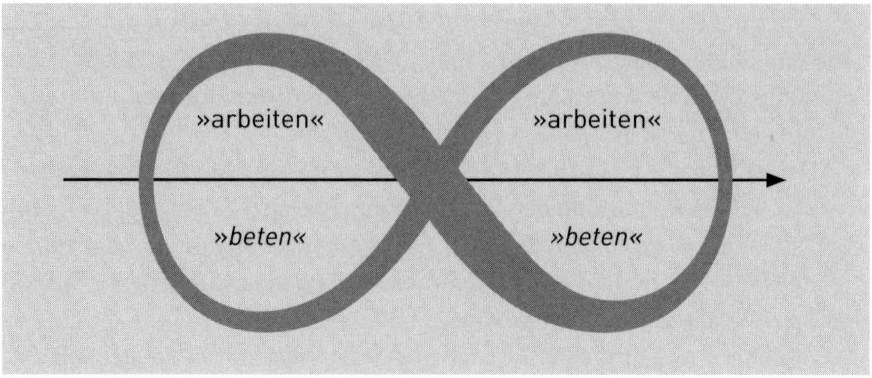
»arbeiten«
»arbeiten«
»beten«
»beten«

DIE ZEIT IN UNSERER SEELE 6

Eine alte Geschichte erzählt von einem jungen Indianer, der sich ein Auto kaufte und seinen alten Onkel zu einem Ausflug einlud. Nach einer Viertelstunde Spazierfahrt bat der Onkel seinen Neffen anzuhalten. Er stieg aus und setzte sich an den Straßenrand. Der Neffe fragte: »Onkel ist dir schlecht?« »Nein«, erwiderte dieser, »ich warte nur, bis meine Seele nachkommt.«

Unsere Seele kann oft mit dem Tempo der Technik und der äußeren Welt nicht mithalten, wir sind äußerlich angekommen, aber in der Seele, in Gedanken und in unseren Empfindungen noch ganz woanders.

Unsere Seele, wie immer wir sie definieren, erlebt die tiefen Gefühle, macht die wesentlichen Erfahrungen unseres Menschseins. Sie folgt nicht rationalen Konzepten, nicht den Planungen oder der Logik unseres Verstandes und entzieht sich allen Versuchen der Manipulation durch Beschleunigung. Seelische Prozesse brauchen ihre Zeit und haben ihre eigenen Gesetze. Der Seele ist die Chronos-Zeit, die technische Zeit, fremd. Eher steht sie mit ihren intuitiven Fähigkeiten dem Kairos nahe, hilft uns, die Bedeutung des Augenblicks zu erkennen.

Wir können durch Verträge Besitzverhältnisse verändern und neue gesellschaftliche Realitäten schaffen. Wir können Arbeitsprozesse neu organisieren sowie anschaulich und bildhaft darstellen. Wenn wir aber die eigene Seele und die Seele der Beteiligten bei Veränderungen nicht mitnehmen, entstehen im wörtlichen Sinne seelenlose Gebilde. Veränderungen kann die Seele nur verarbeiten, wenn sie dazu ausreichend Zeit und Raum hat und in die Prozesse integriert wird.

Oft wird in unseren Unternehmen bei Fusionen oder Umorganisation übersehen, wie tief die beteiligten Menschen davon in ihrer Seele, in ihren tiefsten Empfindungen getroffen werden. Manchmal verlieren sie dabei ihre berufliche Identität, ihre sozialen Einbindungen, oft auch Status und Einfluss. Abschied, Trauer und Neuorientierung sind wichtige seelische Prozesse, die Zeit und Verständnis brauchen. Die Angst vor der Ungewissheit des Neuen ist lähmend, wenn sie nicht ernst genommen und bearbeitet wird. Neben der Zeit für die rationale Gestaltung des Lebens bedarf es einer Zeit mit Aufmerksamkeit für die emotional-seelische Verarbeitung, wenn etwas gut gelingen soll. Gefühle, die Erfahrungsebene der Seele, können dabei nicht wie elektrische Schaltkreise einfach an- oder aus- oder umgeschaltet werden.

Wer möchte nicht gerne bei neuen Projekten alle mit »ins Boot« nehmen? Wer wünscht sich nicht, dass sich alle engagieren und Veränderungen mittragen? Wer möchte nicht erreichen, dass die Betroffenen mit »Leib und Seele« dabei sind? Wie kann das aber gelingen?

Wir müssen die Menschen für das Neue begeistern. Begeisterung ist eine seelische Qualität, wenn wir innerlich für die neue Idee oder das neue Projekt brennen. Das setzt jedoch voraus, dass die Beteiligten von der Richtigkeit und vom Sinn der Sache überzeugt sind und am Prozess beteiligt werden. Der zeitliche Aufwand dafür kann groß sein. Wenn wir aber betrachten, wie viel Zeit und Energie oft verbraucht wird, um mit dem Widerstand gegen Neuerungen umzugehen, oder wie viele Projekte am Widerstand von Betroffenen scheitern, die nicht für die Veränderung gewonnen wurden, dann lohnt sich diese zeitliche Investition. In diesem Prozess, Menschen für Veränderungen zu gewinnen, geht es immer um die Gefühle der Menschen beziehungsweise noch umfassender: um ihre Seele. Menschen wollen ernst genommen und in ihren Bedürfnissen und Empfindungen verstanden werden.

Was Menschen wirklich bewegt, kann man sehr gut in Systemaufstellungen erkennen. Diese Technik arbeitet meist mit unbeteiligten Stellvertretern, die von keinen persönlichen Interessen beeinträchtigt sind, und ermöglicht in diagnostischer Weise darzustellen, worum es wirklich in der Tiefe geht. Sei es, dass jemand seinen Platz nicht gefunden hat, dass Leistung nicht gewürdigt wurde oder dass sich Mitarbeiter innerlich mit einem Kollegen verbünden, dem übel mitgespielt wurde, oder einfach um anderes Wesentliches, das bisher nicht gesehen wurde. Aufstellungen decken die Erlebnisebene unter der Oberfläche der vernünftigen Erklärungen auf.

In einem großen Konzern der Kommunikationstechnologie, aber auch in anderen Unternehmen, nutzt man seit längerer Zeit diese Technik, um Umorganisationen vorzubereiten oder um Konflikte zu bearbeiten. Der Anspruch, die Betroffenen zu Beteiligten zu machen, wird so um eine seelische Dimension erweitert. Die tiefen, verhaltensbestimmenden Gefühle der Beteiligten wie etwa Wut, Enttäuschung oder Angst werden sichtbar und können bearbeitet werden. Gut geleitete Aufstellungen zu wichtigen Veränderungen, die sich über ein bis zwei Stunden erstrecken können, sind eine Zeit für die Seele, die sich dabei mitteilen kann und der schließlich in den Prozessen, die bei einer solchen Arbeitsweise ablaufen, Rechnung getragen wird.

Religionen wissen seit alters her, dass es im Leben immer um die Seele geht. Jesus nennt beispielsweise als wichtigstes Gebot: »Du sollst den Herrn, deinen Gott, lieben mit ganzem Herzen, mit ganzer Seele ...« (Matthäusevangelium 22,37) Er meint damit, dass unser Bemühen um eine Sache oder ein Anliegen nur dann vollständig ist, wenn auch die ganze Seele ergriffen ist. In den Psalmen wird häufig auf die Seele als die eigentliche Erfahrungsebene verwiesen, um die es im Leben geht. Beispielhaft sei hier der biblische Psalm 119 genannt, in dem wir lesen: »Nach deiner Hilfe sehnt sich meine Seele.« (Ps 119,81) Jede Andacht, jedes Gebet, jedes Innenhalten, jede Form der Meditation – das »ora« in unserem Leben also – ist eine Zeit für die Seele. Darüber hinaus kann Arbeit, das »labora«, genauso zur Zeit für die Seele werden, wenn wir in der Tiefe unser Tun bejahen und uns diesem Tun ganz hingeben, wenn wir »mit Leib und Seele« bei der Sache sind. Wir erleben dabei, wie dieses Tun uns erfüllt und guttut.

Im Alltag erfahren wir ständig, dass sich die Seele die Zeit selbst nimmt, die sie braucht, wenn wir ihr die Zeit verweigern. Dies erfolgt nicht immer zu dem Zeitpunkt, der der logischen Seite unseres Bewusstseins günstig erscheint. Das wird zum Beispiel sichtbar, wenn wir von Gefühlen statt von der Vernunft beherrscht werden. Je nach Art und Intensität können uns diese Gefühle in unserem Handeln verlangsamen oder ganz blockieren. Unsere Redewendungen »blind vor Wut« oder »gelähmt vor Entsetzen« verweisen auf die Kraft der Gefühle. Wir können immer wieder beobachten, dass jemand, der von seinem eigenen Ärger in Beschlag genommen ist, sich auf nichts anderes einlassen kann. Die Seele gestaltet und nutzt die Zeit entsprechend ihren Bedürfnissen. Wenn ihre Bedürfnisse übersehen werden, holt sich die Seele ihre Zeit, manchmal auch in einer radikalen Weise, zum Beispiel als körperliche Störung, als Depression oder als Missstimmung, die unser Verhalten bestimmt.

Viele Unternehmen wissen um die Bedeutung der Seele des Einzelnen, aber auch der Gruppe und des ganzen Unternehmens. Sie beachten seelische Qualitäten, die beispielsweise im Teamgeist, in der Identifizierung oder im Betriebsklima sichtbar werden. Wenn die rationale Seite beim unternehmerischen Handeln einseitig dominiert, geht die Seele verloren und mit ihr das tragende Fundament der Unternehmen und Organisationen. Menschen können sich dann nicht mehr mit ihrem Unternehmen identifizieren und suchen nach Auswegen, zum Beispiel durch innere Kündigung.

Die Zeit der Seele ist die Gegenwart. Nur hier und jetzt können wir in Verbindung mit unserer Seele, mit unseren Gefühlen treten. Die Gegenwart, dieser zeitlose Augenblick des »Jetzt«, ist eine unmittelbare Erfahrung, die wir nur erleben und nicht denken können. Solche Momente, in denen wir ganz in der Gegenwart sind, erleben wir dann, wenn wir in großer Gefahr sind: Wir sind in diesen Situationen »hellwach« – ebenso in Momenten großer Konzentration oder wenn wir ganz eintauchen in den Genuss einer schönen Erfahrung. Meditierende kennen diesen Zustand des Verweilens, der im Osten als Samadhi-Zustand beschrieben wird, in dem das diskursive Denken aufhört und unser Gedankenkarussell zur Ruhe kommt.

Bereits der Kirchenvater Augustinus (354–430 n. Chr.) stellte fest, dass Zeit nur als »Gegenwart des Vergangenen, Gegenwart des Gegenwärtigen und Gegenwart des Zukünftigen« in der Seele ist und »anderswo sehe ich sie nicht«. Sein psychologisches Zeitverständnis fasst er in die Worte: »Die Gegenwart des Vergangenen ist das Gedächtnis, die Gegenwart des Gegenwärtigen ist die Anschauung, die Gegenwart des Zukünftigen die Erwartung.« (In: »Bekenntnisse«)

In dem Wort »er-leben« steckt das Leben selbst. In der Gegenwart machen wir die Erfahrungen, die niemand anderes für uns machen kann. Niemand kann für mich einen Apfel essen, den Flieder riechen oder für mich einen Sonnenuntergang erleben. Diese Erfahrungen sind das Er-Leben. Der Verstand und sein Wissen um die Zeit sind notwendig, um in dieser Welt zu überleben. Wenn aber der Verstand das Er-Leben verdrängt oder überdeckt, bewegen wir uns vom Leben weg, verlieren den Zugang zu unserer eigenen Seele.

Der heilige Benedikt verlangt vom Cellerar, er solle immer auf seine Seele achten, über sie wachen (vgl. Benediktsregel 31, 8). Wenn der Cellerar nicht auf seine Seele hört, verliert er auch das Gespür für die Seelen der Mitarbeiter und Mitbrüder. Er behandelt sie dann einfach nur als Arbeitnehmer. Aber er übersieht ihre Seele. Auf die Seele achten, das meint: genau hinhorchen, welche Gefühle gerade in mir sind. Es dürfen auch negative Gefühle wie Enttäu-

schung, Ärger und Bitterkeit in mir sein. Aber ich bin verantwortlich für meinen Seelenzustand. Ich soll genau hinschauen, warum diese negativen Gefühle in mir sind. Und ich soll versuchen, sie zu klären. Ich bin verantwortlich für die Gefühle, mit denen ich in die Arbeit gehe. Und nur dann werde ich der Seele der anderen guttun.

Der Cellerar soll über seine Seele wachen. Das meint: Er soll wachsam mit ihr umgehen. Er soll immer in Berührung sein mit ihr. Er soll nicht einfach als Führungskraft funktionieren, sondern immer sich auch fragen, was seine Seele dazu sagt. Die Seele weiß die Antwort oft besser als der Verstand. Die Seele – so sagt die Philosophie des Thomas von Aquin (ca. 1225–1274) – ist die Form des Körpers. Sie drückt sich im Körper aus. Oft weiß die Seele keinen anderen Ausweg, als uns über eine körperliche Krankheit auf sich und ihre Regungen aufmerksam zu machen.

Jesus sagt seinen Zuhörern: »Was nützt es einem Menschen, wenn er die ganze Welt gewinnt, dabei aber um seine Seele gebracht wird.« (Markusevangelium 8, 36) Jesus benutzt hier bewusst Ausdrücke aus dem Geschäftsleben: gewinnen, verlieren beziehungsweise sich um etwas bringen lassen. Wenn der Mensch nur auf das Äußere achtet, verliert er seine Seele. Er verliert den Kontakt zu seiner Seele, zu seiner eigenen Innerlichkeit. Und damit verliert er die Orientierung. Denn seine Seele sagt ihm, was für ihn und was für das Unternehmen gut ist.

Wer nur auf den äußeren Erfolg fixiert ist, übersieht seine eigene Seele, die Seele der anderen und die des Unternehmens. Aber gegen die Seele kann der Mensch nichts ausrichten. So wie meine Seele mich zwingt, auf sie zu achten, indem sie mich krank werden lässt, so zwingt uns auch die Seele eines Unternehmens, sie ernst zu nehmen. Denn sonst würde sie unsere Bemühungen blockieren. Manche Führungskräfte wundern sich, dass ihre Anstrengungen keine Frucht bringen. Irgendetwas läuft in ihrem Unternehmen schief. Sie bekommen es nicht in den Griff. Das ist häufig ein Alarmzeichen, besser auf die Seele der Mitarbeiter und des Unternehmens zu achten.

Negative Gefühle 6.1

Wut, Ärger, Groll, Neid, Schuldgefühle, Intoleranz und ähnliche Gefühle kosten uns viel Zeit, wenn sie unser Bewusstsein beherrschen und unser Denken und Handeln beeinträchtigen. Sie lenken unser Denken in die Richtung jener Ereignisse, die diese Gefühle ausgelöst haben, und zu Fantasien über mögliche Reaktionen. Wir sind dann mit Erinnerungen, den dazugehörenden Gefühlen und Überlegungen, wie wir uns richtig verhalten sollen, beschäftigt und sind deshalb nicht frei für unsere Aufgaben. Kreatives Arbeiten ist in einem solchen negativen Bewusstseinszustand unmöglich.

Ein paar Überlegungen können uns helfen, besser mit negativen Gefühlen umzugehen. Unsere Psyche ist so konstruiert, dass wir jeweils nur einen einzigen Gedanken fassen und verfolgen können, das heißt, wir können niemals gleichzeitig an zwei Dinge denken. Unsere Gefühle lenken unsere Gedanken in eine bestimmte Richtung, zum Beispiel löst Wut sehr häufig Überlegungen aus, wie wir uns rächen können. Wir können uns dieses Ausschließlichkeitsgesetz so zunutze machen, dass wir unsere Gedanken bewusst auf etwas Positives lenken, uns auf Dinge konzentrieren, die uns Freude machen oder die wichtig und nützlich sind.

Eine aktuelle Studie der Universität Texas belegt zum wiederholten Male die bekannte Erfahrung: Optimisten leben länger. Wer Spaß am Leben hat, bleibt länger fit als Miesmacher und Schwarzseher. Je positiver die Lebenseinstellung war, desto körperlich und geistig beweglicher waren die Teilnehmer in der Studie. Es ist wohl so, dass wir alle den Schlüssel zu einem langen und guten Leben selbst in der Hand halten.

Positive Gedanken sind kein Verdrängen der Gefühle, vielmehr geht es darum, diese zu akzeptieren, ohne ihnen dabei unnötige Aufmerksamkeit zu schenken. Ein weiteres psychisches Gesetz heißt: Alles, was wir mit Aufmerksamkeit füllen, wird groß. Wenn wir dem Ärger Aufmerksamkeit widmen, wird er wachsen. Und umgekehrt: Wenn wir nach guten Lösungen suchen, werden diese unser Bewusstsein ausfüllen. Im Buddhismus sagt man, dass immer nur diejenigen Samenkörner in unserem Bewusstsein wachsen und gedeihen, die wir nähren und pflegen.

Negative Gefühle haben außerdem eine gefährliche Außenwirkung. Unser Tun wird, wenn wir aus Verärgerung oder Groll heraus handeln, zerstörerisch gegen uns selbst, gegen andere wie auch gegenüber Unbeteiligten. Wir setzen dann ungewollt eine negative Spiralbewegung in Gang. Das beste Training, um störende und destruktive Gedanken und Gefühle zu bearbeiten und durch heilsame Gedanken zu ersetzen, ist regelmäßige Meditation. Wir lernen dabei, Herr unserer Gedanken zu werden. Wir beobachten unser Denken und unsere inneren Prozesse. Im Zen-Buddhismus wird gelehrt, »sorgfältig in den eigenen Geist zu schauen«.

Eine andere Möglichkeit, um das negative Energiefeld, das durch destruktive Gedanken entsteht, aufzulösen, ist das Beten. Beten Sie für die Menschen, die Ihren Ärger ausgelöst haben, und Sie ersetzen das Negative in Ihnen durch Liebe und Versöhnung.

Die Feindesliebe – also die Liebe zu jenen Menschen, die uns Böses wollen oder tun – hat im Christentum einen besonderen Stellenwert. Dieser Gedanke wirkt sich auf unsere konkrete Lebenspraxis aus, wenn wir für diese Menschen beten. Jesus fordert daher sehr deutlich von seinen Jüngern: »Ihr aber sollt eure Feinde lieben.« (Lukasevangelium 6,35)

PRAXISTIPP

Umgang mit destruktiven Gefühlen

1. Sie können innerlich zu sich sagen: »Ja, ich bin sehr wütend auf diesen oder jenen. Aber jetzt konzentriere ich mich voll auf die Telefonate, die ich zu erledigen habe.« Negative Gefühle können sehr hartnäckig sein. Sie haben jedoch die Möglichkeit, genauso hartnäckig immer wieder zu sagen: »Ja, ich bin wütend, aber jetzt ist erst etwas anderes dran.« Und Sie werden merken, allmählich werden die Gefühle schwächer und Ihre Konzentration auf die Arbeit nimmt zu.

2. Sehr hilfreich kann es auch sein, sich körperlich abzureagieren. Regelmäßiger Sport ist dabei eine große Hilfe. Im Betrieb kann man Treppen steigen oder etwas Gymnastik machen oder sich anderweitig körperlich betätigen.

3. Schauen Sie – egal, was Sie gerade belastet – nach vorne und gestalten Sie die nächsten Dinge ganz bewusst positiv. Fragen Sie sich: Was kann ich tun oder lassen, um mir und anderen jetzt den größtmöglichen Nutzen zu bringen? Ärger ist eine Energie, die Sie auch nutzen können, um Dinge für sich und andere nützlich zu gestalten.

4. Üben Sie sich darin, sich selbst und anderen zu vergeben. Loslassen und Vergeben dienen in erster Linie Ihnen selbst. Sie werden dadurch innerlich frei und handlungsfähig.

5. Eine gute Form, anderen zu vergeben, ist das Beten. Schließen Sie besonders die Menschen in Ihr Gebet ein, die Ihnen Böses getan haben, oder beten Sie besonders für diese Menschen und Ihre Beziehung zu Ihnen wird sich verbessern.

Das Hadern mit uns selbst – wenn etwas schiefgelaufen ist oder wenn wir einen Fehler gemacht haben – kann uns noch stärker blockieren als der Ärger über andere. Vor allem Führungskräfte leiden sehr unter dem Anspruch an sich selbst, perfekt sein zu wollen und sich vor anderen keine Blöße geben zu dürfen. Schnell werden wir mit einem schlechten Gewissen bestraft, wenn wir diesem Selbstanspruch nicht gerecht werden. Doch wir können lernen, uns selbst zu vergeben und milde mit uns selbst zu sein.

Vergeben meint dabei, dass wir nicht hart urteilen und dass wir nicht mit uns und anderen ins Gericht gehen. In der Bibel heißt es dazu: »Richtet nicht, dann werdet auch ihr nicht gerichtet werden. Verurteilt nicht, dann werdet auch ihr nicht verurteilt werden. Erlasst einander die Schuld, dann wird auch euch die Schuld erlassen werden.« (Lukasevangelium 6,37) Wer sich selbst verzeihen kann, der kann das auch anderen gegenüber.

PRAXISTIPP

Sich selbst vergeben

1. Erlauben Sie sich, menschlich zu sein, und akzeptieren Sie Ihre eigenen Fehler und Schwächen. Üben Sie, sich selbst zu vergeben. Sie ändern durch das Hadern mit sich nichts, sondern blockieren nur sich selbst.

2. Gehen Sie geistig in die Gegenwart. Dort gibt es keinen Ärger, denn der gehört zu einem Ereignis, das vorbei ist. Schauen Sie nach vorne und fragen Sie sich: Was kann ich jetzt Sinnvolles zu tun? Treffen Sie Entscheidungen, was jetzt oder als Nächstes zu tun ist. Entscheidungen kann man nur im Jetzt treffen. Damit verlassen Sie automatisch die »Ärgerzeit«.

3. Machen Sie sich bei Fehlern immer wieder klar, dass sie das eigentlich Menschliche sind. Menschen, die vorgeben, immer perfekt zu sein, wirken für andere unmenschlich.

Der Buddhismus kennt eine besondere Praxis des Mitgefühls, die man in der Meditation einüben kann. Sie will uns zum Verstehen und Verzeihen hinführen und entspricht einer der Seligpreisungen in der Bergpredigt Jesu: »Selig die Barmherzigen; denn sie werden Erbarmen finden.« (Matthäusevangelium 5,7) Wir können und sollen ein Herz voll Erbarmen entwickeln, sowohl für uns selbst als auch für andere. Wenn wir Mitgefühl oder Barmherzigkeit entwickeln, haben destruktive Gefühle wie Schuldgefühle, Selbstvorwürfe oder Wut keinen Platz mehr in unserem Bewusstsein. Eine solche Haltung verlangt jedoch, dass wir gegenüber anderen darauf verzichten, unsere Macht und unsere Überlegenheit zu zeigen oder einzusetzen.

PRAXISTIPP

Anderen vergeben

Wenn wir den Impuls spüren, es dem anderen zu zeigen oder heimzuzahlen, können wir innehalten und uns fragen:

– Habe ich das wirklich nötig?

– Was bringt es mir am Ende?

– Wie kann ich die Energie, die ich spüre, zum Guten nutzen?

Der Verzicht auf Machtdemonstration macht uns klein, aber handlungsfähig und lässt gute Lösungen für alle Beteiligten zu. Von Bert Hellinger, der die Technik der Familien- und Systemaufstellungen entwickelt hat, stammt der Satz:

Lösungen machen klein!

Ähnliches meint Jesus von Nazaret, wenn er fordert: »Leistet dem, der euch etwas Böses antut, keinen Widerstand, sondern wenn dich einer auf die rechte Wange schlägt, dann halt ihm auch die andere hin.« (Matthäusevangelium 5,39) Wenn wir gedemütigt werden, dann sollen wir das annehmen und nicht dagegenhalten. Wir zeigen damit eine moralische Überlegenheit und wir vermeiden, die Gewaltspirale in Gang zu setzen.

Viele verstehen diesen Satz Jesu in einer masochistischen Weise. Sie meinen, ich dürfte mich gegen feindselige Angriffe nicht wehren und müsse mir alles gefallen lassen. Doch damit würde ich mich in eine Opferrolle hineindrängen lassen, die mir und den anderen nicht guttut. Die Grundlage der Forderung Jesu besteht darin, dass wir Söhne und Töchter Gottes sind. Wir haben unsere Würde in Gott. Daher kann uns kein Mensch diese Würde nehmen. Wir sollen also aus einer Position der Stärke auf Beleidigungen reagieren und nicht als Opfer, das alles Negative auf sich zieht.

Auf die rechte Wange zu schlagen ist übrigens bei den Juden kein Ausdruck von Gewalt, sondern von Entehrung. Wenn ich jedoch meine Ehre in Gott habe, kann mir sie niemand mehr rauben. Letztlich kann ich mich gegenüber dem Unrecht um mich herum nur dann angemessen verhalten, wenn ich die Erfahrung des Gebets gemacht habe, dass ich Sohn oder Tochter Gottes bin. Letztlich ist die mystische Erfahrung des Einsseins mit Gott eine Hilfe, mit menschlichen Beleidigungen angemessener umzugehen. Ich fühle mich zwar emotional gekränkt und verletzt, doch das kann ich nicht ändern. Aber in meiner Tiefe, dort, wo ich mit Gott eins bin, haben die Kränkungen keinen Zutritt. Dort bin ich Sohn oder Tochter Gottes. Dort erlebe ich meine Würde, die mir niemand nehmen kann.

Und noch etwas anderes meint Jesus. Ich soll auch den, der mit sich unzufrieden und sich selbst zum Feind geworden ist, nicht aufgeben. Ich soll daran glauben, dass er sich letztlich nach dem Frieden und nach dem Einklang mit sich selbst sehnt. Er reagiert nur deshalb so feindlich auf mich, weil er mit sich im Kampf liegt. Er projiziert seine negativen Seiten auf mich und bekämpft sie in mir. Jesus fordert mich auf, diesen Teufelskreis von Gewalt und Gegengewalt, von Kränkung und Zurückzahlen der Verletzung zu durchbrechen und an den guten Kern im anderen zu glauben. Dann ermögliche ich es ihm, sein feindliches Verhalten aufzugeben und selbst an das Gute in sich zu glauben.

PRAXISTIPP

Schuldgefühle und Vorwürfe

Überlegen Sie für sich:

– Wie viel Kraft kosten mich meine Selbstvorwürfe oder Schuldgefühle?

– Wie viel Demotivation erzeuge ich bei anderen durch harte, verurteilende Kritik?

– Wie viel Zeit und Energie gehen in Ihrem Unternehmen verloren durch Machtspiele und Rechthaberei?

Trainieren Sie stattdessen, loszulassen, zu vergeben und die Menschen so zu akzeptieren, wie sie sind.

Wenn es Ihnen gelingt, negative Gefühle abzubauen und durch Mitgefühl zu ersetzen, wenn Sie nicht mit den Fehlern hadern – weder mit Ihren eigenen noch mit denen der anderen –, sind Sie frei, um zukunftsorientiert nach guten Lösungen zu suchen.

Unsere Angst 6.2

Es sind vor allem zwei Quellen, die im beruflichen Umfeld Angst hervorrufen: zum einen, wenn wir unseren eigenen Ansprüchen nicht genügen, und zum anderen, wenn wir uns von außen bedroht fühlen. Die eigenen Ansprüche wirken als »Über-Ich«, wie Sigmund Freud diese seelische Instanz nannte, oder als innere »Antreiber« sehr subtil und äußerst wirksam. Wir erleben diesen Druck etwa als eigenen Anspruch an uns selbst, die Dinge schnell oder gewissenhaft zu erledigen. Oder wir können uns nicht abgrenzen, nicht »Nein« sagen. Falls wir uns anders verhalten, als diese innere Instanz das vorgibt, dann bestrafen wir uns selbst durch ein schlechtes Gewissen, das uns das Leben und unsere Lebensfreude wirklich vermiesen kann.

Sicherlich hat in manchen Fällen auch der christliche Anspruch nach einem vollkommenen Leben dazu beigetragen, ein überstrenges Gewissen zu entwickeln. In den Fällen eines überstrengen Über-Ichs sollten wir professionelle Hilfe durch Psychotherapie oder bei einem guten Coach suchen. Wenn Sie unter dem Druck leiden, den Sie sich selbst machen, oder wenn Sie sich zu wenig abgrenzen können, dann wächst mit dem Leidensdruck auch die Energie für Veränderungen, die Sie nutzen sollten.

Der Anspruch an uns selbst, der meist durch Erziehung geprägt ist, fordert uns auf: »Mach schnell«, »Sei perfekt«, »Du musst es allen Recht machen« und so manches andere. Diese Ansprüche hindern uns daran, die Dinge gelassen zu sehen, und führen schnell zur Überforderung. Unser Umgang mit der Zeit ist in hohem Maße von diesen Mustern und Antreibern geprägt. Wir sind ständig in Eile, weil uns die innere Stimme antreibt. Oder wir investieren unverhältnismäßig viel Zeit in Kontrollen, weil wir uns selbst zum Perfektionismus antreiben.

Für Vorgesetzte sind die Mitarbeiter mit einem hohen Selbstanspruch leicht zu führen. Es sind die Mitarbeiter, auf die man sich verlassen kann. Die Gefahr besteht jedoch darin, sie zu überfordern. Sie bekommen die schwierigen oder eiligen Aufgaben, weil sie sich nicht wehren. Vorgesetzte wissen oft sehr gut, wie sie Menschen mit einem gut funktionierenden Über-Ich bewegen können, noch dieses oder jenes zu erledigen. Die Mitarbeiter sagen zwar Ja, weil ihnen ihr Über-Ich gar nichts anderes erlaubt, im Nachhinein aber ärgern sie sich über ihren Vorgesetzten und über sich selbst. Führung heißt in dieser Situation, die Schwächen des Mitarbeiters nicht auszunutzen.

Benedikt gibt in seiner Regel dem Abt bei der Führung von Mitarbeitern vor: »So halte er in allem Maß, damit die Starken finden, wonach sie verlangen, und die Schwachen nicht davonlaufen.« (Benediktsregel 64,19) Starke Mitarbeiter, die sich gut wehren und abgrenzen können, brauchen weniger Rücksichtnahme als Mitarbeiter, die von ihrem Über-Ich geschwächt werden.

Wir können ein überstrenges Über-Ich selbst bearbeiten. In einer ersten Stufe muss ich dabei erkennen, was mir Schwierigkeiten macht. Der zweite Schritt besteht dann darin, das Muster zu lösen und mit mir selbst angemessen umzugehen.

PRAXISTIPP

Umgang mit einem überstrengen Über-Ich

1. Lernen Sie, die Attacken Ihres Über-Ichs rasch zu erkennen: Wie fühle ich mich dabei? Welche Gedanken gehen mir durch den Kopf? Welche Selbstgespräche führe ich dabei? Welche Selbstvorwürfe mache ich mir?

2. Fragen Sie sich nüchtern, was Ihnen diese emotionale Reaktion und die damit verbundenen Gedanken bringen? Machen Sie sich die Nutzlosigkeit Ihrer automatischen Reaktionsweise bewusst.

3. Stellen Sie sich Ihr Über-Ich als Person gegenüber vor und laden Sie diese ein, sachlich über alles zu sprechen.

4. Machen Sie dieser Über-Ich-Person in aller Deutlichkeit klar, dass ihr Verhalten niemandem einen Nutzen bringt. Argumente des Über-Ichs werden, wenn notwendig, sachlich entkräftet.

5. Vereinbaren Sie mit der Über-Ich-Person, was jetzt geschehen soll, zum Beispiel dass diese jetzt frei hat und gehen darf. Bei Bedarf darf sie wiederkommen. Dann können Sie wieder mit ihr reden, ob ihre Intervention sinnvoll ist oder ob die Prozedur wiederholt wird.

Es geht nicht darum, die Angst, unseren eigenen Ansprüchen nicht zu genügen, zu unterdrücken oder zu besiegen. Vielmehr geht es darum, mit der Angst zu sprechen. Die Angst hat immer einen Sinn. Sie zeigt mir oft, dass meine Maßstäbe, die ich an mich und mein Handeln anlege, maßlos sind. Die Grundannahmen meines Lebens sind manchmal falsch. So gibt es die Grundannahme: »Wenn ich Nein sage, werde ich abgelehnt. Wenn ich mich blamiere, werde ich für verrückt gehalten.« Indem wir solche Grundannahmen formulieren, merken wir, dass sie nicht stimmen. Die Angst will uns also einladen, menschlichere Grundannahmen für unser Leben zu entwickeln. Ein anderer Weg bestünde darin, die Angst zu befragen, welche Bedürfnisse denn in ihr stecken. Oft steckt in der Angst nämlich das Bedürfnis, dass mich alle mögen, dass alle mit mir zufrieden sind, dass ich bei allen beliebt bin. Auch hier gilt: Beim Formulieren dieser Bedürfnisse erkenne ich, wie übertrieben sie sind. Ich kann es nicht allen recht machen. Ich kann nicht alle Erwartungen erfüllen.

Viele jammern, dass der Chef oder die Mitarbeiter so viele Erwartungen an sie haben. Sie fühlen sich unter Druck gesetzt, diese vielen Erwartungen zu erfüllen. Doch der Chef darf Erwartungen an mich haben. Und auch die Mitarbeiter dürfen ihre Erwartungen an mich formulieren. Es liegt jedoch in meiner freien Entscheidung, ob ich diese Erwartungen erfülle oder nicht. Ich darf den Menschen, die Erwartungen an mich haben, nicht böse sein. Sie dürfen Erwartungen haben. Aber es ist meine Freiheit, wie ich auf diese Erwartungen reagiere. Erwartungen können unter Druck setzen. Dann erzeugen sie die Angst, sie nicht erfüllen zu können und die Menschen zu enttäuschen. Nur wenn ich mir diese Freiheit erlaube, kann ich auf die Erwartungen angemessen reagieren, ohne mich unter Druck zu setzen.

Immer wenn ich Ängste unterdrücke, weil sie eigentlich nicht sein dürften, lähmen sie mich. Ein junger Unternehmer, der sein Unternehmen in der dritten Generation führte, erzählte mir, er wache morgens mit der Angst auf, ob die Banken ihm weiterhin Kredit gewährten. Diese Angst lähmt ihn völlig. Weil er sich die Angst verbietet und weil er meint, der Unternehmer müsse mit Optimismus und Tatkraft vorausgehen, hat ihn die Angst im Griff. Nur wenn ich sie mir eingestehe, kann sie zu einer Hilfe werden, meine Situation realistisch zu betrachten und die nötigen Schritte zu tun, die die Situation erfordert. Wenn ich mich von der Angst lähmen lasse, erstarre ich innerlich. Dann geht die Zeit an mir vorbei. Wenn ich mit der Angst spreche und mich von ihr zu dem Vertrauen führen lasse, das unterhalb meiner Angst auf dem Grund meiner Seele ruht, dann beginnt die Zeit wieder zu fließen. Und das Leben wird wieder fruchtbar.

6.3 Rituale

Eine besondere Zeit für die Seele sind Rituale, da wir mit ihnen aus dem Alltag und aus der Chronos-Zeit aussteigen. Im Ritual entziehen wir die Seele der Welt mit ihren Forderungen und Regeln. Im Ritual geht es um innere Prozesse für mich selbst oder für eine Gruppe.

So sind Rituale beispielsweise eine gute Möglichkeit, die eigenen Ängste in Grenzen zu halten. Für Kinder sind Gute-Nacht-Rituale eine sehr wirksame Hilfe, die Angst vor der Nacht zu begrenzen und das Einschlafen zu erleichtern. Rituale helfen uns aber auch, den Tag und das Leben zu strukturieren sowie Ordnung und Gemeinschaft zu erleben. Dies gibt uns Sicherheit und reduziert damit unsere Angst. Ein schönes Geburtstagsritual etwa, in dem der Betreffende erfährt, dass er geschätzt wird, ist auch in einem Betrieb möglich, stärkt das Zugehörigkeitsgefühl und baut Ängste ab.

Die meisten Menschen haben als Kinder Feste wie Weihnachten oder ihre eigenen Geburtstage als besondere Tage erlebt – mit der dazugehörigen Vorfreude und Spannung. Diese Tage waren herausgehoben aus der Routine des Alltages. An diesen Tagen war auch das Kind selbst im Mittelpunkt: etwas Besonderes. Solche Tage befriedigen unser religiöses Grundbedürfnis. Das Profane braucht eine Einbindung in das Heilige.

Auch der Alltag in einem Betrieb braucht solche Tage mit bestimmten Ritualen, Tage, die herausgehoben sind. Es gibt keine Kultur auf der Welt, in der es nicht besondere Tage gibt, die den Göttern oder den Naturkräften geweiht sind, oder Tage, an denen einzelne Menschen gefeiert und gewürdigt werden.

Rituale stabilisieren unsere Psyche, sie geben auf der seelischen Ebene Orientierung und dem Individuum Bedeutung. Bei der Geburtstagsfeier steht das »Geburtstagskind« im Mittelpunkt. Das ist eine leistungsunabhängige Wertschätzung, die nicht nur für Kinder eine große Bedeutung hat.

In Betrieben wird immer wieder die Erfahrung gemacht, wenn man die Betriebsfeste oder die Geburtstagsfeiern streicht, weil es angeblich eine Verschwendung von Arbeitszeit ist, dann sinkt die Produktivität. Das Gleiche wird erlebt, wenn Feste zunehmend sinnentleert sind und das Eigentliche, die Würdigung, die Rituale verloren gehen – nicht zuletzt oft zugunsten von Alkoholexzessen.

Eine kreative Gestaltung kann einem Ritual eine bestimmte Bedeutung geben. Gibt man sich jedoch keine Mühe bei der Durchführung des Rituals, verblasst es und verliert an Kraft. In einem Unternehmen beispielsweise war es üblich, zum Geburtstag eines Kollegen Geld zu sammeln. Es wurde dem »Geburtstagskind« übergeben mit dem Hinweis: »Kauf dir etwas Schönes davon!« Das fanden alle bald ziemlich langweilig und so wurde zum Geburtstag bald nur noch gratuliert. Das war auch nicht befriedigend. Nun hatte jemand die Idee, dem Geburtstagskind ein Überraschungsgeschenk zu machen. Die Kollegen informierten sich, zum Teil sogar beim Partner und bei Freunden, was gefallen könnte. Und plötzlich erwartete jeder mit Spannung seinen Geburtstag und freute sich über die meist gelungene Überraschung. Diese Art des Geburtstagsrituals vermittelt den Betroffenen das Gefühl, wichtig für die Kollegen zu sein. Es ist verbunden mit echter Freude und so ein guter Beitrag zur Gemeinschaftsbildung.

In Vertriebsorganisationen ist man sich der Bedeutung derartiger Bräuche noch bewusst und nutzt sie zur Motivation von Verkäufern. Da gibt es Leistungsclubs, die mit einem elitären Touch versehen werden. Ihre Mitglieder genießen ein besonders Ansehen und werden zu erlebnisintensiven Veranstaltungen eingeladen. Es gibt Auszeichnungen wie »Monatsbester« oder Ehrennadeln in Bronze, Silber und Gold. Es werden Wettbewerbe veranstaltet und die Sieger geehrt. Dabei wird offensichtlich ein tiefes Bedürfnis der Menschen befriedigt, etwas Besonderes sein zu wollen, wichtig zu sein und angesehen sein zu wollen. Das, was wir immer haben, ist nichts Besonderes. Das Besondere muss sich herausheben aus dem Gewöhnlichen und Üblichen.

Auch Jesus betont, dass das tägliche Brot nicht ausreicht, um wirklich zu leben: »Der Mensch lebt nicht vom Brot allein.« (Matthäusevangelium 4,4) Er bezieht sich auf das Alte Testament: »Er wollte dich erkennen lassen, dass der Mensch nicht nur von Brot lebt, sondern dass der Mensch von allem lebt, was der Mund des Herrn spricht.« (Deuteronomium 8,3) Etwas verallgemeinert und auf den Beruf übertragen heißt das, der Mensch braucht mehr als nur ein Gehalt, mit dem er seinen Lebensunterhalt bestreiten kann. Er will sich auch eingebunden in einen größeren Kontext erleben. Gute Rituale am Arbeitsplatz – und natürlich noch mehr im religiösen Kontext – können das leisten. Sie sind, losgelöst vom Betriebszweck, etwas Besonderes und verbinden die Beteiligten durch das Gemeinschaftserlebnis.

Rituale stehen häufig an Übergängen und markieren ein Ende und einen Neuanfang. Sie sind in allen Kulturen verbreitet. Sie schaffen eine zeitliche Struktur von vorher und nachher und geben so Orientierung. Sie helfen aber auch der Seele durch das emotionale Erleben und den damit verbundenen inneren Vollzug, sich vom Alten zu lösen und frei zu werden für das Neue. So ist die Neujahrfeier der Abschied vom alten Jahr und ein bewusstes Eintreten in ein neues Jahr. Ähnliche Bedeutung haben die Geburtstagsfeste, die Taufe, die Hochzeit und – bei den Naturvölkern – die Initiationsrituale: Sie stehen an wichtigen Veränderungen und Übergängen im Leben. Sie helfen, Abschied vom Alten zu nehmen, von der alten Zeit, die vorüber ist. Sie helfen sich zu lösen, und ermöglichen und erleichtern einen Neuanfang, das Eintreten in eine neue Zeit.

Unsere vernunftgesteuerte und rationale Kultur verarmt zunehmend an Ritualen. Entsprechend leiden viele Menschen unter der Einförmigkeit und der Banalität des Alltags. Dabei kann jeder seinen Tagesablauf mit etwas Fantasie und Disziplin durch Rituale selbst strukturieren. Rituale geben den verschiedenen Tagesabschnitten Bedeutung, geben dem Tag eine Struktur und unterbrechen die Gleichförmigkeit, unter der viele leiden.

Rituale sind meist durch folgende Elemente gekennzeichnet:

- Sie beinhalten eine Handlungsabfolge.
- Sie haben oft einen gleichen Verlauf mit gleichen Elementen.
- Sie bedienen sich einer Symbolik mit Gesten, Worten, Gegenständen, Kleidung, Raum, Licht, Musik und Ähnlichem.
- Rituale haben ein soziale, oft auch eine geistig-spirituelle Bedeutung.
- Im Ritual verlassen wir das Profane und kreieren eine »heilige Zeit«, was an äußeren Zeichen festgemacht werden sollte, zum Beispiel durch einen Gong.

PRAXISTIPP

Rituale erfinden

Erfinden Sie Rituale, die zu Ihnen und Ihren Lebensbedingungen passen.

Wichtige Übergänge, die durch ein Ritual markiert werden sollten, sind:

– der Tagesbeginn: zum Beispiel den Tag begrüßen, ein Morgengebet, Meditation, Morgengymnastik, Yoga, für die Nacht und den Schlaf danken …

– der Mittag: zum Beispiel bewusst den Vormittag abschließen und in die Pause gehen.

– der Übergang in eine Pause: zum Beispiel die Arbeit würdigen, bewusst die Arbeit beenden, Bildschirm ausschalten …

– Feierabend: zum Beispiel auf dem Weg nach Hause etwas Besonderes tun wie einen längeren Fußweg, den Besuch einer Kirche oder eines Parks …

– nach Hause kommen: zum Beispiel Begrüßung, sich reinigen, umziehen, etwas Gemeinsames mit Kindern/Partner tun.

– Wochenende beginnen: zum Beispiel die Woche bewusst abschließen, Dinge zu Ende bringen oder der nächsten Woche zuordnen, mit etwas Besonderem beginnen wie »Samstagsbrötchen« zum Frühstück oder eine »Lesestunde«.

– den Sonntag gestalten: zum Beispiel länger schlafen, anderes Frühstück, Kirchgang, Wanderung, Familienbesuche, das Nichtstun zulassen.

Eine Besonderheit an Ritualen ist: sie schaffen eine heilige Zeit. Heilig ist das, was der Welt entzogen ist. Die heilige Zeit ist eine Zeit, die mir gehört, über die andere nicht verfügen können. In der Religionspsychologie spricht man von Tabuzeiten, die für andere unantastbar sind. Die heilige Zeit ist der übrigen Zeit entnommen. Hier steht die Zeit still. Die Welt mit ihren Ansprüchen hat keine Macht über sie. Der Chronos hat keinen Zugriff zu dieser heiligen Zeit, die dem Fluss der Zeit entnommen ist. In dieser heiligen Zeit kann ich aufatmen. Ich fühle mich frei. Da bestimmen die Termine nicht mehr meine Zeit. Ich gönne mir diese Zeit. Und ich tauche in dieser heiligen Zeit ein in die ursprüngliche Zeit, die – so sagen die Religionswissenschaftler im Blick auf frühere Völker – unverbraucht ist. Wenn meine Zeit mit dieser unverbrauchten und ursprünglichen Zeit in Berührung kommt, wird sie gleichsam erneuert und erfrischt. Die heilige Zeit ist immer auch eine heilsame Zeit. Denn für die Griechen vermag nur das Heilige zu heilen.

Es gibt zwei Arten von Ritualen: Entweder ich nehme mir bewusst eine Zeit, die ich für mich reserviere. Ich nehme mir Zeit zum Meditieren, zum Joggen, zum Beten, zum Bibellesen, zum Spazierengehen. Das ist dann die heilige Zeit, die ich mir gönne. Oder aber ich vollziehe die Dinge, die ich sowieso tue, in einer ganz bestimmten Weise. Jeder von uns steht morgens auf und geht abends ins Bett. Die Frage ist, wie ich diese selbstverständlichen Dinge tue. Es ist schon ein Unterschied, ob ich einfach so in den Tag hineinstolpere und mich abends müde ins Bett fallen lasse oder aber ob ich bewusst den Tag beginne und ihn unter den Segen Gottes stelle und ob ich bewusst den Tag in Gottes Hände hinein übergebe. Das braucht keine extra Zeit. Eine junge Mutter meinte einmal, die fünf Minuten, die sie allein im Bad sei, sei für sie eine heilige Zeit. Das genieße sie. Da fühle sie sich frei. Sie braucht für ihren Morgen keine extra Zeit. Vielmehr ist diese sowieso übliche Zeit im Bad für sie eine heilige Zeit, über die niemand verfügen kann.

Ein weiterer wichtiger Aspekt von Ritualen ist, dass sie uns gleichzeitig eine Tür schließen und eine Tür öffnen. Ich erlebe viele Führungskräfte, die die Tür der Arbeit nicht schließen. Sie kommen nach Hause und sind im Kopf noch ganz mit der Arbeit beschäftigt. So können sie sich nicht auf die Familie einlassen. Es ist wichtig, die Tür der Arbeit zu schließen: entweder, indem ich im Büro noch ein paar Minuten innehalte und den Arbeitstag loslasse, ihn Gott übergebe, oder wenn ich den Weg nach Hause bewusst nutze, um all das loszulassen, was in der Arbeit mich bewegt hat. Spätestens wenn ich die Haustür öffne – so sollte ich mir vorstellen –, bleibt die Arbeit hinter mir und draußen.

In der Zeitphilosophie spricht man heute von Simultanten. Das sind Menschen, die alles gleichzeitig machen. Sie gehen spazieren, telefonieren mit dem Handy und erledigen nebenbei ihre Bankaufträge. Das klingt recht praktisch. Doch wenn sich die Tür der Arbeit nie schließt, wird die Tür des Zuhauses nie aufgehen. Ich werde gleichsam immer im Durchzug stehen. Das tut aber der Seele nicht gut. Um bewusst dort zu sein, wo ich bin, um die Zeit zu erleben und zu genießen, muss ich die Tür der Vergangenheit schließen. Nur so werde ich fähig, ganz im Augenblick zu sein. Nur wenn ich die Tür schließe, kann ich den neuen Raum als neuer Mensch betreten und das bewusst wahrnehmen, was sich dort tut.

Ein anderer Aspekt der Rituale ist von besonderer Bedeutung: Sie öffnen den Himmel über unserem Leben. Sie stellen unser Leben in einen größeren Horizont, in den Horizont Gottes und in seinen besonderen Segen. Wir können noch so effektiv arbeiten, noch so gründlich unsere Entscheidungen überlegen, ob sie aber Segen bringen oder nicht, liegt nicht allein in unserer Hand. In den Ritualen vergewissern wir uns, dass unser Leben und Arbeiten unter dem Segen Gottes steht. So erfahren wir eine innere Ruhe und Hoffnung, dass das, was wir in die Hand nehmen, gesegnet ist und Segen bringt für die Menschen. Rituale sind mehr als eine schöne äußere Gestaltung des Lebens. Sie bringen unser Leben mitten im Alltag in Berührung mit Gott – und zwar mit dem Gott, der uns verheißen hat, dass wir gesegnet sind und selbst zum Segen werden dürfen für andere.

Rituale sind deshalb so wichtig für ein Unternehmen, weil sie das Arbeiten in einen größeren Horizont stellen – nämlich unter den Segen Gottes –, aber auch weil sie die Beziehungen vertiefen. In Ritualen – etwa bei einem guten Geburtstagsritual – werden Gefühle ausgedrückt, die sonst nie ausgedrückt werden. Das vertieft die Beziehungen der Menschen. Sie fühlen sich gewürdigt. Es gibt nicht nur die Rituale bei angenehmen Anlässen wie Geburtstag, Jubiläum, Heirat. Gute Unternehmen praktizieren auch Rituale bei traurigen Anlässen wie Krankheit oder beim Tod eines Mitarbeiters oder beim Tod eines nahen Verwandten der Mitarbeiterin. Wie eine Firma mit der Trauer ihrer Mitarbeiter umgeht, zeigt, ob sie sich wirklich auf die Menschen einlässt. Viele Trauernde fühlen sich heute ausgeschlossen. Sie dürfen ihre Trauer nicht zeigen. Da braucht es eine eigene Trauerkultur auch in den Firmen, damit sich Menschen nicht wie »Aussätzige« fühlen, wenn sie ein schwerer Schicksalsschlag getroffen hat. Im Ritual zeige ich meine Anteilnahme. Ich drücke meine innere Verbundenheit mit dem Trauernden aus. Das gibt ihm wieder Festigkeit und Hoffnung.

6.4 Zielfixierung und Ergebnisorientierung

Alle Arbeitsvorgänge haben einen Erlebniswert, der mehr als das sachliche Ergebnis und mehr als das Endprodukt ist, mit dem wir uns im Idealfall identifizieren. Menschen erleben Arbeitsvorgänge als ganzheitliche Erfahrung mit Gefühlen, mit der Hingabe an das Tun – oder auch innerem Widerstand –, mit sozialem Austausch, mit Wertungen, Lob und Kritik sowie mit einem Bewusstsein für die Sinnhaftigkeit des eigenen Tuns. Nur in diesem Er-Leben sind wir im Kontakt mit unserer Seele.

Ein ausschließlich betriebswirtschaftliches Leistungs- und Ergebnisdenken, wie es heute immer mehr um sich greift, wird diesen grundlegenden Bedürfnissen des Menschen nicht gerecht und schafft seelenlose Gebilde. Die Blickrichtung verschiebt sich vom Erleben zum Ergebnis, hin auf die Ziele und das Erreichen dieser Ziele – mit Fristen und Terminen. Die Nebenwirkungen sind Zeitdruck und Stress, wenn nicht mehr das Tun, sondern ausschließlich das Ziel im Zentrum des Denkens steht. Die ruhige Gleichförmigkeit der Arbeit, wie sie im Handwerk, in der Landwirtschaft und im Haushalt früher zu finden war, geht dabei verloren. Führungskräfte in Seminaren und beim Coaching kommentieren diese Entwicklung mit Worten wie: »Es wird immer schlimmer«, »Es macht keinen Spaß mehr«, »Wenn ich könnte, würde ich sofort aufhören«. In einem solchen Klima gehen Engagement und Kreativität der Mitarbeiter verloren.

Doch nicht nur Führungskräfte machen diese leidvollen Erfahrungen. Fast jeder, der Teil dieser Arbeitswelt ist, bekommt diesen Druck zu spüren. Die Fragen, die ständig auftauchen, heißen heute: »Wie lange dauert das noch?«, »Bis wann ist das fertig?«, »Geht es nicht schneller?« Der Maßstab ist die Dauer der Arbeit und nicht das Tun mit seinem Erlebniswert, das für das betriebliche, kaufmännische Ergebnis unmittelbar keine Bedeutung hat. Manche Firmen entdecken wieder, dass der Erlebniswert für die langfristige Leistungsbereitschaft und Leistungsfähigkeit wesentlich ist, und gestalten Arbeitsabläufe so, dass sie den Bedürfnissen der Menschen und ihren Neigungen entgegenkommen.

Ziele und betriebliche Ergebnisrechnung sind für jede Unternehmenssteuerung und für die Führung von Menschen sinnvoll und notwendig. Problematisch wird es aber, wenn einseitig nur auf die Ergebnisse als Zahlenskelett des Unternehmens geschaut wird und die vielen anderen wesentlichen, »weichen« und schwer messbaren Aspekte, das »Fleisch und Blut«

des Unternehmens, die zwischenmenschlichen Beziehungen und im Besonderen auch die Unternehmensseele nicht mehr gesehen werden.

Nehmen wir als Beispiel aus der Praxis einen großen Konzern. Dieser hat mehrere Unternehmen der gleichen Branche übernommen – Firmen mit einer sehr langen Tradition – und diese zu einem neuen Unternehmen mit einem neuen Namen juristisch und organisatorisch zusammengefügt. In den Folgejahren gab es sehr große Probleme in der Zusammenarbeit und sehr teure Störungen in den Arbeitsabläufen. In einer Organisationsaufstellung wurde sichtbar, dass die Mitarbeiter sich unverändert mit den alten Unternehmen identifizieren. Sie haben zu dem neuen künstlichen Firmengebilde keinen inneren Bezug. Die Menschen haben zwar neue Arbeitsverträge, treten unter einem neuen Logo auf, aber in der Seele sind sie nicht mitgegangen. Sie hängen noch an dem, was sie verloren haben. Ein wirklicher Abschied mit Würdigung des Vergangenen, die erforderliche Trauerarbeit und eine gemeinsame Entwicklung des Neuen wurden nicht ausreichend vollzogen und rächt sich jetzt als seelische Hypothek, die noch viele Jahre das Unternehmen belasten wird.

Logisch und kaufmännisch rechnen sich die meisten Fusionen auf dem Papier. Wenn die Mitarbeiter sich aber innerlich wehren, dann geht die Rechnung nicht auf. Mehrere Konzerne mussten dies schon feststellen. Entscheidend ist, wie die Mitarbeiter die Veränderungen erleben. Die menschliche Seele, das innere Erleben braucht eine relativ lange Zeit und entsprechende Rituale mit inneren Prozessen, um sich vom Alten, vom Vertrauten zu lösen. Wenn für den Abschied und die Trauer keine Zeit und kein Raum ist, dann bleiben die Menschen emotional und in ihrem Selbstverständnis beim alten Unternehmen. Sie haben sich nicht gelöst und sind damit auch nicht frei für eine neue Identifizierung. Gefühle von Unzufriedenheit, Wut und Verärgerung sind die Folge.

Unser Arbeitsplatz und die tägliche Arbeit werden attraktiver, interessanter und wertvoller, wenn neben den angestrebten betrieblichen Ergebnissen auch immer seelische Aspekte der Arbeit im Blick sind, wie zum Beispiel die Bedeutung sozialer Kontakte, die Freude am Mitgestalten oder auch die Möglichkeit, persönlich zu reifen und sich zu entwickeln. Neben dem Marktwert der erstellten Leistung stehen gleichberechtigt der Wert der Arbeit mit seinen sozialen, psychischen und geistigen Aspekten und die Würde der Menschen, die an der Leistung beteiligt sind. Berufstätige Menschen verbringen den größten Teil ihres Tages am Arbeitsplatz und wünschen sich berechtigterweise, dass sie sich dort wohlfühlen und ihre Arbeit sinnvoll und befriedigend ist. Im Wettbewerb der Zukunft – das ist der Wettbewerb um gute Fachkräfte – werden diejenigen Unternehmen gewinnen, die sinnvolle und sozial attraktive Arbeitsplätze bieten können.

Eine einseitige Ergebnisbetrachtung, ohne Blick auf die Würde und die Bedürfnisse der Menschen und auf den Erlebniswert des Arbeitsprozesses, führt dazu, dass sich die Menschen instrumentalisiert fühlen. Sie fühlen sich nicht mehr gesehen, sondern benutzt. Dies zeigt sich auch in dem wachsenden Leistungsdruck, über den viele Angestellte und Arbeiter klagen. Das rapide Ansteigen psychosomatischer Erkrankungen in den letzten Jahren ist sicherlich auch auf diese Entwicklung zurückzuführen. Der European Brain Council schätzt, dass 2005 über 127 Millionen Menschen in der EU unter psychischen und neurologischen Erkrankungen litten – mit steigender Tendenz.

Mit dem Ziel- und Ergebnisdenken richten wir unser Bewusstsein auf die Zukunft aus: Was soll bis wann erreicht werden? Wir entfernen uns damit vom Er-Leben in der Gegenwart. Umgekehrt zeigt sich, je weniger Sinn und Erfüllung Menschen in ihrer Arbeit, in ihrem Tun und ihrem Dasein in der Gegenwart finden, desto mehr suchen sie selbst diese in der Zukunft, in den Zielen, Wünschen und Hoffnungen. Sie wollen immer noch mehr haben und erreichen. Sie hoffen, dadurch später mehr Glück und Zufriedenheit zu erfahren. Stattdessen erleben sie Stress, Hetze und Leistungsdruck. Sie suchen die Erfüllung in der Zukunft, im Ergebnis und nicht mehr im Jetzt, im Er-Leben, wo sie wirklich zu finden ist.

Auf der einen Seite brauchen wir Planung, Ziele und Ergebnisse, auch eine Leistungserstellung in immer kürzerer Zeit, um im Wettbewerb bestehen zu können. Auf der anderen Seite sind dieses Denken in Ergebnissen und Zielen sowie der Zeit- und Leistungsdruck genau das, was uns belastet. Wir wünschen uns mehr Zeit für das Er-Leben, weniger Druck und Stress. Wie ist dieser Konflikt zu lösen? Wem wollen wir folgen, planend und berechnend dem Gott Chronos oder, eher im Augenblick lebend, dem Gott Kairos?

Es geht nicht um ein »Entweder-oder«, sondern um ein »Sowohl-als auch«. Beide Götter oder das, was sie repräsentieren, gehören zu einem erfüllten Leben und haben ihren Platz und ihre Berechtigung. Sie sind der Spannungsbogen zwischen Effizienz und Verweilen. Wenn wir beiden gerecht werden, im rechten Maß und zur richtigen Zeit, beherrschen wir die Kunst des Lebens.

In der Regel des heiligen Benedikt, nach der seit über 1.500 Jahren Mönche effektives Arbeiten und spirituelle Praxis verbinden, finden wir zahlreiche Hinweise und Anweisungen, wie soziale, psychologische und religiöse

Aspekte sich mit Produktivität und Arbeitseffizienz verbinden lassen. Benedikt setzt die Einhaltung einer strikten zeitlichen Ordnung an die erste Stelle. Seine Ordnung ist eine Gebetsordnung, das Gebet hat Vorrang vor der Arbeit. Er fordert: »Hört man das Zeichen zum Gottesdienst, lege man sofort alles aus der Hand und komme in größter Eile herbei.« (Benediktsregel 43, 1) Etwas allgemein interpretiert bedeutet das, geistige Orientierung – dazu gehören Werte, Prinzipien, auch religiöse Praxis, Rituale und Ordnung – kommt noch vor der Ergebnisorientierung.

Es gibt offensichtlich Lebensbereiche, die bedeutender sind als eine reine Aufgabenorientierung. Man kann im Alltag immer wieder beobachten, dass Menschen, die eine geistige Orientierung haben und ihre Religion praktizieren, Belastungen leichter ertragen. Die Ausrichtung auf die geistige Dimension unseres Lebens prägt auch unseren Umgang mit der Zeit. Sie macht gelassener und verbindet uns mit inneren Quellen, aus denen wir schöpfen können, gerade wenn das Leben hektisch und schwierig wird.

Jesus verweist in der sogenannten Bergpredigt auf die zentrale Bedeutung der Lebensorientierung. Seine Jünger, die sich um die Belange in der materiellen Welt, wie um Kleidung und Nahrung, sorgen, fragt er kritisch: »Wer von euch kann mit all seiner Sorge sein Leben auch nur um eine kleine Zeitspanne verlängern?« (Matthäusevangelium 6, 27) Er verweist dann auf die spirituelle Orientierung, auf die unser Bemühen gerichtet sein soll: »Euch aber muss es zuerst um sein (Gottes) Reich und um seine Gerechtigkeit gehen; dann wird euch alles andere dazugegeben.« (Matthäusevangelium 6, 33) Damit ergibt sich ein klares christliches Verständnis von Zeitmanagement, unser Handeln sollte sich zuerst auf das Bemühen um das Reich Gottes beziehen, das materielle Ergebnis folgt dann von allein. Die radikalen Forderungen, die Jesus in den Evangelien immer wieder an seine Jünger richtet, sind in unserer materiell orientierten Welt ein heftiger Stachel.

Für Jesus ist die Sorge etwas Quälendes. Wer von der Sorge geplagt wird, für den wird die Zeit zu einer Last. Jeder Augenblick ist von der Sorge geprägt. Der Mensch kann den Augenblick gar nicht genießen, weil die Sorge um die Zukunft ihn bedrückt. Jesus fordert uns zur Sorglosigkeit auf. Das meint nicht, dass wir verantwortungslos in den Tag hinein leben. Doch unser Arbeiten soll vom Vertrauen geprägt sein, dass Gott für uns sorgt. Dieses Vertrauen befähigt uns, ganz im Augenblick zu sein, uns ganz auf die Arbeit einzulassen, die wir gerade verrichten, ohne Angst, ob wir damit genügend für unseren Lebensunterhalt verdienen. Der heilige Benedikt zitiert das Wort Jesu, dass wir uns zuerst um

Gottes Herrschaft und seine Gerechtigkeit kümmern sollen, im Kapitel über den Abt. Der Abt soll sich nicht so viel Sorgen machen »um vergängliche, irdische und hinfällige Dinge«: »Die vielleicht zu geringen Einkünfte seien ihm kein Entschuldigungsgrund; er denke an das Schriftwort: Euch muss es zuerst um das Reich Gottes und um seine Gerechtigkeit gehen; dann wird euch alles andere dazugegeben.« (Benediktsregel 2,35) Wer sich um die vergänglichen Dinge sorgt, der lebt nicht in der Gegenwart, sondern in der Sorge. Er wird gleichsam zur Sorge. Er ist – so meint das griechische Wort für Sorge, »merimna« – gleichsam innerlich zerrissen. Wenn Gott in mir herrscht, dann werde ich eins mit mir. Und ich werde auch eins mit dem Augenblick. Denn dort, wo Gott in mir herrscht, bin ich frei von der ängstlichen Sorge um mich selbst und um die anderen und ihre Erwartungen. Dort werden wir uns selbst und der Zeit gerecht. Wir werden richtig leben, gemäß dem Wesen, das Gott uns geschenkt hat.

PRAXISTIPP

Worum wir uns bemühen sollten

Beim Umgang mit der Zeit können wir uns, entsprechend der Lehre Jesu, fragen:

– Bemühe ich mich in meinem Tun um das Reich Gottes?

– Dient mein Tun dem Leben?

– Diene ich mit meinem Tun anderen Menschen?

– Tut das meinem Leib, meiner Gesundheit gut?

– Tut das mir und meiner Seele gut?

Zeit ist nicht etwas, das wir mit Tun anfüllen können, um daraus in der Zukunft Leben zu schöpfen, sondern Zeit ist die erlebte Zeit, das Leben im Hier und Jetzt. Zu dieser Erfahrung kommen wir in dem Maße, wie wir bewusst leben und mit unserer Seele in Kontakt sind. Wenn wir in unserem Tun auch das Leben spüren, dann erst leben wir wirklich.

Ein alter Mann, der in seinem Leben viel Schweres erlebt, aber nie seinen Humor und seine Lebensfreude verloren hatte, wurde auf dem Sterbebett gebeten, den anderen seine Lebensweisheit mit auf den Weg zu geben. Aus tiefstem Herzen und mit voller Entrüstung sagte er: »Gar nichts, gar nichts kann ich euch mitgeben. Man muss das Leben leben, wie es kommt.«

DIE BEDEUTUNG VON ZIELEN 7

Ziele und Erfolg 7.1

»Der Weise hat keine Ziele, nur die Unwissenden lassen sich fesseln«, heißt es in einem berühmten Zen-Gedicht. Der Umkehrschluss, wer keine Ziele hat, ist ein Weiser, ist natürlich falsch und auch mathematisch-logisch nicht zulässig. Der Satz verweist aber auf die Veränderung der Bedeutung von Zielen im Laufe unseres Lebens. Ziele sind wichtig für die Entwicklung unserer Identität, für unsere Ich-Struktur und unser Selbstbewusstsein in der ersten Lebenshälfte.

In der zweiten Lebenshälfte geht es darum, sich davon wieder zu lösen. An die Stelle von Zielen tritt immer mehr die Erfahrung, dass wir uns dem Leben mit seinen Höhen und Tiefen anvertrauen müssen. Wir erkennen, dass wir das, was wir bisher erreicht haben, und alles, was wir nicht erreicht haben und auch nicht mehr erreichen können, loslassen müssen. Unsere persönliche Entwicklung verlagert sich in den geistigen Bereich, dort finden wir die wirkliche Fülle.

Da wir aber nur das loslassen können, was wir haben, ist es wichtig, durch Erfolge und durch die Realisierung von wichtigen Zielen in der ersten Lebenshälfte eine starke Ich-Struktur aufzubauen.

Ziele haben in der Führung von Mitarbeitern, aber vor allem auch für uns selbst, wenn wir uns selbst führen und entwickeln wollen, eine Schlüsselstellung. Ziele sind zeitlich und inhaltlich festgelegte Vorgaben, die wir uns selbst geben oder mit anderen vereinbaren, auf die es sich lohnt mit Engagement hinzuarbeiten.

Ziele können auf der Verhaltensebene liegen oder als angestrebtes Ergebnis definiert werden. Ergebnisziele beantworten meine Frage: Was will ich (bis ...) erreichen? Beim Festlegen von Verhaltenszielen dagegen frage ich: Was will ich tun, üben, beachten?

Ergebnisziele ziehen Verhaltensziele nach sich. Wenn Sie beispielsweise fünf Kilogramm abnehmen möchten, brauchen Sie entsprechende Verhaltensprogramme, zum Beispiel dreimal 30 Minuten Joggen pro Woche, oder Veränderungen bei Ihren Ernährungsgewohnheiten.

Ziele helfen uns zu erkennen, was wir selbst wollen. Das schriftliche Definieren von Zielen ermöglicht, kritisch zu unterscheiden, was sind meine Ziele und was sind die Ziele anderer. Wir sollten immer wieder fragen: Warum mache ich das? Auf diese Weise ordnen wir unser Leben. Erst wenn wir erkennen, was wir wirklich wollen und was wir nicht wollen, lassen sich die Mittel definieren, die uns helfen, unsere Ziele zu erreichen. Aufgaben und Aktivitäten lassen sich leicht priorisieren, wenn ich fragen kann: Dient das meinen Zielen?

In den ersten beiden Lebensstadien, »Jugend« und »Hausvater«, sind Ergebnisziele und das Erreichen dieser Ziele für die Persönlichkeitsentwicklung sehr wichtig. Ziele helfen uns, unsere Energie auszurichten und zu bündeln. Das Erreichen wie das Nichterreichen der Ziele geben uns Orientierung und Rückmeldung über unsere Fähigkeiten und unsere Position im Vergleich zu anderen.

Jedes Ziel, das wir erreichen, erleben wie als Erfolgserlebnis – verbunden mit Glücksgefühlen. Denken Sie zum Beispiel an Ihre Gefühle nach einer bestandenen Prüfung oder nach der Bewältigung einer schwierigen Aufgabe. Mit jedem Erfolgserlebnis entwickeln wir Selbstwertgefühl und Selbstbewusstsein. Von daher ist die wichtigste Aufgabe jedes Pädagogen, seinen Schülern Erfolgserlebnisse zu vermitteln. Gleiches gilt natürlich auch für jede Führungskraft.

Erfolge sind wichtige Bausteine für unsere Identität. Stolz können wir sagen: »Ich bin ...« Mit jedem Lernerfolg fühlen wir uns in unseren Fähigkeiten bestätigt: »Ich kann ...« Das Fehlen von Erfolgen und das Ausbleiben von Bestätigung durch die Menschen in unserer Nähe schwächen unser Selbstwertgefühl und damit unsere Persönlichkeitsentwicklung. Wer nicht weiß, wer er ist und wo er steht, ist zutiefst verunsichert. Jeder von uns hat das schon erlebt, zum Beispiel wenn wir gar nicht verstanden haben, wonach wir gefragt wurden, oder wenn wir uns etwa verlaufen haben.

Gerade in jungen Jahren suchen und brauchen wir den Wettbewerb, um uns mit anderen zu messen. Wir wollen und müssen herausfinden, was wir können, wo unsere Talente und unsere Begrenzungen liegen. Wir erfinden somit unsere Ich-Identität. Wir können sie immer wieder neu erfinden und erweitern, indem wir auf das Erreichte aufbauen. Mit unseren Zielen legen wir auch fest, wer wir sein wollen.

Wer weiß, was er kann und was er bereits geleistet hat, kann auch leichter das akzeptieren, was er nicht kann. Ein guter Torwart leidet nicht darunter, dass er ein schlechter Stürmer ist. Ein guter Pianist kann es leicht hinnehmen, dass er kein guter Sänger ist. Eine große Hilfe sind deshalb gute Lehrer, verantwortungsbewusste Vorgesetzte und engagierte Trainer, die uns helfen, unsere Talente zu entdecken und sie zu entwickeln.

Schematisch lässt sich für die persönliche Entwicklung aufzeigen:

Ziele

↓

Erfolg

↓

Glückserlebnisse

↓

Selbstbewusstsein

↓

Ich-Identität

↓

Persönlichkeit

Der Weg zu immer neuen Erfolgen und zu einer Stärkung unseres Selbstwertgefühls führt über Ziele. Wenn wir uns klare Ziele setzen – langfristig und kurzfristig –, werden wir mit jedem erreichten Ziel Erfolgserlebnisse haben und unsere Persönlichkeit stärken. Eine gute Tagesplanung, mit wenigen wichtigen und realisierbaren Zielen, wird, wenn die Ziele erreicht sind, zur täglichen Quelle für Erfolgs- und damit auch für Glückserlebnisse.

Ohne Ziele haben wir den Vorteil, dass wir uns nicht festgelegt und gebunden haben, wir können uns »frei« fühlen. Im Urlaub, an freien Tagen ist das sicher wichtig, als Dauerzustand aber problematisch. Untersuchungen zeigen, dass nur drei Prozent der berufstätigen Erwachsenen für sich Ziele schriftlich definiert haben, die über die betrieblichen Zielvereinbarungen hinausgehen. Wenn ich mir nichts vornehme, dann kann ich auch nicht versagen. Entscheidend ist aber, dass ich damit auch keine Erfolgserlebisse habe, denn das Glücksgefühl, wenn ein Ziel erreicht ist, kann sich nicht einstellen, wenn ich keine Ziele habe.

Fragen Sie sich:

- Was will ich noch erreichen?
- Was will und kann ich dafür tun?
- Was will ich in meinem Leben ändern?

Ziele sollten wir am besten schriftlich formulieren. Wir können sie uns immer wieder ansehen, am besten täglich. Das Aufschreiben zwingt uns, genauer zu sein. Wir haben es dann verbindlich: schwarz auf weiß. Bei der Formulierung sollten wir ein paar Regeln beachten.

PRAXISTIPP

Ziele setzen

Ziele sollten:

- ***konkret und messbar sein,***
- ***positiv formuliert (Was will ich! Statt: Was will ich nicht!) sein,***
- ***anspruchsvoll, lohnend sein,***
- ***realistisch, das heißt unter Berücksichtigung aller Umstände erreichbar sein,***
- ***schriftlich fixiert sein als Ergebnisziel mit den zugehörigen Verhaltenszielen,***
- ***ein attraktives, erwünschtes Bild beinhalten,***
- ***innerhalb von 48 Stunden begonnen werden.***

Große und langfristige Ziele werden in Teilziele unterteilt.

Entscheiden Sie, womit Sie anfangen, und machen Sie einen konkreten Plan. Lesen Sie immer wieder Ihre Ziele durch und streichen oder erweitern Sie die Liste entsprechend Ihrer persönlichen Entwicklung.

Unser Umgang mit Zeit beruht in hohem Maße auf Gewohnheiten. Verhaltensziele sind ein gutes Mittel, Gewohnheiten zu verändern, wenn wir entdecken, dass wir gewohnheitsmäßig Dinge tun, die nicht förderlich, manchmal sogar sehr schädlich sind, wie zum Beispiel unsere Essgewohnheiten oder der Fernsehkonsum. Gewohnheiten haben ein hohes Beharrungsvermögen, lassen sich aber ändern, indem wir geduldig und hartnäckig ein neues Verhalten einüben.

Wenn ein neues Verhalten 28 Tage – bei schwierigen Verhaltensmustern unter Umständen auch länger – durchgehalten wird, entsteht eine neue Gewohnheit. Die Energie, die dann noch erforderlich ist, um das neue Verhalten aufrechtzuerhalten, nimmt ab. Wer beispielsweise 28 Tage lang regelmäßig eine halbe Stunde früher aufsteht, wird danach von allein früher aufwachen und immer leichter aus dem Bett kommen.

Wesentlich dafür, dass sich die neue Gewohnheit einschleift, ist eine innere Befriedigung im neuen Verhalten. Wenn wir erleben, dass uns das frühe Aufstehen guttut, oder das Joggen oder Walken Spaß macht, dann entsteht ein natürliches Bedürfnis, es zu wiederholen. Im Wettstreit zwischen Trägheit und Disziplin wachsen die Chancen für die Disziplin, die allmählich zur Gewohnheit wird – wie das Zähneputzen zum Beispiel. Die Psychologie nennt das »intrinsische Motivation«, das heißt, die Belohnung liegt im Tun selbst, in der Lust und Freude, die wir dabei erleben.

Die Grenzen dieses Prozesses, Ziele – Erfolge – Persönlichkeit, tauchen in der Mitte des Lebens auf, wenn sich Werte und Orientierung im Leben verschieben. Wir treten dann in einen umgekehrten Prozess ein, in die De-Identifizierung. Wir lernen oder sollten lernen loszulassen. Im Stadium »Waldeinsiedler«, wenn wir in die zweite Lebenshälfte eintreten, verändert sich die Richtung unseres Strebens von außen nach innen. Die Ziele liegen immer weniger darin, etwas erreichen zu wollen, als viel mehr darin, das Leben und seinen Sinn zu verstehen.

Daraus ergeben sich neue Impulse für die Gestaltung der Arbeitswelt. Diese beinhalten dann idealerweise ethische und spirituelle Aspekte. Sie sind getragen von einem wachsenden Weitblick, der das größere Ganze mit einbezieht. Wir erfahren auch zunehmend, dass wir geführt werden, dass es etwas Größeres als uns selbst gibt, das uns leitet, trägt und unterstützt. Wir entdecken die Grenzen des Machens, Planens und Strebens und können erfahren, dass wir Teile eines größeren Ganzen sind, das für uns sorgt, wie das Jesus auch betont: »Seht euch die Vögel des Himmels an: Sie säen nicht, sie ernten nicht und sammeln keine Vorräte in Scheunen; euer himmlischer Vater ernährt sie. Seid ihr nicht viel mehr wert als sie?« (Matthäusevangelium 6, 26)

Der zunehmende Weitblick, der sich in der zweiten Lebenshälfte entwickelt, unterstreicht die Wichtigkeit älterer Mitarbeiter in Unternehmen. Sie sehen größere Zusammenhänge und haben den Blick für das Ganze, der in jungen Jahren oft fehlt. Mit entsprechender menschlicher Reife werden sie weniger von persönlichem Ehrgeiz getrieben, sondern sehen ihre Arbeit mehr als Dienst am Ganzen. Sie ergänzen die vorwärtsdrängende Dynamik der jüngeren Kollegen und ihre Besonnenheit ist ein wichtiges Korrektiv.

Wenn wir mit zunehmendem Alter immer mehr erkennen, dass das Wesentliche im Leben ohne unser Zutun verläuft – wir müssen nur die Wachstumsvorgänge in der Natur ansehen –, dann lernen wir Demut und Respekt vor der Weisheit der Schöpfung. Unser Streben und damit auch unsere Ziele und Pläne werden zu kleinen Beiträgen für das große Ganze. Die wachsende Weisheit zeigt sich dann darin, dass wir immer weniger für uns selbst wollen, für unsere Bedeutung und unser Ich, sondern hinterfragen, wo unser Platz ist und was unsere Aufgabe in der Welt ist.

Wenn wir kritisch unsere Erfolge hinterfragen, dann entdecken wir, wie viel auch andere Menschen dazu beigetragen haben und wie viel wir äußeren Umständen verdanken, die uns den Weg frei gemacht haben. Niemals sind wir es allein, die etwas geschafft haben. Das schmälert nicht unseren Erfolg und sollte auch unsere Freude nicht trüben. Es sollte uns aber anhalten, neben dem Stolz auf das Erreichte auch dankbar zu sein für alles, was uns unterstützt hat. Im Führungskontext sind es immer die Mitarbeiter, die loyal und engagiert mitgemacht haben und deren Beitrag gewürdigt werden muss.

In den Aufstellungsseminaren ist ein häufig genanntes Anliegen der Teilnehmer die Frage nach der eigenen Berufung und nach der individuellen Lebensaufgabe – ein Thema, das viele Menschen bis ins Alter hinein verfolgt. Selten kann dabei eine klare und eindeutige Antwort gegeben werden wie »das ist es«. Vielmehr geht es meistens darum zu erkennen, dass Unsicherheit und die Rückbesinnung auf Werte zu diesem Weg gehören, auf dem wir immer nur den nächsten Schritt machen können. Im Alltag helfen dabei Tagesziele, Disziplin und Übungen wie zum Beispiel die tägliche Meditation oder Gebete.

ÜBUNG

Liste meiner Ziele

Was will ich noch **erreichen***? (Ergebnisziele): Bis wann? Teilziele?*

1.
2.
3.
4.
5.
...

Was will ich bei mir **verändern***? (Verhaltensziele): Wie messe ich das?*
Wer kann mich beobachten, mich korrigieren?

1.
2.
3.
4.
5.
...

Von Martin Buber stammt das Wort: »Erfolg ist keiner der Namen Gottes.« Von Christen wird dieses Wort gerne benutzt, um gegen allzu einseitiges Erfolgsstreben anzugehen. Doch die Gefahr besteht darin, dass der Erfolg grundsätzlich negativ gesehen wird. Manchmal hat man den Eindruck, als ob Erfolglose aus Neid über die Erfolgreichen den Erfolg negativ beurteilen. Wenn ich mich nur vom Erfolg her definiere, besteht sicher die Gefahr, dass ich Wesentliches aus dem Auge verliere. Aber trotzdem gehört zum Menschen das Erfolgsstreben. Erfolg hängt ja immer mit dem eigenen Anspruchsniveau zusammen. Ich setze mir Ziele. Wenn ich sie erreiche, erlebe ich das als Erfolg. Erfolgserlebnisse motivieren mich zu weiterer guter Arbeit. Das ist gut so.

Auch Jesus hatte Erfolg. So beschreibt uns das Markusevangelium das erfolgreiche Wirken Jesu in Galiläa. Er heilt viele Kranke. Er spricht mit seinen Predigten die Menschen an. Alle wollen ihn berühren. Doch dann im zweiten Teil schildert uns Markus, wie sich Jesus in die Hände der Mächtigen begibt. Bei ihnen hat er anscheinend keinen Erfolg. Doch gerade die scheinbar größte Erfolglosigkeit, der Tod Jesu am Kreuz, ist letztlich der Sieg der Liebe gegenüber der Verschlossenheit der Welt, der Sieg der Liebe über die Macht der Finsternis.

Auch als Christ darf ich dankbar sein für den Erfolg, den ich habe. Ich erlebe Erfolg immer als beides: als Erreichen eines Ziels, als Folge meiner Anstrengungen, aber zugleich auch als Geschenk. Ich kann Erfolg planen. Aber garantieren kann ich ihn nicht. So kann ich letztlich nur dann richtig mit dem Erfolg umgehen, wenn ich dankbar bin, wenn ich auch den Aspekt von Gnade wahrnehme. Letztlich ist es immer ein Geschenk Gottes, dass etwas gelingt und dass ich erfolgreich bin.

C. G. Jung meint einmal, der größte Feind der Verwandlung sei ein erfolgreiches Leben. Wer immer Erfolg hat, der bleibt oft stehen. Er sucht nicht weiter. Er ist nicht bereit, weiter zu wachsen und sich innerlich zu entfalten. Daher braucht es den spirituellen Weg, um den Erfolg zu relativieren. Wir genießen den Erfolg, aber wir definieren uns nicht darüber. Wir ruhen uns nicht auf dem Erfolg aus, sondern wir sind dankbar und gehen weiter – im Bewusstsein, dass Gott noch vieles mit uns vorhat. Und wir müssen uns immer wieder daran erinnern, dass die Bäume nicht in den Himmel wachsen und dass wir den Erfolg nicht festhalten können.

Ich kenne erfolgreiche Menschen, die Angst haben, jetzt müsse doch ein Misserfolg kommen. Es ginge doch nicht mit rechten Dingen zu, wenn sie so erfolgreich seien. Doch dann produzieren sie oft selbst unbewusst Misserfolg. Ich soll dankbar sein für den Erfolg, aber zugleich wissen, dass immer beides zum Menschen gehört: Erfolg und Misserfolg. Ich soll den Misserfolg nicht suchen. Aber wenn er kommt, ist er auch eine menschliche und spirituelle Herausforderung.

Jesus spricht weniger von Erfolg, sondern von Frucht. Aber damit meint er letztlich das Gleiche. Es geht darum, dass unser Leben und unsere Arbeit Frucht bringen. Jesus gibt eine Bedingung dafür an: »Wer in mir bleibt und in wem ich bleibe, der bringt reiche Frucht; denn getrennt von mir könnt ihr nichts vollbringen.« (Johannesevangelium 15,5) In Jesus bleiben, das bedeutet, in Berührung mit seinem wahren Selbst sein, aus seiner eigenen Seele heraus leben. Wir merken, ob ein Mensch nur viel tut und bewirkt oder ob sein

Wirken wirklich Frucht bringt. Frucht, die bleibt, wird erst möglich, wenn wir aus dem Grund unserer Seele heraus arbeiten, dort, wo wir angeschlossen sind an den Weinstock Jesu, an die Energie seiner Liebe, die in uns strömt.

7.2 Der Segen des Misserfolgs

Eine sehr wichtige Erfahrung auf unserem Lebensweg sind Misserfolgerlebnisse, auch wenn wir sie gerne vermeiden würden und uns im ersten Moment dabei schlecht und unglücklich fühlen. Es ist gefährlich zu glauben, wir könnten Misserfolge ausschließen und alles erreichen, wenn wir nur die richtigen Strategien und Mittel benutzen. Die sogenannte »Schule des positiven Denkens« suggeriert uns, dass wir alles zu unseren Gunsten gestalten können, wenn wir unsere Gedankenkraft nur richtig einsetzen. Das ist eine unrealistische und kindliche Allmachtsfantasie.

Misserfolge sind ein notwendiger, unvermeidlicher und äußerst nützlicher Teil unseres Weges. Sie unterstützen unser Lernen auf vielfältige Art und Weise. Wenn wir ein Ziel verfehlen, etwas nicht erreichen, was wir angestrebt haben, dann nennen wir das Misserfolg. Zum einen zeigt uns jeder Misserfolg, wo wir uns überschätzt haben oder wo wir etwas zu leicht genommen haben. Zum anderen bringt er uns ins wirkliche Leben, zu dem auch die Tiefen und leidvolle Momente gehören.

Im Allgemeinen möchten wir immer toll und schön sein und verdrängen unsere »hässlichen« Seiten. Der narzisstische Teil unserer Persönlichkeit möchte in seinem Größenwahn immer nur ein positives Persönlichkeitsbild entwickeln. Außerdem empfinden wir jedes Versagen als Schwächung und als Schmerz, den wir gerne vermeiden möchten. Jedoch beides, Erfolg und Misserfolg, sind die Folgen unseres Tuns im Zusammenwirken mit den Umständen. Erst unsere Interpretation, unser Werturteil »Das ist gut und das ist schlecht« machen die Folge unseres Tuns zum Erfolg oder Misserfolg.

Der erfolgreiche Schauspieler und Regisseur Kevin Costner (»Der mit dem Wolf tanzt«), der mehrere Oscars erhielt, sagte 2006 in einem Interview der Süddeutschen Zeitung zu diesem Thema: »Versagen ist eine unterschätzte Erfahrung! Wir alle neigen dazu, das Versagen zu verdammen. Aber es hilft uns. Ich versuche mich immer an diese Tage zu erinnern.« Das Versagen und die Misserfolge bringen uns von einem bequemen Leben in ein reiches Leben.

Die vielseitige Dialektik des Lebens zeigt sich in zwei wesentlichen Fragen, die wir uns stellen sollten: Was will ich vom Leben? Und: Was will das Leben von mir? Mit unseren Zielen definieren wir, was wir vom Leben wollen. Wir können bis zu einem bestimmten Grad damit eine soziale Identität schaffen. Mit den Erfahrungen und Korrekturen, die uns das Leben schickt, als Veränderungen, als Misserfolge, als Einbrüche oder Krisen, bekommen wir eine Antwort auf die zweite Frage. Zur Synthese kommen wir, indem wir unsere Ziele so wählen, dass sie im Einklang mit dem Fluss des Lebens sind oder – wie es die chinesische Tradition sagt – im Einklang mit dem Tao, dem rechten Weg.

Misserfolge sind entscheidende und immer sehr wertvolle Erfahrungen im Leben. Sie zeigen uns unsere Grenzen und geben uns Orientierung. Für unser Lernen sind Schmerzen und Leid eine große Hilfe. Stellen Sie sich vor, Sie hätten kein Schmerzempfinden. Sie würden Ihre Hand auf der heißen Herdplatte verbrennen, ohne es zu merken. In kürzester Zeit wären Sie grässlich verstümmelt.

Auch auf dem spirituellen Weg ist Leid ein geschätzter Begleiter. Meister Eckhart, der berühmte Mystiker des Mittelalters, sagt: »Das Leiden ist das schnellste Pferd zur Vollkommenheit.« Und der Zen-Meister Thich Nath Hanh weiß: »Wenn es einen Ort gäbe ohne Leiden und wenn ich Kinder hätte, ich würde mit allen Mitteln verhindern, dass meine Kinder diesen Ort finden. Nur durch die Leiderfahrung können wir Mitgefühl entwickeln.« Schmerz und Leid machen uns wach, führen uns ins Hier und Jetzt. Mit wachen Augen und wachem Verstand sehen und erkennen wir mehr.

Wie der Schmerz für den Körper eine Schutzfunktion hat, so hilft uns das Leid bei unserer seelischen Entwicklung. Im Buddhismus wird der Sinn des Leides darin gesehen, Mitgefühl für andere Wesen zu entwickeln. Wenn ich selbst erlebt habe, wie der Verlust eines nahen Menschen in Leid und Trauer führt, kann ich nachempfinden, wie andere eine vergleichbare Situation erleben. Wer selbst in einer Prüfung durchgefallen ist, weiß auf der Erfahrungsebene, was andere empfinden, wenn ihnen das Gleiche widerfährt.

Gerade ein schweres Schicksal – auch wenn wir dies niemandem wünschen – gibt Gelegenheit für tiefe und bereichernde Erfahrungen. Immer wieder sagen Menschen, die Schweres erlebt haben, dass sie diese Erfahrung nicht missen möchten, dass sie dabei auch sehr viel für sich gewonnen haben. Vor allem die zweite Lebenshälfte, die meist mit der »Midlife-Crisis« eingeleitet wird, ist die Zeit, das Schwere im Leben anzuschauen und so anzunehmen, wie es ist.

Wir können dann die andere Seite des Lebens besser schätzen: die Schönheit und den Reichtum, den uns jedes Lebensstadium schenkt. Wenn wir uns umsehen und erkennen, was uns die Welt alles schenkt, dann können wir den ganzen Tag immer wieder sagen: »Geht es mir nicht gut?«

Wir werden auch nachsichtiger mit den Fehlern der anderen. Die fünfte Seligpreisung in der Bergpredigt Jesu, »Selig die Barmherzigen; denn sie werden Erbarmen finden« (Matthäusevangelium 5,7), verweist auf die Früchte, die wir ernten, wenn wir barmherzig mit uns und anderen werden. Misserfolge können helfen, diese Nachsicht, diese Barmherzigkeit zu entwickeln. Im Versagen erfahren wir, dass wir nicht vollkommen sind, und können das dann leichter auch anderen zugestehen.

Wir sollen das Leid nicht suchen. Das wäre masochistisch. Doch wenn das Leid uns trifft, dann sollen wir es annehmen. Es ist für uns schmerzhaft, weil in uns eine Illusion zerbricht, die wir uns vom Leben gemacht haben. Eine solche Illusion ist: Ich bräuchte nur alle Führungsinstrumente richtig anzuwenden, dann müsste ich Erfolg haben. Oder: Ich bräuchte nur alles psychologisch und gruppendynamisch richtigzumachen, dann könnte mir nichts passieren. Oder: Ich bräuchte nur spirituell genugzuleben, dann würde ich immer gesund bleiben und nie einen Unfall haben.

Solche Illusionen zerbrechen durch den Misserfolg und durch das Leiden. Und so werden wir fähig, das Leben realistisch zu sehen. Und vor allem kommen wir durch die Illusionen zu unserer eigenen Wahrheit. Wir erkennen, worauf es eigentlich in unserem Leben ankommt: dass wir authentisch leben, dass wir das einmalige Leben, das Gott uns zugedacht hat, verwirklichen, das einzigartige Bild, das Gott sich von uns gemacht hat, in dieser Welt sichtbar werden lassen. Solche Gedanken helfen uns, dem Leid, das uns trifft, einen Sinn abzutrotzen. Das Leid hat nicht in sich schon einen Sinn. Aber – so sagt uns der Neurologe und Psychiater Viktor Frankl, der von der Trotzmacht des Geistes spricht – unsere Aufgabe ist es, im Leid einen Sinn zu suchen und dem Leid einen Sinn zu geben.

Viele Menschen zerfleischen sich mit Selbstvorwürfen, wenn sie Misserfolg haben oder wenn sie einen Fehler gemacht haben. Da braucht es die Barmherzigkeit, von der Jesus in der Bergpredigt spricht. Barmherzigkeit heißt: sich hineinfühlen in das Arme und Elende, in das Verwundete und Schwache. Buddha spricht hier vom Mitgefühl. Jesus nennt es Barmherzigkeit. Das deutsche Wort zielt auf das Herz, das wir haben sollen, gerade für das Arme und Verletzte in uns, gerade für die Seiten in uns, die wir am liebs-

ten verbergen möchten. Wer barmherzig mit sich selbst ist, der wird es auch mit Menschen sein. Er wird nicht unbarmherzig über sie richten.

Doch zuvor muss er den unbarmherzigen Richter in sich selbst entthronen. Wir alle haben in uns einen unbarmherzigen Richter, der alles entwertet, was wir tun, und der uns ständig Vorwürfe macht, wenn wir einen Fehler machen oder Misserfolg haben. Wir brauchen die Erfahrung der Barmherzigkeit Gottes, um mit uns selbst und mit anderen barmherzig umzugehen. Lukas fasst die Feldrede – die der Bergpredigt bei Matthäus entspricht – in dem Wort zusammen: »Werdet barmherzig, wie euer Vater barmherzig ist.« (Lukasevangelium 6,36) In der Barmherzigkeit werden wir dem väterlichen und mütterlichen Gott ähnlich, da haben wir teil an seinem Geist, da erkennen wir das Wesen Gottes und werden eins mit ihm.

Der Apostel Paulus hat seine eigene Erfahrung mit Misserfolg gemacht. Er litt an einer Krankheit, die ihn oft daran hinderte, machtvoll vor den Gemeinden aufzutreten. Er wollte unbedingt, dass Gott ihm den »Stachel des Fleisches« wegnehme. Doch Jesus antwortete ihm: »Meine Gnade genügt dir; denn sie erweist ihre Kraft in der Schwachheit.« (2. Korintherbrief 12,9) Immer wieder leiden vor allem auch Seelsorger, Therapeuten und Führungskräfte darunter, dass sie nicht so perfekt sind. Sie möchten nach außen hin perfekt erscheinen und verbrauchen sehr viel Energie damit, an dieser Fassade zu arbeiten.

Wenn ich im Vertrauen auf meine Kraft auch zu meiner Schwäche stehen kann, dann bin ich frei, mich auf die Menschen und auf die Probleme eines Unternehmens einzulassen. Ich höre dann auf, um mich und meine Stärken und Schwächen zu kreisen. Es ist eine innerliche Befreiung, mir zu erlauben, dass ich auch schwach sein darf, dass mich das nicht hindert an meiner Führungsaufgabe.

Im Misserfolg können wir lernen, Unlustgefühle wie Ärger, Enttäuschung, Angst oder Schuldgefühle zu verarbeiten. Im Kindesalter entdecken wir, dass nicht alles immer klappt und dass es Grenzen gibt. Die Erfahrung, dass bei Misserfolgen nicht meine Identität und meine Person in Frage gestellt sind, führt zu einem erweiterten Selbstbewusstsein, ebenso die Erfahrung, dass Unlustgefühle nicht ewig dauern. Der Volksmund sagt dazu: Nach jedem Regen kommt wieder die Sonne.

Eltern, die ihre Kinder trösten, wenn etwas schiefgegangen ist, geben ihnen die Sicherheit, unabhängig von Erfolg und Misserfolg geliebt zu werden. Diese Sicherheit kann uns auch die Religion geben. Gerade das Christentum sagt uns als zentrale Botschaft immer wieder: Gott ist Liebe. Du bist geliebt, auch wenn du versagt hast.

Vorgesetzte können analog bei einem Fehler dem Mitarbeiter vermitteln: Dein Verhalten in einer konkreten und begrenzten Situation ist verbesserungsfähig, aber du als Mensch bist in Ordnung. Du fällst wegen eines Fehlers nicht aus der Gemeinschaft heraus, du gehörst weiter dazu. Fehler können so auf der Sachebene bearbeitet werden und sind für alle eine Lernchance.

Unternehmen mit einer guten Fehlerkultur haben ein Wertesystem, das betont, der Mensch ist gut und sein Verhalten kann verbesserungsfähig sein. Es gibt bei Fehlern keine Bestrafung, auch keine psychische. Der Betroffene erfährt angemessenes Verständnis und Mitgefühl. Der Fokus liegt auf der Lernchance. Die Fragen lauten: Wie können wir diesen Fehler in Zukunft vermeiden? Wie können wir den Schaden begrenzen? Wozu kann das nützlich sein?

Leider gibt es die Unsitte in manchen Gruppen und Unternehmen, immer sofort nach dem Schuldigen zu suchen, wenn etwas schiefgelaufen ist. Dies führt dazu, dass sich die »Richter« gut und überlegen fühlen können. Man nennt das auch die »Jagd auf den Sündenbock«, eine immer noch beliebte Veranstaltung in so manchem Unternehmen. Den Betroffenen geht es dabei entsprechend schlecht. In der Praxis führt das dazu, dass bei einem neuen Fehler versucht wird, diesen zu vertuschen. Das kostet die Unternehmen erfahrungsgemäß mehr als der ursprüngliche Fehler.

Es bringt niemandem einen wirklichen Vorteil, wenn wir Schuld und Schuldige suchen. Wer etwas falsch gemacht hat, leidet oft selbst so darunter, dass er Trost und Verständnis braucht und keine Strafpredigt. Sicherlich gibt es auch Unverbesserliche und Uneinsichtige. Bei ihnen muss zu anderen Mitteln gegriffen werden.

Es ist überaus hilfreich, wenn wir unsere Defizite kennen und annehmen. Die Wahrscheinlichkeit für neue Erfolge wächst, wenn wir sie da suchen, wo unsere Stärken liegen. Diese können wir durch das Erkennen unserer Schwächen viel besser einschätzen und würdigen. Ziele in Bereichen, in denen wir keine Begabung haben, müssen wir loslassen. Brauchen wir eine Ressource, die uns fehlt, so können wir sie uns von anderen erbitten. Der simple Satz: »Können Sie mir bitte helfen« oder »Ich habe ein Problem« zeigt keine Schwäche, sondern eine realistische Selbsteinschätzung.

Ein Beispiel: Ein Chefarzt hatte ständig Probleme, seine Teambesprechungen vorzubereiten. Er vergaß wichtige Informationen und fand vor der

Besprechung nicht alle Unterlagen. Egal, wie er sich bemühte, das Ergebnis war immer unbefriedigend. Organisation und Ordnung waren nicht seine Stärke. Im Coaching wurde daraufhin vereinbart, dass er diese Aufgabe, nämlich die Vorbereitung der Teamsitzungen, an seine Sekretärin überträgt, die das gerne und hoch kompetent übernahm. Das war für den Arzt eine große Entlastung, für die Sekretärin eine Chance, ihre Talente einzusetzen, und für die Teambesprechungen ein enormer Gewinn.

Nicht jeder kann auf eine Sekretärin zurückgreifen. Aber der chronisch Unpünktliche kann einen Kollegen bitten, ihn rechtzeitig auf wichtige Termine hinzuweisen. Manches lässt sich auch durch technische Hilfsmittel organisieren. Immer geht es jedoch darum, sich die eigenen Grenzen einzugestehen und Unterstützung im Außen zu suchen, wenn die erforderliche Fähigkeit mir nicht gegeben ist.

Ein jüdisches Sprichwort sagt: »Wen Gott bestrafen will, dem erfüllt er alle seine Wünsche.« Wir brauchen im Leben beides im rechten Maß: Erfolg und Misserfolg. Wir können aus beidem Nutzen ziehen. Untersuchungen über zufriedene Menschen haben gezeigt, dass die zufriedenen Menschen bei Misserfolgen fragen: Wozu ist das gut? Oder sie vertrauen, dass das zu ihrem Wohle geschieht, auch wenn das im Moment nicht ersichtlich ist. Die Unzufriedenen dagegen verfallen ins Jammern. Das oben aufgezeigte Schema lässt sich somit erweitern:

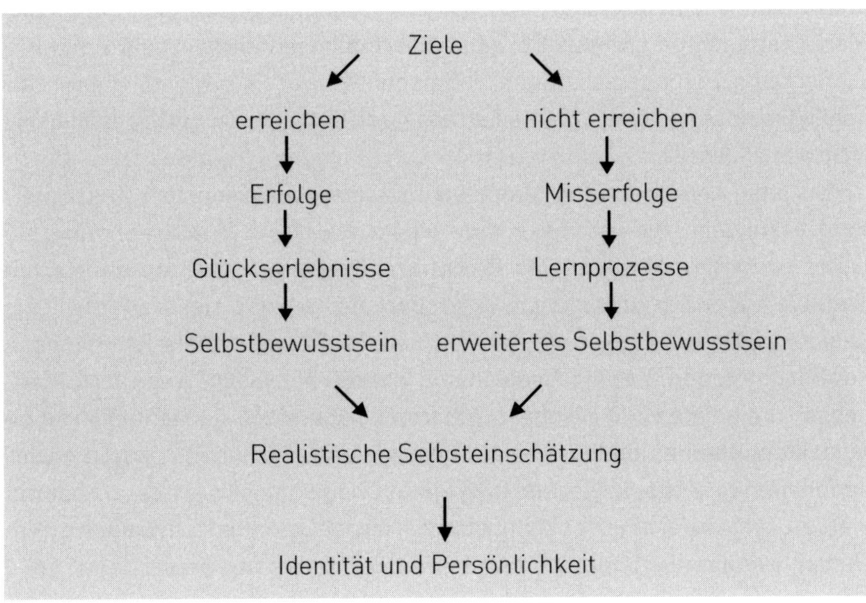

7.3 Causa finalis

Unser Handeln wird in hohem Maße bestimmt von Zielen, die in der Zukunft liegen. Da wir Zukunft denken können, handeln wir mit Blick auf die Bedürfnisbefriedigung von morgen. Wir kaufen keine Lebensmittel, weil der Kühlschrank leer ist, sondern weil wir morgen etwas essen wollen. Wir setzen Salatpflanzen, weil wir in ein paar Wochen den Salatkopf ernten wollen. Der Grund unseres Handelns, die »causa«, liegt in der Zukunft.

Diese zukünftigen, heute nur gedachten Gründe für unser Verhalten, die angestrebten Ziele umfassen vor allem drei Bereiche:

- physiologische Bedürfnisse
- soziale Bedürfnisse
- religiöse Bedürfnisse

In hohem Maße ist in unserer Gesellschaft für unser leibliches Wohl gesorgt. Wir können alles kaufen. Wie durch ein Wunder, über das kaum jemand nachdenkt, sind jeden Morgen die Regale in den Läden voll mit allem, was wir für das tägliche Leben brauchen. In unserer Gesellschaft fällt es uns relativ leicht, unsere physiologischen Bedürfnisse zu stillen. In dem selben Maße aber, wie unser materieller Wohlstand wächst, verarmen immer mehr Menschen in ihren sozialen Beziehungen und leiden immer mehr unter der Sinnentlehrung unseres Daseins. Was können wir tun, um auch die für unser Glück notwendigen sozialen Beziehungen aufzubauen und eine religiöse Heimat zu finden?

Beziehungen zu anderen entstehen aus einer altruistischen Geisteshaltung. Menschen, die sich für andere einsetzen, erfahren Anerkennung, sie lieben und werden geliebt. Der Reichtum, den wir erleben, wenn wir echte Freunde haben, ist unvergleichlich größer, als es jeder materielle Besitz je sein kann. Dem Zeitgeist »Immer-Schneller« stehen gelebte Beziehungen konträr entgegen. Soziale Bedürfnisse werden befriedigt, wenn sich Menschen füreinander Zeit nehmen, zuhören oder einfach für den anderen da sind. Wer schon einmal schwer krank war, weiß, wie wohltuend die Anwesenheit eines lieben Menschen sein kann. Das kann auch umgekehrt erlebt werden. Wir sitzen am Krankenbett und erfahren, mehr im Schweigen als im Reden, wie gut wir dem anderen tun und wie gut es uns selbst damit geht. Wir müssen uns nur die Zeit dafür nehmen, einfach da sein.

Die Freude und die Befriedigung, die aus einem Dienst am Nächsten entsteht, beinhaltet eine erstklassige intrinsische, von innen her kommende, Belohnung: Wir fühlen uns einfach gut, wenn wir etwas Gutes getan haben. Menschen, die sich nur um sich und um das eigene Wohlergehen sorgen, sind ständig voll von Sorgen und Ängsten. Sie schauen ständig neidvoll auf andere, die von irgendeiner Sache mehr haben, und merken nicht, wie sie dabei immer unglücklicher werden.

Auf der dritten Ebene unserer Bedürfnisse geht es um grundlegende Orientierung, um die Werte, die unser Leben bestimmen, und um den Sinn unseres Daseins. Das sind Themen, auf die seit alters her Religionen eine Antwort geben. Menschen, die in ihrer Religion verwurzelt sind, die aus ihrem Glauben heraus leben, sind psychisch und physisch deutlich stabiler als Menschen, die ihren Glauben verloren haben oder atheistisch aufgewachsen sind.

Viktor Frankl, der Begründer der Logotherapie, hat während des Holocaust mehrere Konzentrationslager überlebt. Er stellt fest: Dem Menschen ist die Suche nach Sinn angeboren. Er beobachtete auch, dass im KZ diejenigen die besten Überlebenschancen hatten, die sich um andere gekümmert haben.

Bezogen auf das Streben und die Ziele der Menschen rät uns Jesus: »Sammelt euch nicht Schätze hier auf der Erde, wo Motte und Wurm sie zerstören und wo Diebe einbrechen und sie stehlen, sondern sammelt euch Schätze im Himmel, wo weder Motte noch Wurm sie zerstören und keine Diebe einbrechen und sie stehlen.« (Matthäusevangelium 6,19–20) Er rät, keine unnötige Energie in das Anhäufen von Vermögen und Besitz zu investieren, da es nicht von Bestand ist. Die entscheidende Frage heißt demnach: Wie kann ich Schätze im Himmel sammeln?

Die Antwort auf die Frage, wie wir Schätze im Himmel sammeln können, fällt bei den Evangelisten verschieden aus. Für Lukas, der sein Evangelium vor allem an den griechischen Mittelstand schreibt, besteht die Antwort darin, das eigene Vermögen mit anderen zu teilen: »Verkauft eure Habe, und gebt den Erlös den Armen!« (Lukasevangelium 12,33) Indem ich meinen Besitz mit anderen teile, schaffe ich mir einen Schatz im Himmel. Und dort, wo unser Schatz ist, ist auch unser Herz. (Lukasevangelium 12,34) Wir hängen dann nicht an unseren irdischen Dingen. Wir sind frei von der Besessenheit an unseren Besitz. So kann unser Herz offen sein für das, was unser Leben eigentlich ausmacht: für den Himmel, für den Geist Jesu Christi und für Gottes Liebe.

Lukas kann das nicht nur ethisch begründen, sondern auch psychologisch. In einem schwer zu übersetzenden Satz warnt er die Menschen vor der Habsucht. Und als Begründung gibt er an, dass das Leben nicht durch den Besitz zum Fließen kommt (Lukasevangelium 12,15). Das Leben gelingt, wenn es fließt. So sagt es uns auch heute die Psychologie. Wer sich an irdischen Dingen, am Besitz festklammert, dessen Leben gerät ins Stocken. Es erstarrt. Lukas begründet das noch mit einem anderen Wort Jesu: »Wo euer Schatz ist, dort wird auch euer Herz sein.« (Lukasevangelium 12,34) Wenn der Schatz nur in irdischem Besitz besteht, wird das Herz davon voll sein und genauso fest werden wie das Geld. Wenn der Schatz jedoch der Reichtum der Seele ist, wird das Herz innerlich lebendig bleiben. C. G. Jung legt diesen Satz psychologisch aus: Nicht der Besitz an sich ist schlecht. Doch der reiche Mann steht in Gefahr, mit dem Besitz seine eigene Maske zu verstärken. Dann verliert er seine Beziehung zu seinem Herzen. Er wird herzlos und kalt. Das tut dem Menschen nicht gut.

Bei Matthäus, der an jüdische Gemeinden schreibt, die nicht sehr begütert waren, ist die Lösung anders. Er fordert mit den Worten Jesu die Jünger auf, dass sie sich keine Sorgen machen sollen. Es ist Gott, der schon für sie sorgen wird. »Euch muss es zuerst um sein Reich und seine Gerechtigkeit gehen; dann wird euch alles andere dazugegeben.« (Matthäusevangelium 6,33) Der Schatz im Himmel besteht darin, in uns das Reich Gottes zu entdecken. In uns ist ein Raum, in dem Gott herrscht. Dort, wo Gott in uns herrscht, sind wir frei von aller Sorge. Dort sind wir ganz wir selbst. Dort ist der Himmel in uns. Dort haben wir allen Reichtum, den wir brauchen. Der wahre Reichtum ist in uns, in unserer Seele, in unserem Herzen. Wenn wir darum wissen, dann haben wir einen Schatz in uns, der nicht verdirbt, den uns niemand zu rauben vermag. Wer um diesen inneren Schatz weiß, der findet wahrhaft Ruhe. Denn die Gier, immer mehr Schätze anzusammeln, macht uns ruhelos. Wir haben den Eindruck, dass wir es nie schaffen werden, genug zu bekommen. Der innere Schatz schenkt uns Ruhe. Dort, wo Gott in uns herrscht, steht auch die Zeit still. Dort hat der Gott Chronos keine Macht über uns.

Viele Redewendungen und Volksweisheiten sind eine Anleitung zu einem guten Leben und können uns im Alltag Orientierung geben. Wenn wir sie uns als Prinzipien zu eigen machen, können sie unser Verhalten steuern und Entscheidungen erleichtern. Sie können auch direkt zum effektiven Umgang mit der Zeit führen. Es sind Verhaltensziele auf der mentalen Ebene, wir üben sie als Denkmuster ein, das sich bei einem entsprechenden Anlass auf der Verhaltensebene realisiert.

Ein paar Beispiele:

Erst die Arbeit, dann das Vergnügen.
Manchen Menschen fällt es schwer anzufangen. Sie suchen Ersatzbeschäftigungen, statt das zu tun, was zu tun ist: Zeitung lesen, am Computer spielen, erst noch dieses oder jenes tun, bevor sie anfangen. Das Lebensmotto: »Erst die Arbeit, dann das Vergnügen« kann helfen, sofort mit dem anzufangen, was jetzt das Wichtigste ist, auch wenn es etwas Überwindung kostet. Das Erreichen eines gesteckten Ziels gibt dem Leben schließlich wieder neuen Schwung.

Das Unangenehme zuerst.
Das ist eine Variante des obigen Leitsatzes. Für die Tagesplanung hat das eine wichtige Bedeutung. Wir erzeugen mit der Erledigung der Dinge, die wir nicht so gerne tun, sofort schöne Erfolgs- und Glückserlebnisse und der Rest des Tages bekommt dadurch eine leichte und bessere Qualität.

Ehrlich währt am längsten.
Die Versuchung, ein bisschen zu schwindeln, kann viele Formen annehmen. Es kann aber später, wenn die Wahrheit ans Licht kommt, sehr aufwändig werden, dies zu erklären oder wieder zurechtzurücken. Es ist eine gute Entlastung für uns selbst, wahr und klar in allen Aussagen zu bleiben.

Morgenstund' hat Gold im Mund.
Das Aufstehen am Morgen ist für manche Menschen beschwerlich, es ist der ständige Kampf gegen die Trägheit. Wie ist der Start in den Tag, wenn wir früh bereits hetzen und in Hektik frühstücken? Etwas eher aufstehen, um Zeit für sich zu haben, gibt dem ganzen Tag eine andere Qualität. Der

frühe Morgen hat eine besondere Zeitqualität. Das kann man besonders bei einem Morgenspaziergang erleben. Es ist auch eine ideale Zeit für Meditation oder Gebet.

Wenn du es eilig hast, geh langsam. (Aus China)
Hektik oder hastiges Arbeiten kann leicht zu Fehlern oder Missgeschicken führen. Diese sind ärgerlich oder kosten uns Zeit, die wir uns erspart hätten, wenn wir gleich achtsam gehandelt hätten. Gerade wenn wir es sehr eilig haben, ist es hilfreich, sich zur Ruhe zu mahnen. Von Adenauer ist überliefert, dass er einmal zu seinem Chauffeur sagte: »Ich habe es sehr eilig, fahren Sie langsam.« Er wusste wohl, dass seine Unruhe auf seine Begleiter überspringen und damit die Unfallgefahr wachsen kann. Überlegen Sie einmal selbst, wie oft Sie in der Vergangenheit durch Hektik Fehler herausgefordert oder gar etwas kaputt gemacht haben, was Sie durch etwas mehr Ruhe und Achtsamkeit leicht hätten vermeiden können.

»Erfinden« Sie Prinzipien, die zu Ihnen passen – Leitgedanken, die Ihnen im Zweifel Orientierung geben können.

Mir selbst haben folgende beiden Leitsätze schon viel geholfen: **Endgültig arbeiten!** und **Tue es gleich!** Diese beiden Sätze schieben sich immer wieder in mein Bewusstsein, wenn die Versuchung kommt, etwas zu verschieben oder eine Arbeit abzubrechen, weil ich im Moment keine Lust dazu habe. Sie helfen mir, Disziplin bei meiner Arbeit zu entwickeln. Sie leiten mich an, Arbeiten zu Ende zu bringen, durchzuhalten, die Dinge fertig zu machen. Das Erfolgserlebnis – das Glücksgefühl, wenn etwas erledigt und abgeschlossen ist – bereichert dann mein Leben.

Besonders gilt das für Entscheidungen. Die Versuchung, schwierige Entscheidungen zu verschieben, ist oft sehr groß. Auch das innere Programm »später« ist manchmal sehr mächtig. Manchmal sind es auch nur Kleinigkeiten, die wir vor uns herschieben: etwas wegwerfen, aufräumen, Aufgaben delegieren. »Endgültig arbeiten« leitet uns dann an, die Dinge sofort zu erledigen und zu Ende zu bringen, die Dinge nicht mehrmals in die Hand zu nehmen.

Bei erfolgreichen Unternehmern finden wir viele Beispiele, wie diese ihr Leben an Grundsätzen ausgerichtet haben. Berühmt ist die »Boschbibel«, die Grundsätze von Robert Bosch, die noch heute in dem Weltkonzern gültig sind. Sein bekanntester Grundsatz lautet: »Lieber verliere ich Geld als das Vertrauen meiner Kunden.« Auch Reinhold Würth, der sich vom Eisenwarenhändler mit nur einem Angestellten zum Chef eines Weltkonzern mit über 50.000 Mitarbeitern hochgearbeitet hat, hält sich an Prinzipien: »Ich vertraue meinen Mitarbeitern und meinen Geschäftspartnern.« Er sagt, dass er damit viel Zeit und Energie gewonnen hat, die er sonst in Kontrolle investieren müsste.

Carpe diem 7.5

»Carpe diem« war im alten Rom ein geflügeltes Wort und meinte »pflücke den Tag«. Es wird heute manchmal frei und etwas irreführend übersetzt mit »nutze den Tag«. »Pflücken« meint jedoch etwas anderes. Pflücken meint, das ernten, was reif ist, vom Baum oder Strauch die reifen Früchte nehmen, um sie zu genießen – ein wunderbares Bild für den Umgang mit der Zeit. So sollten auch wir unser Tageswerk anpacken: prüfen, was reif ist, was jetzt dran ist.

Die reife Frucht lässt sich leicht vom Zweig nehmen, ohne Kraftanstrengung, bei unreifen Früchten müssen wir zerren und oft wird dabei der Zweig verletzt. Auch haben wir an unreifen Früchten keine Freude, sie sind sauer, bekommen uns nicht und verursachen Magenbeschwerden. Es ist Teil eines guten Zeitmanagements und bedarf einer gewissen Übung, um den Blick oder das Gespür für das zu schulen, was reif ist in der Arbeitswelt. Es sind die lohnenden Arbeiten, die wirklich wichtigen Dinge, die wir in der Menge der vielen Aufgaben herausfiltern müssen. Sie werden uns in der Seele befriedigen und im Außen großen Erfolg bringen.

Wer einmal einen Apfel oder Pfirsich oder eine Tomate, frisch geerntet, gegessen hat, weiß, dass die Frucht unmittelbar nach dem Pflücken das volle Aroma und eine unvergleichliche Geschmacksfülle hat. Wenn die Dinge reif sind und geerntet werden, dann haben wir den vollen Genuss. Wenn wir sie für später konservieren, verlieren sie von ihrer Fülle. Auch zum Pflücken brauchen wir also den richtigen Zeitpunkt.

Wir können das Bild auf die Arbeit übertragen und uns immer wieder fragen, ob uns das »schmeckt«, was wir gerade tun. Daran können wir messen, ob etwas reif ist. Dabei müssen wir uns auch immer wieder anstrengen, so wie wir auch auf einen Baum klettern müssen, um an die Früchte zu gelangen, oder die Dornen in einer Himbeerhecke aushalten müssen. Bequemlichkeit ist das falsche Indiz, um festzustellen, ob wir Reifes oder Unreifes ernten. Vielmehr können wir am Grad der Zufriedenheit nach der Arbeit messen und daran, wie gut es uns geht, ob unser Tun lohnend war und Reifes geerntet wurde.

Wenn wir das, was reif ist, an uns nehmen als Geschenk des Tages, dann ist die Arbeit leicht und voller Genuss. Der Tag kann reiche und gute Früchte bringen, wenn wir erkennen, was gepflückt werden kann. Kairos, der Jüngling mit der Stirnlocke, ist das Bild, das uns leiten kann. Wir können diese Fähigkeit wieder entwickeln, zu spüren, was gerade wichtig ist, wofür die Zeit reif ist. Der Weg geht über Intuition und über den Kontakt zu unseren Gefühlen und zu unserer Seele.

Interessanterweise ist auch das Wirken Jesu gekoppelt an die Zeit, die reif ist für sein Wirken. Bei der Hochzeit von Kana wirkt Jesus sein erstes Wunder. Als der Wein ausgeht und seine Mutter ihn darauf anspricht, erwidert er: »Meine Stunde ist noch nicht gekommen.« (Johannesevangelium 2,4) Auch beim Laubhüttenfest in Jerusalem sagt er: »Meine Stunde ist noch nicht gekommen.« (Johannesevangelium 7,6) oder umgekehrt: »Es war vor dem Paschafest. Jesus wusste, dass seine Stunde gekommen war ...« (Johannesevangelium 13,1)

Viele Menschen heute haben den Blick verloren für die Qualität der Gegenwart, sie haben kein Gespür für das Angemessene. Ihr Denken ist in rationalen Konzepten, in Plänen und in Wünschen gefangen. Sie stemmen sich gegen den Fluss der Zeit und erreichen mit viel Anstrengung nur sehr wenig. Das Maß an negativem Stress (Disstress), den wir empfinden, verweist auf einen unangemessenen Umgang mit der Zeit. Auch eine rücksichtlose Fremdbestimmung, der ja sehr viele Arbeitnehmer ausgesetzt sind, zeigt, wie wenig Gespür in unserer Kultur und besonders in der Wirtschaft für Zeitqualitäten vorhanden ist.

PRAXIS DES SELBSTMANAGEMENTS 8

Sich selbst gut zu führen ist die Voraussetzung, um andere führen zu können. Was ich selbst ausprobiert habe und erfolgreich praktiziere, kann ich glaubwürdig an andere weitergeben. Aber auch ohne Führungsaufgabe müssen wir unser Leben gestalten, uns selbst führen. Entscheidend dabei ist es, das Jetzt, den heutigen Tag, gut zu gestalten. Der Umgang mit der Zeit zeigt sich immer im Hier und Jetzt. Den heutigen Tag fruchtbar und sinnerfüllt zu gestalten, ist das beste Zeit- und Selbstmanagement. Von Mark Twain stammt der schöne Satz: »Gib jedem Tag die Chance, der schönste deines Lebens zu werden.«

Wenn wir die Schwierigkeiten meistern, denen jeder Mensch immer wieder gegenübersteht, dann führt das nicht nur zu Erfolgserlebnissen und zu Glücksgefühlen, sondern wir reifen und wachsen durch diese Erfahrungen. In dem Maße, wie wir im Außen Ordnung schaffen und unsere Arbeit sinnvoll strukturieren, kommen wir auch in unserem Inneren zu einer gute Balance. Ein Arbeitstag, an dem wir Gutes geleistet, eine gute Arbeit abgegeben haben, erfüllt uns auch im Innern mit Freude und Befriedigung.

Spiritualität oder ein spiritueller Weg werden unglaubwürdig und zum Egotrip, wenn sie nicht Früchte im Alltag bringen. Unsere geistige, spirituelle Entwicklung spiegelt sich wider in unserem Umgang mit den Menschen und Aufgaben, in der Art und Weise, wie wir unsere Arbeit machen. Es wäre eine Hybris zu glauben, dass eine gute Gesinnung oder eine wie immer geartete Frömmigkeit bereits spirituell oder ausreichend für ein gelingendes Leben sei. Die Bewährung unserer Spiritualität ist immer der Alltag und zeigt sich darin, wie wir die Herausforderungen meistern. Dazu ist es sinnvoll, auch die Techniken und Hilfen anzunehmen, die sich bereits bewährt haben und von erfolgreichen Leuten praktiziert werden. Dazu im Folgenden einige Tipps zu Problemen, mit denen Menschen in beruflicher Verantwortung immer wieder zu tun haben.

8.1 Störungen

Telefon, Mails, Besucher, Kollegen, kreative Vorgesetzte, Großraumbüros und andere Begleiterscheinungen eines normalen Arbeitstages führen oft dazu, dass der Tag vergeht, ohne dass wir zu unserer eigentlichen Arbeit kommen. Störungen in allen Varianten verbrauchen den größten Teil unserer Arbeitszeit. Für viele Menschen sind die Unterbrechungen bei ihrer Arbeit ein wachsender und ernster Belastungsfaktor.

Störungen kosten auf doppelte Art und Weise Zeit. Die Zeit, die wir einem Besucher oder einem Anrufer widmen, fehlt uns für unsere eigenen Aufgaben. Hinzu kommt die Zeit, die wir nach der Störung benötigen, um uns wieder in unserer Arbeit gedanklich zu orientieren. Am deutlichsten merken wir das, wenn wir Briefe diktieren, schreiben oder komplexe Vorgänge bearbeiten. Wir müssen das noch einmal lesen, was wir geschrieben haben, oder das Band zurückspulen und überlegen, was wir sagen wollten. Diese Neuorientierung kann mehrere Minuten Zeit zusätzlich kosten.

In einer amerikanischen Untersuchung ergab sich folgende interessante Statistik über leitende Angestellte: Sie werden alle acht Minuten in ihrer Arbeit unterbrochen. Die Unterbrechung dauert durchschnittlich drei Minuten. Wenn man hierzu wenigstens zwei Minuten Orientierungszeit hinzurechnet, um das Unterbrochene wieder aufzunehmen, so ergibt sich folgende Bilanz: Auf 13 Minuten Arbeitszeit entfallen fünf Minuten Störung, das heißt, in über 40 Prozent der Arbeitszeit haben wir mit Störungen zu tun.

Störungen sind unvermeidbar, sie lassen sich jedoch deutlich reduzieren, wenn wir uns an ein paar Regeln halten:

- Wir können »Sprechstunden« einrichten, Zeiten, in denen wir erreichbar sind, davor und danach nur in Notfällen. Niemand muss ununterbrochen für jeden erreichbar sein.
- Wir können für jeden Tag störungsarme Zeiten einrichten, Zeiten, in denen wir nicht gestört werden wollen.

Ein Vorgesetzter, der diesen Hinweis umsetzte, schrieb einmal, dass er täglich nur noch vormittags eine Stunde und nachmittags eine Stunde für die Mitarbeiter erreichbar sei – außerhalb dieser Zeiten nur noch in sehr dringenden Fällen. Als er das einführte, bekam er von seinen erbosten Mitarbeitern zu hören: Hier geht es zu wie beim Papst, man muss jetzt um eine Audienz bitten. Er schrieb weiter: Nach zwei Wochen hatten sich alle daran gewöhnt und ich komme endlich zu meiner Arbeit und habe auch noch Zeit zum Nachdenken.

Auf der einen Seite wollen wir unnötige Störungen vermeiden. Doch auch wenn wir gut für uns sorgen, werden trotzdem immer wieder Störungen auftreten. Dann wäre es eine eigene Kunst, sich auf die Störung einzulassen und ganz bewusst den Telefonhörer in die Hand zu nehmen und sich mit ganzem Herzen dem zuzuwenden, der mich jetzt anruft. Man kann das Telefonieren auch zum Ritual machen: Ich greife nicht hastig zum Hörer, sondern langsam und bewusst. Ich bin jetzt in diesem Augenblick ganz für den da, der anruft. Dann erlebe ich es nicht als Störung, sondern vielleicht sogar als heilsame Unterbrechung. Allerdings werde ich dann auch spüren, ob der Anruf wichtig ist. Und ich werde ihn nicht unnötig in die Länge ziehen, sondern klar und prägnant und dennoch freundlich sagen, was zu sagen ist.

Aber wenn ich mich sehr konzentrieren muss, wie etwa beim Schreiben eines Buches, ziehe ich den Telefonstecker heraus. Da kann ich keine Störungen brauchen. Wir brauchen ein Gespür dafür, wie wir kreativ mit Störungen umgehen können, und zugleich dafür, wo wir ungestört sein wollen.

Störungsjournal 8.1.1

Ein »Störungsjournal« zeigt objektiv, wer wie oft wann stört. Und es kann eine gute Argumentationshilfe sein, wenn Sie etwas an den Arbeitsabläufen ändern möchten. Notieren Sie auf einer Liste, wer Sie wann wie lange unterbrochen hat. Notieren Sie auch die Wichtigkeit der Sache, als A, B, C oder I, II, III. Werten Sie die Liste täglich aus und fassen Sie das Ergebnis nach vier Wochen zusammen.

Störungsjournal

T = Telefon, B = Besucher
I = unwichtig, II = wichtig, III = sehr wichtig

Datum: ______________________

Wer?	Wie?	Dauer	Grund	Wertung
	T / B	min.		I II III
1.				
2.				
3.				
4.				
5.				
6.				
7.				
8.				
9.				
10.				
11.				
12.				
13.				
14.				
15.				
16.				
17.				
18.				
19.				
20.				
21.				
22.				
23.				
24.				
25.				

Auswertung nach Art der Störung

Anzahl T:	***Gesamtdauer:***	***Durchschnittl. Dauer:***
Häufigster Störer:	***Anzahl:***	***Durchschnittl. Dauer:***
Anzahl B:	***Gesamtdauer:***	***Durchschnittl. Dauer:***
Häufigster Störer:	***Anzahl:***	***Durchschnittl. Dauer:***

Auswertung nach dem Grad der Störung

Anzahl I:	***Gesamtdauer:***	***Durchschnittl. Dauer:***
Anzahl II:	***Gesamtdauer:***	***Durchschnittl. Dauer:***
Anzahl III:	***Gesamtdauer:***	***Durchschnittl. Dauer:***

Auswertung nach der Intensität der Störung

Häufigste Störungsgründe:

____

____

____

____

____

____

____

____

____

Sie werden entdecken, dass viele Störungen nicht wirklich wichtig sind und dass es ganz bestimmte Personen sind – meistens nicht gerade die Leistungsträger –, die Sie von der Arbeit abhalten.

Störungsarme Zeiten

1. Richten Sie störungsarme Zeiten ein für Arbeiten, die eine hohe Konzentration erfordern. Sprechen Sie sich mit Kollegen ab, die für Sie in dieser Zeit die Anrufe entgegennehmen, oder schalten Sie den Anrufbeantworter ein. Informieren Sie häufige Gesprächspartner über diese Zeiten.

2. Die störungsarmen Zeiten, oder Ihre Sprechstunden, sollten ein fester Bestandteil, am besten immer zur gleichen Zeit, in Ihrem Tagesablauf sein.

3. Bearbeiten Sie E-Mails nur zu bestimmten Zeiten und nicht ständig. Schalten Sie die akustischen Signale aus. Mails werden schneller bearbeitet in Form von »Serienproduktion«, nacheinander im Block.

4. Wenn Sie Ihren Tagesplan und Ihre Prioritäten vor Augen haben, fällt es Ihnen leichter, »Nein« zu sagen und die Fremdbestimmung abzuwehren. Sie können dann leichter vermeidbare Störungen durch Kollegen, Kunden oder Lieferanten abblocken.

5. Im Konflikt zwischen den eigenen Prioritäten und den Erwartungen anderer können Sie auch diesen Konflikt kommunizieren und dabei um Verständnis für Ihre Situation werben.

8.1.2 Sogenannte »Zeitdiebe«

Vera Birkenbihl, eine durch viele Bücher und Seminare bekannte Trainerin, bezeichnet Zeitdiebe als Trickdiebe. Sie arbeiten immer mit dem gleichen Trick: »Darf ich mal kurz stören?« Oder: »Haben Sie zwei Minuten Zeit für mich?« Anschließend kostet Sie die Unterbrechung nicht zwei, sondern 20 Minuten. Der Trickdieb ist aber nur erfolgreich, wenn Sie mitmachen, er braucht Sie als Komplizen, ohne Ihr Mitwirken hat er keine Chance.

PRAXISTIPP

Umgang mit »Zeitdieben«

1. Lernen Sie, deutlich »Nein!« zu sagen, ganz ohne schlechtes Gewissen.

2. Fragen Sie: »Worum geht es?« und entscheiden Sie dann, wie viel Zeit Sie der Sache widmen wollen.

3. Sagen Sie klar und deutlich: »Zwei Minuten, aber nicht mehr!« Gegebenenfalls vereinbaren Sie einen geeigneten Termin. Wenn Sie der Störung zustimmen, kontrollieren Sie den Zeitbedarf. Sagen Sie Ihrem Gesprächspartner, wenn die zwei Minuten vorbei sind.

Doch der »Zeitdieb« ist auch ein Mensch mit Bedürfnissen. Es ist gefährlich, vorschnell Etiketten zu verteilen und Menschen damit abzuwerten. Wer andere stört, tut das nicht aus böser Absicht, sondern auf Grund eigener Bedürfnisse. Oft sind es soziale Bedürfnisse, der Wunsch sich mitzuteilen, eine Unsicherheit oder innere Unruhe, die Menschen umhertreibt. Dafür sollten wir Verständnis haben. Dann erst können wir wohlwollend mit diesen Menschen reden. Diesen Bedürfnissen des anderen können wir in einem nächsten Schritt unsere eigenen Bedürfnisse gegenüberstellen und unseren Anspruch anmelden, nach eigenen Maßstäben über unsere Zeit zu verfügen. Oft ernten wir dann Verständnis und haben niemanden verärgert.

Ein Problem für viele Menschen ist es, dass sie nicht unhöflich sein wollen oder dass sie Angst haben, sich unbeliebt zu machen, wenn sie etwas ablehnen. Unsere Erziehung führt zu einem schlechten Gewissen, wenn wir jemanden zurückweisen. Wir fühlen uns unwohl, wenn wir einer Bitte oder einer Erwartung nicht nachkommen. Es sind die inneren Antreiber, ein sehr effektiver Teil unseres Über-Ichs, der uns einflüstert: »Sei höflich«, »Das kann man doch nicht machen« oder: »Mach es jedem recht«.

Zu einer guten Zeitplanung gehört es jedoch, dass wir anderen Grenzen setzen und die eigenen Grenzen erkennen. Das erfordert Nüchternheit, die Dinge so zu sehen, wie sie sind. Und es erfordert Mut, die Dinge klar und deutlich beim Namen zu nennen. Dies kann ein wichtiger Lernprozess werden und zu unserer Persönlichkeitsentwicklung ganz wesentlich beitragen.

Vor allem andere beginnen uns zu respektieren, wenn wir klar sagen, was wir wollen und was nicht geht.

Gefährlich ist es, »Zeitschulden« zu machen. Wir sagen etwas für später zu und müssen irgendwann unsere Zusage einlösen. Besser ist es, sofort »Nein« zu sagen oder etwas vorsichtiger, »ich kann das nicht sicher zusagen«. Auch die Überlegung, etwas später zu tun, wenn mehr Zeit dazu ist, kann zum Problem werden. Der Zeitpunkt, an dem wir mehr Zeit haben, wird nie kommen.

PRAXISTIPP

»Nein!« sagen

1. Lernen Sie, deutlich »Nein« oder »Jetzt nicht« zu sagen, um Störungen abzuwehren.

2. Üben Sie mit einem Freund oder Ihrem Partner in Rollenspielen. Der Partner tritt mit einem Anliegen an Sie heran, zum Beispiel: »Kannst du mal für mich …« Sie sagen dann deutlich »Nein« ohne Begründung und Sie beide beobachten nun, welche Gefühle sich dabei einstellen. Das machen Sie mehrere Male. Ihre Gefühle werden sich dabei nach und nach ändern, es wird immer leichter gehen.

3. Üben Sie dann auch die Soft-Version, »das geht leider nicht, weil …«, und beobachten Sie den Unterschied in Ihren Gefühlen.

Im Umgang mit anderen Menschen entsteht auf Dauer eine deutlich bessere Beziehung, wenn wir das sagen, was wir wirklich empfinden und wollen. Beziehungen werden vergiftet, wenn wir die Dinge verschleiern oder unsere wahren Gefühle unterdrücken. Es geht uns damit nicht gut. Wir sagen »Ja« und ärgern uns hinterher über uns selbst. Die Forderung nach Offenheit und Ehrlichkeit im Umgang miteinander meint auch, ehrlich das zu sagen, was tatsächlich oder vermeintlich unhöflich oder unbequem ist.

Viele trauen sich nicht, Grenzen zu setzen, weil sie Angst haben, sie könnten an Beliebtheit verlieren. Denn wenn ich den Wunsch eines anderen nicht erfülle, ist er zunächst enttäuscht. Andere haben Angst, sie könnten einen an-

deren verletzen, wenn sie Nein sagen. Doch die Erfahrung zeigt, dass die Beziehungen klarer und auf Dauer besser werden, wenn wir unsere Grenzen klar benennen. Sich gegenüber einem Wunsch des anderen abzugrenzen, heißt nicht, den anderen abzulehnen. Weil ich mich und den anderen achte, sage ich nur das zu, was ich gut und gerne erfüllen kann. Wenn ich immer wieder meine Grenzen überspringe, fühle ich mich irgendwann ausgenutzt und werde hart und bitter. Das hilft keinem. Denn der andere spürt, dass ich nicht gerne tue, was er von mir erwartet. Ein guter Umgang mit meinen eigenen Grenzen und mit denen der anderen schafft ein klares und gutes Klima. Grenzenlosigkeit schafft unbewusste Aggressivität und führt zur Überforderung.

Viele setzen auf aggressive Weise Grenzen, weil sie zu lange damit gewartet haben. Dann wird das Grenzensetzen zum Vorwurf für den anderen. Ich werfe ihm vor, dass er zu viel von mir will. Wenn ich gut mit meinen Grenzen umgehe, werde ich dem anderen keinen Vorwurf machen, sobald er Erwartungen an mich hat. Er darf Erwartungen haben. Das ist sein gutes Recht. Aber ich bin frei, auf diese Erwartungen zu reagieren, sie zu erfüllen oder nicht. Ich kann dann sagen: »Ich verstehe, dass du das gerne möchtest. Aber leider kann ich es nicht. Ich kann deine Erwartungen nicht erfüllen.«

Viele, denen man ein Nein sagen muss, können dies durchaus verstehen und respektieren. Es gibt natürlich immer auch Menschen, die das Nein nicht akzeptieren wollen und immer wieder nachbohren. Dann ist es wichtig, klar zu bleiben. Sonst fühle ich mich überrumpelt. Wenn ich nur nachgebe, weil der andere so hartnäckig ist, dann geht es mir nicht gut damit.

Grenzensetzen darf natürlich nicht zu einer Ausrede werden, sich nicht zu engagieren. Es gibt auch Menschen, die zu viele Grenzen ziehen. Sie kommen nie richtig dazu, ihre ganze Kraft einzusetzen. Was meine Grenze ist, erkenne ich erst, wenn ich einmal über die Grenze gegangen bin. Es braucht immer beide Pole: die Grenze zu setzen und sie zu überschreiten, um in neue Räume vorzustoßen. Ich muss ein feines Gespür entwickeln, wo es wichtig ist, Grenzen zu setzen, und wo es besser ist, über die Grenze hinauszugehen und es zu wagen, mich für dieses oder jenes Projekt oder für diesen Menschen zu engagieren.

In der Betriebswirtschaft spricht man von »Input« und »Output«. Es gibt auch Mitarbeiter, die sich vor lauter Input verschlucken. Sie brauchen viel von außen. Aber ihr Leben kommt nicht zum Fließen. Das macht sie nicht glücklicher. Zur Zufriedenheit gehört, dass das Leben fließt. So braucht es immer ein gutes Gleichgewicht zwischen Grenzen setzen und Grenzen überschreiten.

8.2 »Verschieberitis«

Jeder Mensch hat Aufgaben, die er nicht so gerne mag. Deswegen neigen wir ganz natürlich dazu, diese Dinge beiseite zu legen, um sie später zu bearbeiten. Dies entspricht dem angeborenen psychischen Impuls, Unlust zu vermeiden. Aber: Ein Problem, das wir verschieben, kann mit der Zeit zu einem Geflecht, zu einem Berg von Problemen anwachsen. Das Problem und die Angst davor wachsen von Tag zu Tag, wenn wir es vor uns herschieben.

Aufschieben hat noch einen weiteren Nachteil: Wir blockieren dadurch unsere Energie. Immer wenn wir daran denken, »das muss ich ja auch noch erledigen«, bekommen wir ein schlechtes Gewissen. Wir erzeugen unnötige Unlustgefühle. Wir können dies in der Praxis vermeiden, wenn wir in der Tagesplanung an die erste Stelle die (wenigen) Arbeiten nehmen, die uns unangenehm sind. Sie können dafür die Sonderpriorität »U« auf einer To-do-Liste vermerken.

Fangen Sie am Morgen sofort mit den unangenehmen Arbeiten an und bringen Sie diese zu Ende, bevor Sie irgendetwas anderes machen. Machen Sie daraus eine Gewohnheit, die Sie mit dem Leitsatz »das Unangenehme zuerst« unterstützen können, und Ihr Arbeitsalltag wird eine völlig neue Qualität bekommen. Der Tag beginnt dann mit wirklichen Erfolgserlebnissen. Sie sollten sich auch selbst dafür loben. Nach der Erledigung nehmen Sie sich eine Minute Zeit, um den Erfolg zu genießen. Sie kennen sicherlich auch die Erfahrung, dass das Schlimme, Unangenehme, vor dem es uns graut, sich oft als ziemlich harmlos herausstellt, wenn wir es erst angepackt haben. Umso besser geht es uns dann hinterher, nachdem wir das vermeintliche Problem gelöst haben.

Wenn die unangenehme Arbeit ein größeres Projekt ist, dann zerlegen Sie es in kleinere Portionen, die jeweils am Anfang ihres Arbeitstages angegangen werden. Täglich morgens eine Stunde mit Disziplin das tun, was zu tun ist, trainiert die Willenskraft und ist auch eine spirituelle Übung.

Wir können uns selbst ein bisschen austricksen, wenn wir es zu unserer Gewohnheit machen, am Abend die Arbeiten des nächsten Tages aufzuschreiben und festzulegen, was davon unangenehm ist. Wenn wir das in einer Zeit tun, in der wir es nicht erledigen müssen, fällt uns das leicht und wir beurteilen unsere Arbeiten objektiver. Am nächsten Tag folgen Sie dem Prinzip: Das Unangenehme zuerst.

Ein spiritueller Weg oder eine spirituelle Ausrichtung unseres Lebens führt nicht in ein Leben, in dem uns alles Spaß macht. Eine Wellness-Spiritualität, die so etwas verspricht, sollte man meiden. Echte Spiritualität wird uns aber helfen, gelassener das zu tun, was zu tun ist. Wir lassen uns weniger von unseren Befindlichkeiten, von Lust- oder Unlustgefühlen leiten als viel mehr von dem Blick auf den nächsten Schritt, von der Frage, was ist jetzt zu tun. Im Nachhinein erfahren wir, dass das gut und richtig war, und erleben das als Zufriedenheit.

Entscheidungen 8.3

Der Umgang mit Entscheidungen kann zum Problem werden, wenn Entscheidungen zu schnell oder zu spät getroffen werden. Beides kann sehr viel Zeit kosten, weil entweder die Entscheidungen nicht ausreichend durchdacht sind oder weil Prozesse und Abläufe verzögert werden. Überprüfen Sie, zu welchem Typus Sie eher gehören. Vielleicht finden Sie dabei auch heraus, dass Sie – je nach Umständen – einmal zum einen, beim nächsten Mal zum anderen Typus tendieren.

Schnell-Entscheider:
Merkmale: Aus der Hüfte schießen, Blitzlösungen suchen
Lebensmotto: Handeln statt fragen!
Tendenziell ungeduldig und hektisch

Nicht-Entscheider:
Merkmale: Große Aktenstöße mit langer Verweildauer, Freund von Arbeitskreisen
Lebensmotto: Wir müssen noch Folgendes überlegen!
Meist ausgeprägtes Harmoniebedürfnis und Wir-Gefühl.

Dazwischen gibt es viele Mischtypen.

Die Probleme der Schnell-Entscheider liegen darin, dass die Dinge oft nicht zu Ende gedacht sind und dann unüberlegt und vorschnell gehandelt wird. Nach einer Blitzentscheidung kostet es viel Zeit, etwas wieder zu reparieren oder den Schaden zu begrenzen. Wer sein Naturell als Schnell-Entscheider kennt, kann bewusst Strategien entwickeln, die ihn bremsen.

Beim Nicht-Entscheider stapeln sich die unerledigten Dinge. Oft sind es Kleinigkeiten, bei denen die Folgen der Entscheidung sehr gering sind, die trotzdem psychisch belasten und aufgeschoben werden. Solche Menschen können leicht einen ganzen Bereich blockieren. Die psychische Ursache liegt oft in der Angst, einen Fehler zu machen.

PRAXISTIPP

Für Schnell-Entscheider

Programmieren Sie für Ihr Unterbewusstsein Regeln, die dann automatisch Ihr Verhalten steuern, zum Beispiel:

1. ***Bei wichtigen Entscheidungen:***
   - ***noch einmal darüber schlafen,***
   - ***mit jemand anderem, der kritisch denkt, noch einmal darüber sprechen,***
   - ***vor der Entscheidung noch mindestens vier weitere Alternativen prüfen.***
2. ***Im Alltag können folgende Regeln helfen:***
   - ***erst dreimal langsam atmen, bevor Sie etwas sagen,***
   - ***bevor Sie Aussagen machen, stellen Sie lieber eine Frage wie zum Beispiel: »Was meinen Sie dazu?«***
   - ***Statt »so ist es« oder »so machen wir das jetzt«, die »Entscheidung« als Idee anbieten, »mein/e Vorschlag/Idee wäre …«, und noch andere Meinungen einholen.***

PRAXISTIPP

Für Nicht-Entscheider

1. ***Setzen Sie sich Zeitlimits oder legen Sie das Vorgehen und den Zeitpunkt der Entscheidung fest.***
2. ***Akzeptieren Sie zum festgelegten Entscheidungszeitpunkt die verbleibende Unsicherheit.***
3. ***Vereinbaren Sie mit anderen, wann die Entscheidung fällt, und laden Sie die anderen Betroffenen ein, die Entscheidung einzufordern.***
4. ***Lernen Sie, Ihrer Intuition zu vertrauen. Was sagt Ihr Gefühl?***
5. ***Prüfen Sie, was Sie hindert, Entscheidungen zu treffen. Lernen Sie, mit Ihrer Angst vor Fehlern umzugehen.***

In beiden Fällen, wenn wir zu schnell oder zu spät entscheiden, verpassen wir Kairos, den richtigen Augenblick. In einem Fall sollten wir uns etwas zusätzliche Zeit nehmen, um zu prüfen, ob die Zeit für das Handeln wirklich reif ist, ob der richtige Zeitpunkt da ist. Im anderen Fall sollten wir uns bewusst machen, dass Gelegenheiten auch verpasst werden können.

Auch wenn das Tempo in unserer Arbeitswelt zunimmt und Entscheidungen in immer kürzerer Zeit getroffen werden müssen, können wir Zeiten der Ruhe und Besinnung, Zeiten der Entschleunigung bewusst in unseren Tagesablauf einbauen. Wenn wir immer wieder innerlich zur Ruhe kommen und sinnvolle Pausen machen, wird die Qualität unserer Entscheidungen und unseres Handelns deutlich besser. Wenn wir uns gehetzt fühlen oder hektisch handeln, wächst nicht nur die Gefahr, Fehler zu machen, wir schöpfen dabei auch nicht aus der Tiefe und erfassen oft nicht das Wesentliche.

Eine spirituelle Dimension bei Entscheidungen erreichen wir, wenn wir diese bewusst treffen, das heißt über die Folgen in meditativer Art nachdenken, bevor wir entscheiden. Die meisten alltäglichen Entscheidungen laufen völlig unreflektiert – ob beim Einkaufen oder im Tagesgeschäft. Für viele Bereiche unseres Lebens ist das sinnvoll und nützlich. Wir stehen früh auf und haben ein festes Programm, das sich bewährt hat. Wir treffen aber auch gewohnheitsmäßige Entscheidungen, die uns eher schaden, wie etwa der Griff zur Zigarette oder das Anschalten des Fernsehers.

Daneben gibt es viele Bereiche, bei denen wir in keinster Weise über die Folgen unseres Tuns nachdenken. Wir sind davon nicht unmittelbar betroffen, jedoch schaden wir anderen damit. Als Beispiel sei das Einkaufen genannt: Wer nur das Billigste kauft, unterstützt damit die Ausbeutung von Arbeitern, die für Hungerlöhne arbeiten müssen. Sie können sich auch Gedanken darüber machen, wie viel Umweltverschmutzung entsteht, wenn Erdbeeren im Dezember aus Florida eingeflogen werden.

Wir können ein bewussteres Leben führen, wenn wir uns bei jeder Entscheidung fragen, in welcher Art und Weise diese Entscheidung zu unserem Glück oder zum Glück anderer beiträgt. Eine gute Übung kommt aus einer schamanischen Tradition, nach der empfohlen wird, bei jeder Entscheidung, auch bei banalen Dingen des Alltags, immer fünf Fragen, die im Folgenden vorgestellt werden, zu stellen, bevor die Entscheidung fällt. Dies führt uns in die Reflexion unseres Tuns und manche Entscheidung fällt nach dieser Prüfung völlig anders aus.

PRAXISTIPP

Entscheidungen reflektieren

Fragen Sie, bevor Sie eine Entscheidung treffen, auch bei den vielen kleinen Alltagsentscheidungen:

1. ***Bin ich wahrhaftig, wenn ich das tue?***
2. ***Dient es meinem Glück?***
3. ***Verbessert es meine Gesundheit?***
4. ***Schade ich damit jemandem?***
5. ***Ist es ein liebevolles Handeln?***

Üben Sie das Hinterfragen ihrer Entscheidungen über längere Zeit und beobachten Sie, wie es Ihnen damit ergeht. Wie bei allen spirituellen Übungen brauchen wir dabei Geduld mit uns und Beharrlichkeit.

Sie können auch den Fragenkatalog nach eigenen Werten und Vorstellungen verändern, auch kürzen auf die zwei oder drei für Sie wesentlichen Fragen.

Wir können es zu einer spirituellen Übung machen, achtsam unsere Entscheidungen zu überdenken, bevor wir sie ausführen. Entscheidungen sind ein gutes Übungsfeld, Spiritualität im Alltag zu praktizieren.

Neben den reflektierten Entscheidungen, die wir im Laufe des Tages immer wieder praktizieren können, sollte es auch Raum für Spontaneität geben. Wenn wir in innerer Harmonie sind, im Fluss mit dem Geschehen, dann ergibt sich vieles von selbst und wird als stimmig erlebt. Wir werden dabei von unserer Intuition geführt und wir können lernen, dieser Intuition zu vertrauen. Demgegenüber sind die reflektierten Entscheidungen kein Widerspruch, denn wenn wir die intuitiven Entscheidungen mit unseren fünf Fragen prüfen, werden sie sich wohl meistens als richtig erweisen. Die reflektierten Entscheidungen können uns vor allem helfen, unsere negativen Gewohnheitsmuster aufzubrechen und zu verändern. Sie helfen uns bei den Zweifeln, die in Entscheidungssituationen auftreten können.

Bewusster telefonieren 8.4

Die Probleme einer Gesellschaft, die sich das Immer-Schneller auf die Fahnen geschrieben hat, werden nicht dadurch gelöst, dass wir technologische Neuerungen ablehnen oder sie nicht nutzen. Es geht viel mehr darum, die Möglichkeiten sinnvoll und im rechten Maß zu nutzen. Das Telefon mit den vielfältigen technischen Möglichkeiten kann uns viel Zeit ersparen, wenn wir es gezielt nutzen und eine gute Gesprächsdisziplin entwickeln.

Wir können das Telefon nutzen:

- um Reisen zu vermeiden,
- um Konferenzen vorzubereiten,
- um Entscheidungen herbeizuführen,
- um Kontakte zu Mitarbeitern, Kunden oder anderen wichtigen Menschen zu halten,
- um die Beziehungssignale in der Stimme zu hören.

Eine gute Möglichkeit, um sich mit mehreren Personen abzustimmen, sind Telefonkonferenzen, die durchaus auch noch mit größeren Gruppen möglich sind. Bei mehr als drei Teilnehmern sollte ein Gesprächsleiter benannt werden, der das Wort erteilt und moderiert. Die aufwändigere Variante sind Videokonferenzen. Wenn man über das Internet telefoniert, lassen sich Kommentare, Dokumente, Skizzen usw. in die Besprechung einbinden und online versenden. Zeitintensive Reisen lassen sich dadurch oft vermeiden.

Wir können umgekehrt aber auch telefonieren, um unangenehme Arbeiten zu vermeiden. Das Telefonieren wird dann eine Ersatzbeschäftigung. Wir können auch vom Thema und vom Anliegen abschweifen. Andere können uns mit unerwünschten Informationen überschütten, wenn wir uns nicht abgrenzen. Disziplin und Zielorientierung helfen, die Gefahren dieser segensreichen Erfindung zu vermeiden.

An der Art, wie jemand telefoniert, erkennt man, wie er ist, welche Stimmung er hat. Und man spürt beim Telefonieren etwas vom Geist der Firma oder der Abteilung, mit der man gerade telefoniert. Ich merke sofort, ob der andere nur eine lästige Pflicht erledigt oder ob er sich mir ganz zuwendet, ob er Zeit hat für mich. Zeit haben bedeutet dabei nicht, dass er lange mit mir telefoniert, sondern dass er ganz bei dem ist, was er sagt, und dass er mir zugewandt ist. Wenn wir uns ganz einlassen auf das Telefonieren, dann wird es auch nicht lange dauern. Und es wird nicht zum Energieräuber, sondern zum Energiespender. Wir fühlen uns nach einem guten Telefonat erfrischt.

Andere Telefonate nerven uns dagegen und prägen dann auch noch unser Arbeiten nach dem Gespräch. Daher geht es beim Telefonieren nicht nur um die Kürze der Zeit, sondern immer auch um die Qualität, die die Zeit des Telefonierens für mich hat. Wenn das Ferngespräch mir einen weit entfernten Gesprächspartner nahe bringt, dann kann ich in diesem Telefonat auch mir selbst nahe sein. Und dann kann ich mich im nächsten Augenblick wieder ganz auf das einlassen, was ich tue.

So ist es durchaus eine Kunst, gut zu telefonieren. Diese Kunst hat nicht nur mit dem achtsamen Umgang mit der Zeit zu tun, sondern auch mit der Achtsamkeit den Menschen gegenüber. Entscheidend ist nie nur die Länge der Zeit, sondern immer die Qualität der Zeit. Welche Qualität die Zeit des Telefonierens und die des Vorher und Nachher hat, hängt davon ab, ob wir uns mit ganzem Herzen diesem Augenblick und diesem Menschen und dieser Arbeit zuwenden.

Aktiv telefonieren

Wenn Sie jemanden zum ersten Mal sprechen, gehört es zum Anstand, dass Sie sich vorstellen. Es ist für beide Seiten hilfreich, durch ein paar nette Worte eine Beziehung aufzubauen, bevor Sie zum Thema kommen. Es kann hilfreich sein zu erklären, wie Sie zu diesem Kontakt kommen, bevor Sie den Grund Ihres Anrufs nennen.

Bei Personen, mit denen Sie häufig Kontakt haben, können Sie sich an die Formel halten:

T-A-Z: Thema – Anliegen – Zeitbedarf

Bevor Sie in das Gespräch, in die Inhalte einsteigen, legen Sie den thematischen und zeitlichen Rahmen fest. Ihr Gesprächspartner kann sich orientieren und reagieren, wenn das Gespräch im Augenblick nicht möglich oder schwierig ist.

1. Nennen Sie zuerst das **Thema**, *zum Beispiel:*

– Es geht um unser Meeting gestern Nachmittag

– Es geht um das Angebot an die Firma ...

– Es geht um den Fall Mayer ...

2. Nennen Sie Ihr **Anliegen**, *zum Beispiel:*

– Ich brauche eine Information

– Ich brauche eine Entscheidung

– Ich möchte Sie informieren zu ...

– Ich möchte mich mit Ihnen abstimmen

– Ich hätte gerne dazu Ihre Meinung erfahren

– Ich möchte etwas klären

3. Nennen Sie den geschätzten **Zeitbedarf**. *Damit laden Sie Ihren Gesprächspartner ein zu entscheiden, ob er dieses Gespräch jetzt führen möchte oder ob ein anderer Termin günstiger ist. Fragen Sie zum Beispiel:*

– Haben Sie zehn Minuten Zeit für mich oder ist das jetzt ungelegen?

Der andere wird Ihnen klar sagen, dass er im Moment in Zeitdruck ist, dass er Besuch hat, oder umgekehrt, dass es jetzt günstig ist. Gegebenenfalls vereinbaren Sie einen neuen Termin und Ihr Gesprächspartner wird nicht in seiner Arbeit gestört.

Thema und Anliegen sind, wenn sie zu Beginn des Telefonats genannt werden, wie eine Überschrift über einem Zeitungsartikel oder die Betreffzeile in einem Brief. Sie ermöglichen dem anderen, sich rasch zu orientieren. Sie laden damit auch ein, sofort zum Thema zu kommen. Das ist in unserem Kulturkreis ein zeitsparender und akzeptierter Stil bei reinen und regelmäßigen Geschäftskontakten. In anderen Ländern gelten andere Regeln, die Sie natürlich beachten müssen, um nicht unhöflich zu erscheinen.

Wenn Sie jemanden gut kennen und lange nichts von ihm gehört haben, dann ist es höflich, erst ein paar persönliche Worte zu wechseln. Der Satz: »Wie geht es Ihnen?« ist eine Einladung an den anderen, von sich zu erzählen. Diese Einladung sollten Sie nur aussprechen, wenn Sie auch wirklich wissen wollen, wie es dem anderen geht. Als Redefloskel, ohne dem Gegenüber wirklich zuzuhören, wäre dies unproduktiv und unhöflich.

PRAXISTIPP

Passiv telefonieren

Wenn Sie angerufen werden:

1. Wenn Ihr Gesprächspartner nicht zur Sache kommt oder für Sie unklar ist, was der andere will, fragen Sie nach* Thema und Anliegen*:

– Worum geht es?, oder

– Was ist Ihr Anliegen?, oder

– Was möchten Sie von mir?

2. Stellen Sie sich selbst die Frage, ob Ihnen das Telefonat jetzt gerade gelegen ist, und teilen Sie das Ergebnis Ihrer Überlegung dem Gesprächspartner klar mit:

– Ich habe im Moment keine Zeit, oder

– Geht es kurz? Ich habe wenig Zeit, oder

– Legen Sie los.

3. Dauerredner darf man unterbrechen, am besten mit einer gezielten Sachfrage.

4. Jede Aufmerksamkeitsreaktion wie: »Ja« oder »interessant« und Kommentare sind eine Einladung an den Gesprächspartner, mehr zu erzählen, die Sie nur aussprechen sollten, wenn Sie wirklich mehr wissen wollen.

5. Schweigen ist eine deutliche Einladung, sachlich und kurz zu bleiben.

PRAXISTIPP

Allgemeine Regeln zum Telefonieren

1. Fassen Sie Telefonate als Arbeitsblock zusammen. Machen Sie sich eine Telefonliste und telefonieren Sie dann als »Serienproduktion«.

2. Bereiten Sie Telefonate vor! Was möchte ich von meinem Gesprächspartner: eine Entscheidung, eine Information, einen Rat? Oder will ich etwas abliefern: eine Information, ein Ergebnis?

3. Setzen Sie das Ergebnis sofort um, als Notiz, als Termineintrag oder als Aufgabe mit Priorität.

4. Verkürzen Sie die Einleitung so weit wie möglich.

5. Vermeiden Sie Wiederholungen, Abschweifungen oder das Aufwärmen veralteter Geschichten.

6. Prüfen Sie, ob dieses Telefonat notwendig ist oder ob eine Mail oder SMS genügt.

7. Wenn ein Sachverhalt nicht sofort zu klären ist, vereinbaren Sie einen Rückruf.

8. Grenzen Sie sich gegen Dauerredner ab. Unterbrechen Sie höflich: »Entschuldigen Sie, wenn ich Sie unterbreche, ich bin im Moment sehr in Zeitdruck. Worum geht es?«

9. Vermeiden Sie spontanes Telefonieren oder Telefonieren als Ersatzbeschäftigung.

10. Sperren Sie Ihr Telefon für die störungsarme Zeit.

Die ununterbrochene Erreichbarkeit über das Handy ist für Menschen, die viel unterwegs sind, ein Segen. Das Handy kann aber auch zum Terrorinstrument werden, wenn wir keine Zeit der Stille und der Ruhe mehr haben. Manche Vorgesetzte erwarten von ihren Mitarbeitern die ständige Erreichbarkeit. Wenn dazu noch Auslandskontakte kommen mit Zeitverschiebung wie zum Beispiel in den USA, dann ist es für die Betroffenen fast unmöglich, ein ungestörtes Privatleben zu führen oder einen Arbeitstag bewusst abzuschließen.

Prüfen Sie, wie weit Sie sich selbst durch eine ständige Erreichbarkeit wichtig machen und ob Sie Ihrem Ruhebedürfnis nicht mehr Bedeutung geben können. Vielleicht ist es möglich, die Erreichbarkeit auf bestimmte Zeiten einzuschränken. Gerade die technischen Möglichkeiten, zum Beispiel auch im Urlaub Mails beantworten zu können, erfordern, dass wir lernen, unsere Grenzen zu erkennen und anderen Grenzen zu setzen.

Das Prinzip »ora et labora« erfordert, dass es immer wieder Zeiten des »ora«, Zeiten der Stille, der Sammlung geben muss, die für andere Menschen tabu sind. Die wachsenden Möglichkeiten, die natürlichen Grenzen von Tag und Nacht oder von Entfernungen aufzulösen, erfordern im Gegenzug, dass wir diese Grenzen wieder bewusst selbst setzen.

Effektivere Konferenzen 8.5

Führungskräfte verbringen zwischen 20 und 70 Prozent ihrer Zeit in Konferenzen. Dabei zeigen Untersuchungen, dass im Durchschnitt 30 Prozent der Konferenzzeit unproduktiv sind. Schlecht vorbereitete und schlecht moderierte Besprechungen sind eine weit verbreitete Form der Massenvernichtung von Arbeitszeit. Es lohnt sich, die Kosten je Stunde Konferenzdauer für die jeweilige Konferenz zu ermitteln und allen zu Beginn mitzuteilen. Die Teilnehmer bekommen dadurch mehr Kostenbewusstsein und den Impuls, effizient zu arbeiten.

Je mehr Teilnehmer zu einer Besprechung eingeladen sind, desto notwendiger ist eine gute Vorbereitung. Für wichtige Themen kann es sich lohnen, einen externen Moderator einzuladen. Dieser hat in der Regel eine höhere Akzeptanz und verfügt über eine größere Methodenkompetenz. Wenn Sie häufig Konferenzen leiten müssen, lohnt es sich, Moderationstechniken und Wirtschaftsmediation, eine Technik zur Bewältigung von Konflikten, zu erlernen. In größeren Unternehmen hat sich auch bewährt, abteilungsfremde Führungskräfte als Moderator einzuladen. Es kann auch zur Team- und zur Personalentwicklung beitragen, die Moderation abwechselnd den Teammitgliedern zu übertragen, wenn bei den Betroffenen genügend Kompetenz vorhanden ist.

Die Trennung von Prozessleiter/Moderator und Team-/Projektleiter hat sich vielfach bewährt, da beide für die Konferenz unterschiedliche Rollen haben. Jeder kann sich voll auf seine Aufgaben konzentrieren. Es wird auch die Macht des Teamleiters beschränkt. Der Moderator sorgt für die Gleichbehandlung aller Beteiligten, er verhindert, dass Einzelne dominieren.

PRAXISTIPP

Konferenzvorbereitung

1. Frühzeitige Bekanntgabe von Termin, Ort, Zielsetzung, Teilnehmerkreis, Dauer, Tagesordnung.

2. Zur Vorbereitung der Teilnehmer Unterlagen rechtzeitig verteilen.

3. Teilnehmerzahl so niedrig wie möglich halten, am besten begrenzt auf Sachkundige und Betroffene.

4. Pausen nach ca. 1,5 bis 2 Stunden einplanen.

5. Ein- und mehrtätige Konferenzen an einem neutralen Ort veranstalten.

6. Geeignete Räume suchen: Licht, Belüftung, genügend Platz für Technik und Teilnehmer.

7. Atmosphäre im Konferenzraum schaffen: Getränke, Blumen, evtl. Namensschilder bereitstellen und alles Störende entfernen.

8. Sitzordnung festlegen.

Atmosphäre und Sitzordnung werden in ihrer Bedeutung gerne unterschätzt. Der Arbeitsverlauf hängt ganz entscheidend davon ab, ob sich die Teilnehmer wohlfühlen oder gestresst sind. Schlechte Rahmenbedingungen erschweren die Arbeit sehr und können sogar eine ganze Tagung zum Kippen bringen. Tageslicht, gute Lüftung in den Pausen, Sauberkeit, Schalldämmung, zum Beispiel durch Teppichboden, und Schutz vor Lärm- und Geruchsbelästigungen sind Grundvoraussetzungen. Eine Faustregel ist: Mindestens vier Quadratmeter Platz pro Person, um Dichtestress zu vermeiden. Gepflegte Pflanzen oder frische Schnittblumen sehen nicht nur gut aus, sie bringen auch gute Energie in den Raum.

Es macht einen Unterschied, ob die Teilnehmer an Tischen sitzen, sich quasi dahinter verstecken können oder in einem offenen Stuhlkreis. Eine Gesprächsrunde ohne Tische bringt die Menschen näher, da zwischen ihnen keine Barriere ist. Der Kontakt ist im Stuhlkreis viel unmittelbarer, was sich auf Teamprozesse förderlich auswirkt. Eine Kreisform optimiert den Abstand der Teilnehmer untereinander, alle sind voneinander gleich weit entfernt. Im Sprachgebrauch reden wir auch von unserem Freundes-Kreis.

Die Sitzordnung bei Besprechungen ist oft zufällig, gewohnheitsmäßig oder spiegelt die Rangordnung wider. Sie hat aber ganz wesentlich mit Energie und Einfluss zu tun. Probieren Sie es selbst aus. Wenn Sie als Leiter gegenüber der Tür sitzen oder so, dass Sie die Tür und alle Personen gut im Blick haben, fühlen Sie sich sicherer, als wenn Sie die Tür im Rücken haben. Ihr Unterbewusstsein schaltet auf »Gefahr«, wenn Sie eine Position einnehmen, in der Ihnen jemand »in den Rücken fallen« kann.

Aus Systemaufstellungen ist bekannt, dass die Macht in einem Personensystem – einer Gruppe von Personen, die eine Beziehung zueinander haben – im Uhrzeigersinn abnimmt. Es sollte an der linken Seite des Leiters der Nächstwichtige sitzen, zum Beispiel der Stellvertreter oder der für diese Sitzung bestimmte Moderator. Assistenten oder Stabsmitarbeiter können rechts sitzen. Der Satz vom »richtigen Mann am richtigen Platz« hat eine tiefe Bedeutung. Wenn Menschen nicht den ihnen gemäßen Platz in einer Besprechungsrunde, aber auch in einer Hierarchie einnehmen, wird das von der ganzen Gruppe als Ungleichgewicht und als Störung erlebt. Das Konfliktpotenzial und unterschwellige Rangeleien sind deutlich erhöht.

Ein Beispiel sei hier stark verkürzt dargestellt: Die Marketingabteilung einer Bank kam in einem Workshop zusammen mit dem Ziel, die unterschwelligen Konflikte in der Führungsrunde zu bearbeiten. Es gab zu Beginn Aussagen wie: »Wir haben Probleme miteinander, aber keiner spricht sie aus.« Oder: »Wir möchten harmonischer zusammenarbeiten, aber wir schaffen das nicht.«

Alle Teilnehmer, ein Abteilungsleiter, vier Gruppenleiter und drei stellvertretende Gruppenleiter sollten sich zunächst ihren individuellen Platz im Raum suchen. Alle stellten sich dabei in Bezug zu ihrem Abteilungsleiter im Kreis auf. Auf Nachfrage erklärten die meisten, dass ihr Platz in Ordnung, aber nicht wirklich gut ist. Anschließend wurde die Gruppe nach der Dauer ihrer Zugehörigkeit gefragt und die Gruppenleiter und deren Stellvertreter entsprechend umgestellt. In den nachfolgenden Bildern entspricht die Zahl hinter der Positionsbezeichnung der Zugehörigkeitsdauer: je größer die Zahl, desto kürzer trägt die Person in der Abteilung Verantwortung. Frauen sind durch ein rundes Symbol, Männer durch ein eckiges Symbol dargestellt.

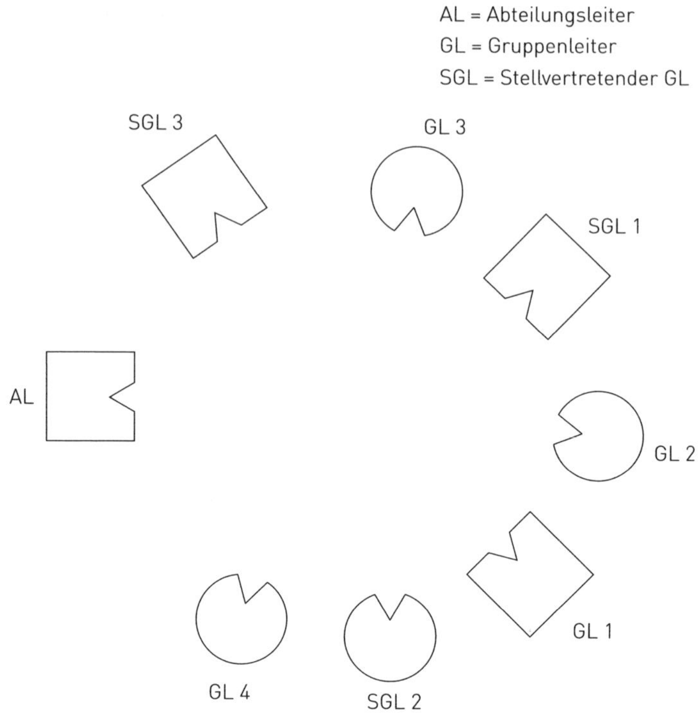

Die Gruppe, wie sie sich selbst positioniert hat.

Aus einem solchen Bild lassen sich Rückschlüsse ziehen auf die Beziehungen der Personen untereinander. Der Abteilungsleiter nimmt eindeutig seine Führungsaufgabe wahr. Er hat Abstand zu den Mitarbeitern und steht am ersten Platz. Der SGL 3 hat sich nach vorne geschoben und steht am ersten Platz nach dem Chef. Er will eine wichtige Rolle innerhalb der Abteilung spielen. Tatsächlich gab es in der Gruppe auch mit ihm die größten Probleme. Die Gruppenleiter, vor allem GL 4, aber auch GL 1 und GL 2 befinden sich nicht links neben dem Abteilungsleiter und machen somit deutlich, dass sie die ihnen zugedachten Plätze in der Gruppe nicht einnehmen. Sie wollen also die Verantwortung und Führung, die zu ihrer Position gehört, nicht voll wahrnehmen.

Das Bild zeigt auch, dass sich die Gruppe »einigelt«, für Kunden und andere Bezugspersonen ist kaum mehr Platz. Die Gruppe ist offensichtlich sehr mit sich selbst und mit ihren eigenen Problemen beschäftigt. Damit ist eine Außenleistung der Gruppe nur eingeschränkt möglich. Dies entspricht wiederum einer Aussage des Abteilungsleiters, dass die Leistung seiner Abteilung im Unternehmen nicht gesehen und ausreichend gewürdigt wird.

Die Gruppe wurde anschließend vom Moderator umgestellt, nach Rang und nach Zugehörigkeit.

AL = Abteilungsleiter
GL = Gruppenleiter
SGL = Stellvertretender GL

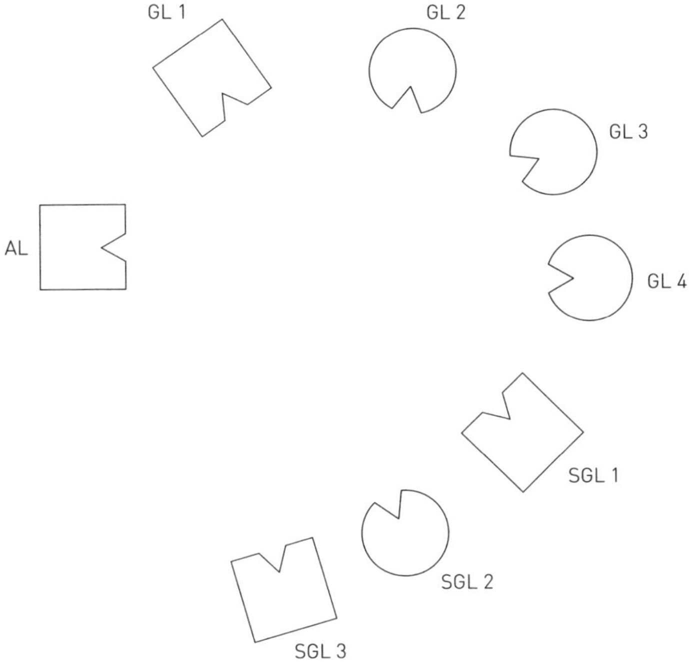

Die Gruppe in der Reihenfolge ihrer Zugehörigkeit.

In der Mimik und in der Körperhaltung der Beteiligten war zu beobachten, dass sich alle zunehmend entspannten und gelöster wirkten. Sie begannen ganz spontan, ihre Probleme konkret zu benennen und sich gegenseitig Dinge zu sagen, die bisher nicht ausgesprochen wurden. Das geschah sehr kritisch, aber wertschätzend. Die Gruppe war selbst über ihre Offenheit, die jetzt immer größer wurde, erstaunt. Es entstand eine ernste und gute Auseinandersetzung mit alten Verletzungen, Missverständnissen und Spannungen. Nach einer Weile baten einige, ob sie sich ihren Stuhl holen könnten, und nach kurzer Zeit saßen alle im Kreis in der hierarchisch richtigen Ordnung. Alle fanden das Gespräch sehr konstruktiv und hilfreich. Sie brachten ihre Verwunderung zum Ausdruck, warum sie das bisher nicht allein geschafft hatten.

Für mich ist bei der Vorbereitung einer Konferenz immer auch wichtig, dass ich kurz für das Gelingen des Gesprächs und für die einzelnen Teilnehmer bete. Als ich mit 32 Jahren Cellerar wurde, habe ich mich vor den verschiedenen Sitzungen oft unter Druck gesetzt. Ich wollte meine Ziele erreichen und ich wollte, dass eine gute Atmosphäre herrscht. Doch wenn ich angespannt bin, kann ich keine gute Stimmung erzeugen. Das Beten für die Sitzung hat mich entspannt und es hat mir Vertrauen geschenkt. Wenn ich mit diesem Vertrauen in die Sitzung gehe, wird sie mir die Energie nicht rauben, sondern mir vielmehr Energie spenden.

In Gesprächen mit Führungskräften erlebe ich oft, dass in Sitzungen viel Energie damit verschleudert wird, weil die Teilnehmer sich nicht mögen, weil sie ihre Intrigen spielen und ihre Machtinteressen durchsetzen wollen. Damit eine Sitzung gut abläuft, ist es wichtig, sich von solchen unklaren Emotionen und Bedürfnissen zu befreien und sich auf die Sache und auf die Menschen wohlwollend einzulassen. Daher ist es wichtig, dass ich mich im Gebet innerlich auf die Menschen einlasse und ein Grundwohlwollen ihnen gegenüber aufbringe. Nur in so einer Atmosphäre lässt sich effektiv miteinander arbeiten.

Wenn die Teilnehmer sich angenommen fühlen, dann werden sie auch neue Ideen einbringen. Wenn sie jedoch misstrauisch sind, ob die anderen ihnen eine Falle stellen, dann werden sie blockieren. Und es geht nichts voran. Bei allen äußeren Hilfen, die Konferenzen effektiv zu gestalten, sollen wir daher immer auch auf die innere Einstellung achten. Und die ist letztlich mit dem großen Wort »Liebe« am besten ausgedrückt. Ich muss die Menschen lieben, mit denen ich Konferenzen halte. Dann wird es wirklich eine »Konferenz«, ein Zusammentragen (lat. »con-ferre« = zusammentragen) der vielen Beiträge, die die Einzelnen geben, und ein Zusammenbringen der Menschen, die gerne miteinander arbeiten.

Gut vorbereitete und gut geleitete Besprechungen kosten nicht nur weniger Zeit, sie bringen auch bessere Ergebnisse und den Beteiligten mehr Zufriedenheit. Manche der nachfolgenden Tipps sind leicht umsetzbar. Gute Moderation und der Umgang mit Gruppenprozessen bedürfen einer Methodenkompetenz, die sich auf Seminaren erlernen lässt. Hilfreich sind Selbsterfahrungsprozesse, wie sie bei einem guten Coaching oder in entsprechenden Kursen gemacht werden können.

Durchführung von Konferenzen

Zu Beginn:

1. *Besprechungspunkte – Tagesordnung schriftlich sichtbar machen, zum Beispiel auf Flipchart.*
2. *Reihenfolge der Tagesordnung nach Wichtigkeit ordnen, mit dem Wichtigsten anfangen.*
3. *Zeitbedarf pro Position (TOP) zu Beginn schätzen und aufschreiben – ggf. Entscheidungen treffen, was auf der Tagesordnung gekürzt oder gestrichen wird – dabei mindestens 30 Prozent Zeitreserve einplanen.*

Während der Besprechung:

4. *Die Ergebnisse werden visualisiert, das heißt für alle schriftlich sichtbar gemacht, zum Beispiel auf Flipchart oder Metaplan.*
5. *Der Prozessleiter – Moderator muss sich auf die Durchführung und auf die Gruppenprozesse konzentrieren, er muss moderieren, der Chef und die Beteiligten stellen die Sachfragen und argumentieren.*
6. *Der Moderator erteilt Redeerlaubnis, fordert die Stillen auf, etwas zu sagen, bremst die Vielredner, er achtet auf Gesprächsdisziplin und Zielorientierung, bringt die Themen zum Abschluss und sorgt für die Dokumentation der Ergebnisse.*
7. *Der Moderator achtet auf unterschwellige Prozesse, »die verdeckte Tagesordnung« und achtet auf wertschätzenden Umgang miteinander.*
8. *Der Moderator kann mit der Gruppe Regeln absprechen, zum Beispiel Redezeitbegrenzung oder Reihenfolge der Beiträge.*

Am Ende der Besprechung:

9. *Vereinbarung über die durchzuführenden Maßnahmen, wer hat was bis wann zu tun; »die nächsten drei Schritte«.*
10. *Reflexion der Besprechung über Inhalt und Verlauf. Würdigung guter Beiträge und kritische Auseinandersetzung mit destruktivem Verhalten.*

In der Praxis hat sich bewährt, zu Beginn einer Besprechung eine Minute zu schweigen. Das hilft allen, bewusst anzukommen und sich zu sammeln. Eine Minute Stille zum Beginn ist ein Ritual, das zeigt, dass etwas Neues und Wichtiges beginnt. Die Teilnehmer können sich sammeln, zur Ruhe kommen. Die Minute lässt sich natürlich auch erweitern auf mehrere Minuten, wenn immer mehr Teilnehmer die wohltuende Wirkung dieses Einstiegs schätzen. Ich kenne auch Gruppen, die mit einem besinnlichen kurzen Text beginnen, der abwechselnd von den Beteiligten vorgetragen wird. Danach folgt eine kurze Zeit der Stille.

Eine Minute Schweigen kann auch immer wieder während einer Besprechung praktiziert werden. Wenn Meinungen aufeinanderprallen, wenn starke Emotionen die Diskussion beherrschen, dann ist Stille eine gute Möglichkeit, um rasch wieder mehr Ruhe und Sachlichkeit zu finden. Es kann als Regel eingeführt werden, dass jeder in der Gruppe jederzeit eine Minute Stille beantragen kann. Wenn mindestens ein Drittel der Gruppe zustimmt, dann wird die Besprechung unterbrochen.

Diese Technik des Schweigens als gesamte Gruppe ist eine leicht praktizierbare Form der Entschleunigung. Die Beteiligten entdecken, dass dabei keine Zeit verloren wird, sondern dass sie von der Stille näher an das Wesentliche geführt werden, dass sie das Nebensächliche besser erkennen und loslassen können.

Prinzipien und Regeln für Konferenzen schaffen Ordnung und Sicherheit und sind allen Beteiligten eine Hilfe. Das beginnt mit der Pünktlichkeit, zeigt sich in der Gesprächsdisziplin und gilt besonders für den Umgang miteinander. Wenn Menschen erleben, dass sie geachtet, dass sie in ihrer Würde gesehen werden, können sie sich öffnen und einbringen. Freundlichkeit und Höflichkeit, wenn sie ehrlich sind und von Herzen kommen, sind das äußere Kennzeichen für einen guten Umgang miteinander. Auf diesem Boden entstehen dann auch gute sachliche Ergebnisse.

Das Gefühl, wir haben zu wenig Zeit für die vielen Themen, das oft in Besprechungen vorherrscht, führt nicht zu mehr Sachlichkeit, sondern zur Hektik und oft auch zu vorschnellen Entscheidungen. Das Paradox besteht darin: Wenn sich die Gruppe Zeit nimmt für Minuten der Stille und für Pausen, dann gewinnen die Gespräche an Qualität und die »verlorene Zeit« wird durch mehr Effizienz leicht wieder eingeholt.

PRAXISTIPP

Mit Stille beginnen

1. Sie können als Prinzip einführen, dass jede Besprechung mit einer Minute Stille beginnt, evtl. auch mehrere Minuten.

2. Eine weitere bewährte Regel ist das Recht jedes Teilnehmers, eine Minute Stille während der Besprechung zu beantragen. Wenn ein Drittel zustimmt, wird kurz geschwiegen.

3. Nach einem Vortrag oder einer Präsentation kann geschwiegen werden, bevor die Diskussion beginnt, damit die Teilnehmer Zeit haben, das Vorgetragene zu verarbeiten.

4. Genauso können Sie mit Stille die Tagung beenden. Besonders hilfreich ist es, vor der Schlussrunde zu schweigen, um in der Stille nachzuspüren, was die Besprechung ausgelöst hat. Auch kann man den Verlauf der Besprechung noch einmal reflektieren.

5. Aus der Stille heraus kann der Leiter mit Fragen oder Impulsen zur Diskussion überleiten.

Der mittlere Weg 9.1

Im Buddhismus wird der Weg des Buddha als »Der mittlere Weg« bezeichnet. Nach Jahren strenger Askese, die ihn bis an den Rand des Todes geführt hatte, wandte sich Buddha von diesem Weg ab und erlangte unter einem Bodhi-Baum nach einer Nacht in tiefer Meditation die Erleuchtung. Damit verbunden war die Einsicht, dass strenge Askese nur den Körper schwächt und die Gesundheit ruiniert. Der Weg der Abtötung und Entbehrung verzehrt die Energien, die unbedingt erforderlich sind, um sich geistig zu entwickeln, oder wie es im Buddhismus heißt, um den Weg zu gehen.

Das andere Extrem, ein ausschweifendes Leben, die Hingabe an Begierden, ist genauso schädlich. Wenn wir uns von Machtgier, von der Sexsucht oder vom übermäßigen Essen, Faulenzen, Trinken beherrschen lassen, verfehlen wir ebenso den Weg. Die Lösung liegt in der Mitte der Extreme.

Der mittlere Weg, der Weg des Buddha, ist im Buddhismus von zentraler Bedeutung, er ist die tägliche Praxis. Viele Übungen und Lehrreden des Buddha drehen sich um diese Praxis. In einem Zen-Kurs werden mehrmals täglich die sogenannten »Vier großen Gelübde« rezitiert. Darin heißt es im letzten Gelübde: Buddhas Weg ist unübertroffen, ich gelobe, ihn zu gehen. Dieser Weg ist eine Absage an Verhaltensweisen, die mir und anderen schaden. Schädlich ist vor allem jedes Übermaß.

Der heilige Benedikt sagt im Kern das Gleiche, wenn er vom richtigen Maß spricht. Zu wenig Disziplin oder zu viel Disziplin, genauso wie zu wenig Genuss oder zu viel Genuss tun uns und unserer Entwicklung nicht gut. Oft zeigen Probleme, Schwierigkeiten oder Krankheitssymptome, dass wir etwas zu viel oder zu wenig beachten. Dabei ist das Zuviel auf der einen Seite immer ein Zuwenig in einem anderen Bereich.

Frühe Hinweise, dass wir den »mittleren Weg« verlassen oder das richtige Maß nicht gefunden haben, signalisiert unser Körper. Die ersten Symptome, die wir beobachten können, sind Unbehagen oder Unwohlsein. Wenn wir sie nicht beachten, folgen deutlichere Signale wie Schlafstörungen, Depression, erhöhte Gereiztheit oder andere stärkere, unangenehme emotionale Befindlichkeiten. Der Übergang zu körperlichen Beschwerden ist fließend. Die Liste der möglichen Beschwerden ist lang und allgemein bekannt, von Rückenschmerzen, Kopfschmerzen bis zum Herzinfarkt.

Dabei sagt Buddha nicht, dass es ein leidfreies Leben geben wird, wenn wir frühzeitig auf diese Signale achten. Wir können uns und anderen jedoch viel selbst verursachtes Leid ersparen. Dazu gibt Buddha Anleitung im sogenannten »Edlen achtfachen Pfad«: rechte Anschauung, rechtes Denken, rechte Rede, rechtes Handeln, rechter Lebenserwerb, rechte Anstrengung, rechte Achtsamkeit und rechte Sammlung.

Die Parallele dazu finden wir auch in der griechischen Philosophie bei der Kardinaltugend Gerechtigkeit. Damit ist nicht die juristische Rechtsprechung gemeint, sondern die Forderung, meinen Bedürfnissen und Ansprüchen sowie denen anderer gerecht zu werden. Es geht darum, herauszufinden, was angemessen (das rechte Maß!), was berechtigt ist.

Der erfolgreiche Unternehmer Rudolf Wöhrl wurde zu seinem 85. Geburtstag gefragt, wie er es geschafft habe, in diesem Alter noch so fit zu sein. Seine Antwort ist der gelebte mittlere Weg: »Ich habe aus jedem Tag das Beste gemacht und nie dem Gestern nachgetrauert. Ich habe gesund, aber nicht asketisch gelebt und mir die kleine Freuden des Alltags nie versagt. Das Ausschlaggebende aber ist wohl gewesen, das ich mich niemals mit Neid, Verbitterung oder gar Hass belastet habe.«

Wir werden nie perfekt sein. Wir sollten das auch nicht anstreben. Vollkommenheit ist allenfalls eine göttliche Eigenschaft, der Mensch ist immer unvollkommen. Es genügt daher, wenn wir uns bemühen, ständig besser zu werden. Dann sind wir auf dem Weg und damit bereits am Ziel. Wir können nirgendwo anders ankommen als auf diesem Weg. Wir kommen im Leben an und können unser Leben leben, so wie es kommt.

Anders als die Vergangenheit und Zukunft, die wir nur denken können, erleben wir die Gegenwart als flüchtigen Augenblick, als ständige Veränderung und Wandel. Wir erfahren dabei Zeit als dynamische Kraft, die alles verändert, der wir uns entweder anvertrauen können oder der wir durch das Denken entfliehen können. In der Gegenwart, im Jetzt können wir schöpferisch mitwirken und unser Leben und die Welt mitgestalten. Wir beherrschen dabei nicht die Zeit, sondern lassen uns tragen vom Fluss des ständigen Wandels. In einem alten indischen Text heißt es dazu: »Achte gut auf diesen Tag, denn er ist das Leben.« Das Hier und Heute achtsam leben ist der Kern aller Spiritualität.

Das rechte Maß 9.2

Der heilige Benedikt ist bekannt durch die weise Mäßigung, die seine Regel auszeichnet. Er nennt das reiche Maß die Mutter aller Tugenden. Und er ist besorgt, dass er selbst in seiner Regel immer das richtige Maß einhält, sowohl was die Forderungen an die Arbeit und das Gebet als auch was die Ansprüche an den Einzelnen und die Gemeinschaft betrifft. Benedikt kennt die Weisheit der frühen Wüstenväter, die sagen: »Alles Übermaß ist von den Dämonen.« Selbst ein Übermaß an Spiritualität und Askese kommt von den Dämonen. Es tut dem Menschen nicht gut. Es reißt ihn heraus aus dem Maß, das Gott ihm zugedacht hat. Benedikt kennt in seiner Regel drei Begriffe von Maß: »mensura«, »temperare« und »discretio«.

»Mensura« *ist das Maß, mit dem man misst, etwa das Getreidemaß. Übertragen gemeint bedeutet es das Maß meiner Fähigkeiten und meiner Kräfte. Ich muss mich selbst richtig einschätzen – sowohl meine Intelligenz als auch meine psychische oder körperliche Spannkraft. Wer sich ständig überfordert, der verschleißt seine Kräfte, ähnlich wie ein Auto, das immer zu hochtourig fährt. Heute besteht nicht nur die Gefahr, dass wir maßlos in unserem Konsum und in unserem Bestreben sind, immer mehr zu erwirtschaften. Gefährlich sind für mich die maßlosen Ansprüche an unser eigenes Selbstbild. Da meinen viele, sie müssten immer perfekt sein, immer cool, immer selbstbeherrscht, immer gut gelaunt. Und sie müssten immer gewinnen. Solche maßlosen Ansprüche an mich selbst führen zu einem Überhandnehmen von Ängsten und Depressionen. Denn die Seele spürt, dass sie diesen Ansprüchen nicht gerecht werden kann. So sind die Ängste und Depressionen oft ein Hilfeschrei der Seele gegenüber zu großen Erwartungen, die ich an mich selbst stelle.*

»Mensura« ist auch das Maß, aus dem ich schöpfe. Ob ich viel arbeiten kann, liegt nicht nur an meiner eigenen Kraft, sondern auch daran, aus welcher Quelle ich schöpfe. Wenn ich aus der trüben Quelle meines Perfektionismus, meines Dranges, mich in meiner Arbeit vor anderen beweisen zu müssen, meines Ehrgeizes und meines Immer-höher-Hinauswollens schöpfe, bin ich bald erschöpft. Wenn ich jedoch aus der Quelle des Heiligen Geistes schöpfe, dann wird meine Arbeit eine andere Qualität bekommen. Sie strömt einfach aus der göttlichen Quelle heraus oder auch aus den menschlichen Quellen, die ich von meiner Begabung oder von meiner Erziehung in mir habe.

Wenn ich in meinem Arbeiten durchlässig bin für die Quelle, die in mir strömt, dann werde ich nicht so leicht erschöpft. Denn die göttliche Quelle in mir ist unerschöpflich. Das Thema Erschöpfung ist daher nicht nur eine Frage der Zeiteinteilung, sondern immer auch ein spirituelles Thema.

Das zweite Wort für Maß ist **»temperare«** (es kommt von tempus = Zeit). Es heißt: mäßigen, die Zeit richtig einteilen, zeitgemäß ordnen. Ob ich das richtige Maß für mich lebe, das zeigt sich an einer guten Zeiteinteilung. Die Zeit soll meinem inneren Rhythmus angepasst sein. Dann lebe ich im richtigen Maß. Dann habe ich die Zeit so strukturiert, dass ich meinem innersten Wesen entsprechend arbeiten kann. Benedikt legt daher großen Wert auf eine gute Tagesordnung, die alles so anordnet, dass die Mönche sich gerne darauf einlassen. Wir finden nie zu unserem richtigen Maß, wenn wir mit der Zeit nicht gut umgehen. Das Zeitmaß und das Maß des Menschen gehören eng zusammen.

Das dritte Wort für Maß ist **»discretio«**. Es meint die Gabe, gut zu unterscheiden. Benedikt fordert diese Gabe vor allem vom Abt. So ermahnt er den Abt: »Bei geistlichen wie bei weltlichen Aufträgen unterscheide er genau (»discernat«) und halte Maß (»temperet«). Er denke an die maßvolle Unterscheidung (»discretio«) des heiligen Jakob, der sprach: ›Wenn ich meine Herden unterwegs überanstrenge, werden alle an einem Tage zugrunde gehen.‹ (Genesis 33, 13) Diese und andere Zeugnisse maßvoller Unterscheidung (»discretionis«), der Mutter aller Tugenden, beherzige er. So halte er in allem Maß (»temperet«), damit die Starken finden, wonach sie verlangen, und die Schwachen nicht davonlaufen.« (Benediktsregel 64,17–19)

Die »discretio« ist also die Kunst, zu erkennen, was für die anderen das richtige Maß ist, wo ich den anderen herausfordern und über seine Grenze hinaus drängen soll und wo ich seine Grenze achten soll, weil er sonst Schaden leidet. Die »discretio« schert nicht alle über den gleichen Kamm. Sie fühlt sich vielmehr in den Einzelnen hinein, um zu erkennen, was er jetzt in diesem

Augenblick braucht, ob für ihn mehr Ruhe oder mehr Herausforderung angebracht ist. Wer richtig führt, der weiß, wie er die Schwachen und wie er die Starken anspricht. Die Schwachen sollen nicht entmutigt werden. Aber sie sollen auch nicht um ihre Schwäche kreisen und sich damit entschuldigen. Sie sollen ihrer Kraft entsprechend herausgelockt werden, damit sie das Ihre zum Segen der Gemeinschaft beitragen. Und die Starken sollen nicht durch ein zu kleines Maß gebremst werden. Sie sollen vielmehr immer stärker werden, nicht um die Schwachen zu beschämen, sondern um sie mitzutragen und auch ein Stück weit mitzureißen, damit auch in ihnen die Lust am Engagement wächst.

Die Tugend der »discretio« ist für Benedikt die wichtigste Haltung, die eine Führungskraft wie der Abt besitzen soll. Ohne sie können wir andere nicht gut führen. Doch »discretio« ist auch im Umgang mit mir selbst und meiner Zeit gefordert. Ich muss ein Gespür entwickeln für den Augenblick, für das, was gerade jetzt in diesem Augenblick für mich wichtig ist. Nicht jeder Augenblick ist für mich gleich. Es gibt Zeiten, in denen ich nicht auf die Uhr zu schauen brauche. Da strömt die Arbeit einfach. Und es gibt Zeiten, in denen mir meine Müdigkeit anzeigt, dass ich besser auf mich achten sollte, dass ich mir mal wieder eine Pause gönne. Discretio kommt von discerno, das »absondern, unterscheiden« bedeutet. Es kommt von »cerno« = beurteilen, wahrnehmen, sehen. »Discretio« ist also eine Sache des Verstandes und des richtigen Sehens. Ich muss gut hinsehen, was jetzt dran ist. Und ich muss meinen Verstand einsetzen, um zu beurteilen, was gut ist für mich. Aber es geht nicht nur um den Verstand, sondern um ein inneres Sehen, um ein inneres Gespür für das, was jetzt in diesem Augenblick für mich das Richtige ist.

Es ist also eine Kunst, das richtige Maß zu finden. Gerade im Umgang mit der Zeit braucht es nicht nur das richtige Zeitmaß (»tempus«), sondern auch die richtige innere Einstellung (»mensura«). Wer aus der inneren Quelle schöpft, für den ist die Zeit keine Last. Er steht nicht unter Zeitdruck. Er überlässt sich dem Fließen. Und dann wird er spüren, dass er mehr schafft, als wenn er ständig auf die Uhr schaut und sich unter Druck setzt, dieses oder jenes noch fertig zu bekommen. Ich werde nie ein für alle Mal mein Maß finden, sondern muss es immer wieder neu finden. Dazu braucht es die geistige Tätigkeit und das innere Gespür (»discretio«). Alle drei Begriffe – »mensura«, »temperare«, »discretio« – beschreiben die Kunst der weisen Mäßigung, die Kunst, das richtige Maß für mich und für die anderen zu finden: das Maß der Zeit, das Maß der Kraft und das Maß der angemessenen Sicht meiner selbst und der momentanen Situation.

9.3 Die Zeit gestalten

Zeit ist nicht nur ein zentraler Aspekt, sondern auch ein Paradox des Lebens. Wir können die Zeit im Tun vergessen oder sehnsüchtig auf etwas warten. Dem subjektiv sehr unterschiedlichen Zeiterleben steht ein technisches Zeitverständnis entgegen: die kontinuierliche, messbare, gleichförmig ablaufende Zeit – jede Minute exakt gleich wie die nächste. Und in Momenten mystischer Erfahrung kann sich unser Zeiterleben sogar vollständig auflösen.

Die Zeit als begrenzte Lebenszeit führt uns vor Augen, dass unser Leben endlich und letztlich sehr kurz ist. Wie viel Zeit verbleibt uns noch? Wir wissen es nicht. Wir sollten, als spirituelle Praxis, jeden Tag auf das Ende unseres Lebens schauen, uns bewusst machen, dass der Tod sicher kommt und dass er dieses Leben so kostbar macht. Erst das Wissen um den Tod macht das Leben zu einer einzigartigen und wertvollen Chance.

Jeden Tag, wenn wir morgens aufwachen, bekommen wir einen neuen, 24 Stunden langen Tag geschenkt. Der Tod lädt uns ganz besonders ein, diesen Tag bewusst zu leben, das Jetzt gut zu gestalten, dieses Geschenk anzunehmen. Lassen Sie sich wachrütteln und einladen, jeden Tag gut zu nutzen und so zu leben, dass Sie am Abend dankbar auf einen erfüllten Tag zurückblicken können.

Jeder Tag ist ein besonderes Geschenk, ein Tag voll Leben mit Freiheiten und Gelegenheiten. Die Freiheiten liegen in unserem Denken, unserem Bewusstsein, bei unserer Einstellung und in den Bewertungen unseres Tuns. Wir können uns den Tag von anderen Menschen mit Aufträgen und Erwartungen vollstellen lassen oder versuchen, ein Stück weit selbst zu bestimmen und zu realisieren, was uns wichtig ist. Wir können über das Unvermeidliche jammern oder unsere Aufgaben bejahen und annehmen. Wir können die Dinge verärgert tun oder achtsam – und so unser Bewusst-Sein entwickeln. Der Alltag ist das Übungsfeld für unsere Spiritualität, wie immer dieser Alltag auch aussieht.

Wir können jeden Tag mit Dankbarkeit betrachten und für die vielen Geschenke des Lebens danken: für den guten Schlaf, das Essen, die Kleidung, das Wohnen, den Arbeitsplatz, für unsere Freunde, für das viele, das wir zum Leben brauchen und bekommen, vor allem für das Leben selbst. Wir können besonders für die Schwierigkeiten danken, denn sie helfen uns, unseren Weg zu finden, sie sind nützliche Wegweiser und ermöglichen unsere spirituelle Entwicklung. Jeder Tag lädt uns ein, zu üben und Spiritualität zu praktizieren, was immer wir uns für heute vornehmen.

Wir hoffen, dass Ihnen die Übungen und Gedanken in diesem Buch eine Hilfe sind und Ihnen gute Anregungen für Ihren Weg geben. Ein spirituelles Gestalten der Zeit braucht Disziplin und ständiges Üben. Es führt in die Entwicklung unseres Bewusst-Seins, das wir durch Achtsamkeit und Dankbarkeit schulen können. Spirituell die Zeit gestalten ist ein Weg von Immer-Mehr und Immer-Schneller zu Mehr-Leben.

Der heilige Benedikt mahnt uns Mönche, dass wir uns täglich den Tod vor Augen halten sollen. (Benediktsregel 4,47) Damit möchte er uns keine Angst vor dem Tod machen, sondern im Gegenteil, die Angst davor nehmen. Ein Mönchsvater wurde einmal gefragt, warum er nie Angst habe. Und er antwortete, weil er sich täglich vorstelle, es könne sein letzter Tag sein. Diese Vorstellung lädt uns ein, jeden Augenblick bewusst und dankbar zu leben. Und sie führt dazu, dass wir achtsamer sind bei dem, was wir tun. Die begrenzte Zeit, die uns zur Verfügung steht, ist die Zeit, in der wir unsere ganz persönliche Lebensspur in diese Welt eingraben können. Es ist nicht entscheidend, wie lange diese Zeit ist, sondern dass wir in jedem Augenblick ganz dort sind, wo wir sind, und das tun, was Gott uns zugedacht hat. Von der begrenzten Zeit lassen wir uns nicht unter Druck setzen, sondern uns anleiten – dankbar, achtsam und mit ganzem Herzen diesen jetzigen Augenblick zu leben. So wünsche ich Ihnen, dass Sie Ihre Zeit als geschenkte Zeit genießen können und dass sie zum Segen wird für Sie und für die Menschen, mit denen Sie Ihre Zeit teilen.

Literaturempfehlungen

Die angegebenen Bücher wurden von Friedrich Assländer zufällig ausgewählt. Sie waren teilweise Vorlage und sind in dieses Buch eingegangen, teilweise beinhalten sie ergänzende Aspekte zum Thema Zeit.

Aitken, Robert: Zen als Lebenspraxis. Diederichs Gelbe Reihe, 192 Seiten.
Der Amerikaner Bob Aitken kam als junger Mann in japanische Gefangenschaft und hatte dort den ersten Kontakt mit Zen. Nach dem Krieg übte er Zen bei verschiedenen amerikanischen und japanischen Lehrern. Er beschreibt in diesem Buch sehr anschaulich das Wesen und die Praxis des Zen. Das Buch ist sowohl für Neugierige als auch für Meditationserfahrene eine tiefe Quelle, um mehr über Zen oder allgemein etwas über einen spirituellen Weg zu erfahren.

Assländer, Friedrich/Grün OSB, Anselm: Spirituell führen – mit Benedikt und der Bibel. Vier-Türme-Verlag, 196 Seiten.
Ebenso wie das vorliegende Buch entstand das erste Werk der Autoren aus den gemeinsamen Seminaren im Haus Benedikt in Würzburg. Das Buch weist auf die Bedeutung eines spirituellen Bewusstseins für eine gute Menschenführung hin und gibt praktische Tipps für die tägliche Arbeit als Führungskraft.

Aurelius Augustinus: Bekenntnisse. dtv, 1997, 471 Seiten.
In diesem Buch beschreibt Augustinus seinen Lebensweg, der ihn von der sinnlichen und materiellen Orientierung zur Gott-Suche geführt hat. Er entwickelt Theorien über den Geist, über das Gedächtnis und legt auf seine Art die Genesis aus. Im elften Buch findet sich eine Abhandlung über die Zeit.

Csikszentmihalyi, Mihaly: Flow im Beruf. Klett-Cotta, 312 Seiten.
Der amerikanische Psychologieprofessor überträgt seine Erkenntnisse aus seinem ersten Buch »Flow« auf die Berufswelt. Er untersucht mit psychologischen Methoden, was Menschen zufrieden und glücklich macht, und kommt zu interessanten Erkenntnissen.

Dalai Lama: Sehnsucht nach dem Wesentlichen. Herder Spektrum, 135 Seiten.
In diesem Büchlein finden sich Fragen vor allem westlicher Besucher an das geistliche und weltliche Oberhaupt der Tibeter. Dabei bewegt sich der XIV. Dalai Lama im Sprachgebrauch des Buddhismus unter Verwendung vieler Sanskritbezeichnungen. Die Erläuterungen sind für Menschen, die am Buddhismus interessiert sind und diesen in Verbindung zum Christentum bringen wollen, eine gute Hilfe.

Defersdorf, Roswitha: In der Sprache liegt die Kraft – klar reden, besser leben. Herder, 256 Seiten.
Das neueste Buch von Frau Defersdorf zeigt, wie wir durch Wortwahl und Grammatik viel mehr Einfluss auf unsere Umgebung nehmen, als uns im Alltag bewusst ist. In das Buch fließen ihre vielen Seminarerfahrungen ein. Sie zeigt an praktischen Beispielen und Übungen, wie schon kleine, gezielte Änderungen unseres sprachlichen Ausdrucksverhaltens große Wirkung in unseren Beziehungen haben, sowohl im Privatleben als auch im Beruf.

Ende, Michael: Momo. Thienemann, 304 Seiten.
In diesem wunderbaren Märchenbuch geht es um die Geschichte von Zeitdieben und einem Kind, das den Menschen die gestohlene Zeit zurückbringt. Das Buch ist gleichermaßen für Erwachsene wie Kinder eine Bereicherung. Viele philosophischen Einsichten über das Phänomen Zeit werden in märchenhafter Weise abgehandelt. Eines der bekanntesten Bücher des verstorbenen vielfach ausgezeichneten Autors.

Geißler, Karlheinz: Zeit leben – Vom Hasten und Rasten. Beltz, 184 Seiten.
Der Philosophieprofessor beschreibt in fünf Kapiteln wesentliche Aspekte zum Thema Zeit. Er setzt sich kritisch mit unserer heutigen Vorstellung von Zeit auseinander und nimmt Bezug auf die Geschichte der Zeit und die Geschichte der Arbeit. Seine fundierten historischen Kenntnisse machen das Buch zu einer sehr wertvollen Lektüre.

Geißler, Karlheinz: Zeit – verweile doch ... Herder Spektrum, 272 Seiten.
In diesem Buch plädiert der Autor für einen neuen Umgang mit der Zeit, der die menschlichen Dimensionen integriert. In zwanzig Kapiteln beleuchtet er verschiedene Aspekte wie Anfang und Ende, Langsamkeit, Zeiten der Liebe, Warten, Ferien u. a. Sehr lesenswert!

Geißler, Karlheinz/Held, Martin (Hg.): Von Rhythmen und Eigenzeiten. Edition Universitas, 208 Seiten.
Verschiedene Wissenschaftler schreiben in sehr anspruchsvoller Art und Weise über Aspekte der Zeit. Für jeden, der in das Thema mit wissenschaftlichem Interesse einsteigen möchte, ist das Buch eine wunderbare Fundgrube.

Grenz, Henning: Wie die Zeit in die Welt kam. Hanser, 337 Seiten.
Das anspruchsvolle Buch setzt sich mit philosophischen und religiösen Aspekten der Zeit auseinander, im Wesentlichen aber mit naturwissenschaftlichen Aspekten, einschließlich der Erkenntnisse der Quantenmechanik. Streckenweise setzt das Buch mathematisch-physikalische Kenntnisse

voraus, um Versuchsbeschreibungen und mathematische Formeln zu verstehen.

Grün OSB, Anselm: Im Zeitmaß der Mönche. Herder, 159 Seiten.
In der von Pater Anselm Grün gewohnten einfachen Sprache wird der zeitliche Rhythmus im Klosterleben beschrieben. Von dort aus schließt Anselm auf grundsätzliche Einsichten über die Zeit und gibt viele praktische Empfehlungen, den Alltag und den Umgang mit der Zeit heilsam zu gestalten.

Grün OSB, Anselm: Geborgenheit finden – Rituale feiern. Kreuz, 158 Seiten.
Anselm Grün schreibt in diesem Buch über die Bedeutung der Rituale aus psychologischer Sicht. Er gibt viele Beispiele für persönliche Rituale und für gemeinschaftsstiftende Rituale. Er beschreibt die wichtigen kirchlichen Rituale und Sakramente in ihrer tieferen Bedeutung. Das Buch schließt mit zwölf charakteristischen Merkmalen für christliche Rituale.

Grün OSB, Anselm: Quellen innerer Kraft. Herder, 160 Seiten.
In dem Buch wird aufgezeigt, wie wir selbst entscheiden können, aus welchen Quellen wir schöpfen, ob aus trüben oder reinen Quellen. Das Buch zeigt uns, wie wir Gefahren und Versuchungen des modernen Lebens meistern und unser Leben sinnvoll und reich gestalten können. Es gibt Empfehlungen, nach den eigenen inneren Quellen zu suchen und diese zu erschließen.

Grün OSB, Anselm/Ruppert OSB, Fidelis: Ora et labora – eine christliche Lebensregel. Vier-Türme-Verlag, 116 Seiten.
In dem kleinen Büchlein übertragen P. Anselm und P. Fidelis, der ehemalige Abt der Abtei Münsterschwarzach, die bekannte benediktinische Formel »ora et labora« auf die heutige Arbeitswelt. Sie zeigen, dass es dabei nicht nur um einen sinnvollen Wechsel von Zeiten der Arbeit und des Gebetes, der Gestaltung des Außen und der Einkehr geht. Vielmehr muss die Gebetshaltung die Arbeit durchdringen, so dass auch im Banal-Alltäglichen Gott verherrlicht werde. Dieser Gedanke führt in die Erkenntnis und Forderung: Unsere Arbeit muss den Menschen dienen, nur dann erleben wir sie als wertvoll und sinnvoll. Das Buch ist klein, aber sehr gehaltvoll.

Hackl, Monnica: Jung und schön mit Hui Chun Gong. Irisiana, 127 Seiten.
Das Übungsprogramm »Qi Gong« gehört zur traditionellen chinesischen Medizin. Es hat noch heute in China eine große Bedeutung sowohl zur Gesunderhaltung als auch für die Therapie vieler Leiden. In diesem Buch werden sehr einfache Übungen beschrieben, die sowohl zu Beginn des Tages als auch während des Tages praktiziert werden können, um die Lebensenergie »Qi« zum Fließen zu bringen. Wer diese Übungen lernen will, ist gut be-

raten, dies bei einem erfahrenen Lehrer zu tun. Beim Lernen nach Anleitung aus einem Buch schleichen sich sehr schnell Fehler ein, die den Übungsgewinn in das Gegenteil verkehren können.

Küstenmacher, Tiki: Simplify your life, endlich mehr Zeit haben. Campus, 126 Seiten.
Die erfolgreichen Autoren Marion und Werner »Tiki« Küstenmacher, die als freie Autoren bereits über 50 Bücher veröffentlicht haben, bringen in diesem Buch eine Sammlung praktischer Tipps zum besseren Umgang mit der Zeit. Vieles davon gehört zum Allgemeinwissen. Es kann jedoch gut sein, sich die Dinge wieder bewusst zu machen. Gegenüber dem »Hauptwerk« Simplify your life enthält das Büchlein keine wesentlichen neuen Erkenntnisse.

Nadolny, Sten: Die Entdeckung der Langsamkeit. Piper, 358 Seiten.
In dem Bestseller beschreibt der Autor den Lebenslauf seines Helden John Franklin in Form eines Seefahrer-Romans mit Abenteuern, die sich auf historische Ereignisse beziehen. Faszinierend ist die Behinderung von Franklin, seine angeborene Langsamkeit, die sich im Laufe des Lebens mit den Herausforderungen der Seefahrt als hilfreiche Tugend erweist. Das Buch ist anfangs etwas mühsam zu lesen, steigert sich jedoch in der Spannung.

Rossi, Ernest L.: 20 Minuten Pause. Junfermann, 239 Seiten.
Der Psychologe Rossi beschreibt zahlreiche wissenschaftliche Untersuchungen zu Lebensrhythmen und notwendigen Pausen. Die Beachtung dieser in der Natur angelegten Rhythmen erleichtert unser Leben, macht uns leistungsfähiger und führt auch zu einem besseren Miteinander im Team. Das Buch ist leicht zu lesen und kann jene Menschen nachdenklich machen, die gerne »durcharbeiten«.

Salzburger Äbtekonferenz (Hg.): Die Regel des heiligen Benedikt. Beuroner Kunstverlag, 150 Seiten.
In dem kleinen Büchlein finden sich, in guter deutscher Übersetzung, aber ohne Kommentierung, die 73 Kapitel der Regel des heiligen Benedikt, nach der die Benediktiner seit rund 1.500 Jahren ihr Ordensleben gestalten. Eine ausführliche Einführung, das Kapitelverzeichnis und ein Stichwortverzeichnis runden das Standardwerk ab.

Seiwert, Lothar: Mehr Zeit für das Wesentliche. Moderne Industrie, 333 Seiten.
Lothar Seiwert beschreibt in einer eher mechanistischen Art und Weise, wie man bestimmte Techniken, Checklisten und Ähnliches einsetzt, um mit seiner Zeit besser zurechtzukommen. Die Tipps sind praxisnah und leicht umsetzbar, aber ohne große Tiefe.

Seiwert, Lothar: Noch mehr Zeit für das Wesentliche. Ariston, 262 Seiten.
In seinem Nachfolgebuch »Noch mehr Zeit für das Wesentliche« werden diese Hilfen weiter verfeinert und erweitert. Es hat die Qualität eines Arbeitsbuches. Darüber hinaus gibt das Buch Hinweise für eine bessere Work-Life-Balance.

Seiwert, Lothar: Wenn du es eilig hast, geh langsam. Campus, 234 Seiten.
Das alte chinesische Sprichwort, dass als Titel des Buches verwendet wurde, lässt vermuten, dass sehr tiefe Weisheiten einfließen. Jedoch Seiwert bleibt sich selbst treu mit vielen praktischen Anregungen und Selbsttests. Das Buch hat auch einen leichten amerikanischen Einschlag (»Mehr Power und Energie«). Garniert ist das Buch mit Cartoons von »Tiki« Küstenmacher.

Spencer, Johnson: Eine Minute für mich. Rohwohlt, 112 Seiten.
Das spannende, relativ teure Buch, teilweise in Dialogform geschrieben, liest sich leicht. Es gibt interessante Einsichten, wie wir unser Leben besser gestalten können, indem wir zuerst für uns selbst gut sorgen und zuerst unsere eigenen Bedürfnisse wichtig nehmen.

Steindl-Rast, David: Musik der Stille. Herder, 160 Seiten.
Der Benediktiner Br. David beschreibt die Qualitäten der verschiedenen Stunden entsprechend der Tradition der Benediktiner. Dem Buch liegt eine CD mit gregorianischen Gesängen bei, die erlauben, für sich selbst die Erfahrung der Benediktiner zu machen, wenn wir den Tag immer wieder durch die beruhigenden Melodien dieser alten Musik unterbrechen.

Tolle, Eckhart: Jetzt! – Die Kraft der Gegenwart. J. Kamphausen, 237 Seiten.
Das Buch – elf Auflagen in nur wenigen Jahren – ist ein exzellenter Leitfaden für eine spirituelle Lebensorientierung. Im Unterschied zu den vielen Büchern über Zen oder Kontemplation schreibt Eckhart Tolle nicht aus einer einzelnen religiösen Tradition, sondern in der Sprache unserer Zeit. In einfachen, einleuchtenden Worten befasst er sich mit Themen, die uns alle beschäftigen – wie Zeit, Schmerz, Bewusstheit, Beziehungen. In jedem Satz wird spürbar, dass hier jemand aus seiner eigenen authentischen Erfahrung spricht. Dieses Buch ist eine Anleitung und ein Lesebuch, das man immer wieder gerne in die Hand nimmt. Es ist eines der besten neueren Bücher zum Thema »Spiritualität«, das ich kenne.

Tolle, Eckhart: Leben im Jetzt. Goldmann, 156 Seiten.
In diesem Buch setzt Tolle seine Erkenntnisse aus dem ersten Buch fort und erweitert es um praktische Anleitungen. Wem das erste Buch gefallen hat, der wird hier weitere schöne Gedanken finden.